SDG – Forschung, Konzepte, Lösungsansätze zur Nachhaltigkeit

Die nachhaltige Entwicklung unserer Welt ist eine der wichtigsten Herausforderungen in Gegenwart und Zukunft und zugleich eine Aufgabe, an der alle Wissenschaften beteiligt sind. Um einen sichtbaren Beitrag auf diesem Weg zu leisten, gibt SPRINGERNATURE die Buchreihe SDG - Forschung, Konzepte, Lösungsansätze zur Nachhaltigkeit heraus, in der Arbeiten aus allen Disziplinen publiziert werden können, die die wissenschaftliche Analyse oder die praktische Förderung von Nachhaltigkeit zum Ziel haben, wie sie insbesondere in den Nachhaltigkeitszielen der Vereinten Nationen definiert sind.

Klaus Rainer Kirchhoff · Sönke Niefünd ·
Julian A. von Pressentin

ESG: Nachhaltigkeit als strategischer Erfolgsfaktor

Klaus Rainer Kirchhoff
Kirchhoff Consult AG
Hamburg, Deutschland

Sönke Niefünd
Merck Finck a Quintet Private Bank S.A.
Hamburg, Deutschland

Julian A. von Pressentin
Kirchhoff Consult AG
Hamburg, Deutschland

ISSN 2731-8826   ISSN 2731-8834 (electronic)
SDG – Forschung, Konzepte, Lösungsansätze zur Nachhaltigkeit
ISBN 978-3-658-43343-7   ISBN 978-3-658-43344-4 (eBook)
https://doi.org/10.1007/978-3-658-43344-4

Die Deutsche Nationalbibliothek verzeichnet diese Publikation in der Deutschen Nationalbibliografie; detaillierte bibliografische Daten sind im Internet über https://portal.dnb.de abrufbar.

Planung/Lektorat: Catarina Gomes de Almeida
Springer Gabler ist ein Imprint der eingetragenen Gesellschaft Springer Fachmedien Wiesbaden GmbH und ist ein Teil von Springer Nature.
Die Anschrift der Gesellschaft ist: Abraham-Lincoln-Str. 46, 65189 Wiesbaden, Germany

Das Papier dieses Produkts ist recyclebar.

Inhaltsverzeichnis

Über die Autoren

Klaus Rainer Kirchhoff Als Gründer und langjähriger CEO der Kirchhoff Consult AG blickt *Klaus Rainer Kirchhoff* auf 30 Jahre Erfahrung in der Beratung von Unternehmen zurück, darunter DAX/MDAX und SDAX-Konzerne sowie Unternehmen in den USA, China, Indien, Türkei, Österreich, Schweiz und Israel. In den letzten Jahren entwickelte er mit seinem Team ESG-Strategien für mehrere Unternehmen. Klaus Rainer Kirchhoff ist Initiator des „Good Company Rankings" der DAX30-Unternehmen und Autor mehrerer Bücher zum Thema Nachhaltigkeit.

Sönke Niefünd *Sönke Niefünd* ist Managing Director bei der Privatbankgruppen Merck Finck a Quintet Private Bank. Mit über 20 Jahren Erfahrung in der Privatbanken- und Portfolio-managementbranche hat er sich u. a. auf nachhaltige Vermögensverwaltungsstrategien bei Institutionelle Anlegern spezialisiert. Er hat einen Master of Science in Strategy and Finance von der HHL Leipzig Graduate School of Management und ist Absolvent der Universität Hamburg. Er ist ein gefragter Experte für Medien wie das Handelsblatt, die FAZ und die SZ und hat mehrere wissenschaftliche Arbeiten veröffentlicht.

Julian A. von Pressentin *Julian von Pressentin* setzte als Portfoliomanager bei einem großen deutschen Asset Owner die EU-Offenlegungsverordnung (Sustainable Finance Disclosure Regulation) um. Darüber hinaus hat er das ESG-Investing-Zertifikat des CFA Instituts erworben. Als Berater im Bereich ESG/Sustainability unterstützt er Unternehmen bei der Vorbereitung auf die verpflichtende Nachhaltigkeitsberichterstattung innerhalb der EU (CSRD). Seit Anfang 2023 ist Herr von Pressentin Mitglied in einer Expertengruppe zur Weiterentwicklung der European Sustainability Reporting Standards (ESRS) für kleine und mittelständische Unternehmen.

Abbildungsverzeichnis

Tabellenverzeichnis

Einleitung

Unternehmen stehen heute vor vier bedeutenden Herausforderungen, die aus der Geopolitik, dem gesellschaftlichen Wandel, technologischen Innovationen und dem Sustainability-Purpose resultieren.

In der Geopolitik ist das beherrschende Thema die Auseinandersetzung zwischen den USA und der Volksrepublik China um die Vorherrschaft in der Welt. Es geht dabei um die Frage, welche Gesellschaftsform sich in der Welt durchsetzen wird, die Demokratie, wie wir sie in den USA und Europa kennen, oder das System, das wir als Autokratie empfinden, das die chinesische Führung als Demokratie des Volkes definiert. Diese Auseinandersetzung hat erhebliche Auswirkungen insbesondere auf Unternehmen, die global agieren und in vielen Märkten aktiv sind. Dies wurde deutlich als die Regierung des Präsidenten Trump Zölle auf chinesische Importe erhob oder auch bei Sanktionen, wie sie die USA, die EU und andere Staaten für Russland eingeführt haben. Auch kriegerische Auseinandersetzungen wie zuletzt der Krieg in der Ukraine haben erhebliche Auswirkungen in verschiedenen Märkten, zum Beispiel für die Versorgung mit Rohstoffen. Die Maßnahmen, die zur Eindämmung der Corona-Pandemie weltweit ergriffen wurden, haben erhebliche Folgen für die Lieferketten und damit für die Versorgung der Märkte mit Gütern und vieler Unternehmen mit wichtigen Produkten für die Weiterverarbeitung, wie zum Beispiel Chips. Und schließlich steht eine geopolitische Herausforderung ganz im Zentrum der politischen und wirtschaftlichen Entwicklung, der Klimawandel.

Bei dem Thema „Gesellschaftlicher Wandel" ist es vor allem die zunehmende Sensibilisierung der Menschen für Umwelt- und Sozialthemen. Dies hat Auswirkungen auf das Konsumverhalten, verändert aber auch die Erwartungen vor allem junger Menschen an ihren Arbeitgeber.

Junge Menschen schauen heute kritischer auf das Unternehmen, für das sie arbeiten wollen. Sie berücksichtigen verschiedene Kriterien, wenn sie sich für einen zukünftigen

K. R. Kirchhoff et al., *ESG: Nachhaltigkeit als strategischer Erfolgsfaktor*, SDG – Forschung, Konzepte, Lösungsansätze zur Nachhaltigkeit, https://doi.org/10.1007/978-3-658-43344-4_1

Arbeitgeber entscheiden, die noch vor Jahren wenig Berücksichtigung fanden. Für die Problematik des Fachkräftemangels werden in der Zukunft ESG-Strategien eine bedeutende Rolle einnehmen. Hier sind einige allgemeine Faktoren, die ihre Entscheidung beeinflussen können, und die später, wenn es um die Entwicklung einer ESG-Strategie gehen wird, bei der HR-Strategie eine Rolle spielen können:

1. **Unternehmenswerte und -kultur:** Junge Menschen legen oft Wert darauf, für ein Unternehmen zu arbeiten, das ihren Werten entspricht. Sie suchen vielleicht nach Unternehmen, die sich für Nachhaltigkeit, Vielfalt und Integration, soziale Verantwortung oder ethische Geschäftspraktiken einsetzen. Eine positive und integrative Unternehmenskultur, Wachstumschancen und die Vereinbarkeit von Beruf und Familie sind ebenfalls wichtige Faktoren.
2. **Berufliche Entwicklung und Wachstumschancen:** Junge Menschen suchen häufig nach Arbeitgebern, die Möglichkeiten zur beruflichen Weiterentwicklung, Schulungsprogramme, Mentorenschaft und Aufstiegsmöglichkeiten innerhalb des Unternehmens bieten. Sie schätzen Unternehmen, die in die Entwicklung ihrer Mitarbeiter investieren und einen klaren Karrierepfad vorgeben.
3. **Entlohnung und Sozialleistungen:** Gehalts- und Leistungspakete spielen eine wichtige Rolle bei der Gewinnung junger Talente. Eine faire und wettbewerbsfähige Vergütung, Krankenversicherung, Altersvorsorge, Urlaubsregelungen und andere Vergünstigungen wie flexible Arbeitsregelungen oder Möglichkeiten zur Telearbeit können entscheidende Faktoren sein.
4. **Work-Life-Balance und Wohlbefinden:** Eine gesunde Work-Life-Balance ist für junge Menschen zunehmend wichtig. Sie schätzen Arbeitgeber, die das Wohlbefinden ihrer Mitarbeiter unterstützen,
5. **flexible Arbeitszeiten** anbieten, die Integration von Beruf und Privatleben fördern und der psychischen und physischen Gesundheit durch Initiativen wie Mitarbeiterhilfsprogramme, Wellness-Programme oder ein unterstützendes Arbeitsumfeld Priorität einräumen.
6. **Möglichkeiten für Innovation und Einfluss:** Viele junge Menschen suchen Arbeitgeber, die ihnen die Möglichkeit bieten, kreativ und innovativ zu sein und etwas zu bewirken. Sie fühlen sich von Unternehmen angezogen, die den Unternehmergeist fördern, die Mitarbeiter in Entscheidungsprozesse einbeziehen und Projekte oder Initiativen anbieten, die zu gesellschaftlichen oder ökologischen Zielen beitragen.
7. **Reputation und Arbeitgebermarke:** Der Ruf eines Arbeitgebers kann die Wahrnehmung und die Entscheidung junger Menschen beeinflussen. Ein positives Markenimage, Anerkennung für hervorragende Leistungen, Auszeichnungen und positive Bewertungen auf Plattformen können zur Attraktivität eines Arbeitgebers beitragen.

Es ist wichtig zu beachten, dass individuelle Präferenzen und Prioritäten variieren können. Je nach persönlicher Situation, Karrierezielen und Wertvorstellungen können junge Menschen diesen Kriterien unterschiedliche Bedeutung beimessen.

In der Technologie stehen wir vor Veränderungen, die bedeutsamer und tief-greifender sein werden als die Erfindung des Internets. Anders Indset (Indset 2019, S. 303) zum Beispiel schreibt zur Verbindung von Quantencomputing und Künstlicher Intelligenz: „Die Risiken einer Verbindung von KI, Bio- und Nanotech, wie sie von vie-len Wissenschaftlern und den hinter ihnen stehenden Megakonzernen angestrebt wird, sind unkalkulierbar." Auch andere Persönlichkeiten sehen erhebliche Gefahren, die von der Künstlichen Intelligenz ausgehen können: „Mit künstlicher Intelligenz be-schwören wir den Dämon herauf." In einem Interview auf dem MIT AeroAstro Centen-nial Symposium im Jahr 2014 drückte Musk mit diesem Satz seine Besorgnis über die potenziellen Risiken der KI aus, wenn sie superintelligent wird und die menschliche Kontrolle übersteigt (McFarland 2014).

„KI ist ein grundlegendes existenzielles Risiko für die menschliche Zivilisation" (ebd.). Musk hat wiederholt betont, dass er KI als eines der größten Risiken für die Menschheit ansieht. Er hat vor dem Potenzial der KI gewarnt, die menschliche Intelligenz zu über-treffen und zu einer Bedrohung für das Wohlergehen und Überleben der Menschheit zu werden.

Hinzu kommen die Gefahren, die von der Cyberkriminalität für Unternehmen aus-gehen. Mediamarkt und Sixt waren erst kürzlich Cyber Attacken ausgesetzt, die erheb-liche Schäden verursacht haben.

Im Zeitalter der Digitalisierung spielt die Technologie eine entscheidende Rolle in der ESG-Praxis. Künstliche Intelligenz und Big Data ermöglichen Unternehmen, ESG-Faktoren effizienter zu analysieren und zu integrieren. Dies führt zu einem verbesserten Risikomanagement und der Fähigkeit, nachhaltige Entscheidungen auf informierter Grundlage zu treffen. Wie wir sehen werden (im späteren Kap. 10), sind diese techno-logischen Innovationen essenziell für die Weiterentwicklung und das Verständnis von ESG-Praktiken.

Die bisherigen Herausforderungen sind von dem einzelnen Unternehmen meist nur schwer zu beeinflussen und es geht dabei vor allem darum, dass sich die Unternehmen auf diese Themen vorbereiten, ein entsprechendes Risiko- und Chancenmanagement etablie-ren. Die vierte Herausforderung bietet den Unternehmen dagegen die Chance, sie zu anti-zipieren und entsprechende Lösungen selbst zu gestalten. Gemeint sind die veränderten Ansprüche, die die Mitarbeiter, die Gesellschaft insgesamt und verstärkt auch die Akteure des Kapitalmarktes an Unternehmen haben. Sie lassen sich unter die drei Buchstaben „E" für Environment, „S" für Social und „G" für Governance subsummieren. Es handelt sich um eine Reihe von Kriterien zur Bewertung der Leistung von Unternehmen in drei Be-reichen: Umwelt, soziale und gesellschaftliche Verantwortung und gute Unterneh-mensführung.

Der Aspekt der Umwelt bezieht sich auf die Auswirkungen eines Unternehmens auf die natürliche Umwelt, einschließlich seiner Bemühungen, Kohlenstoffemissionen zu redu-zieren, Abfall zu vermeiden und dem Klimawandel entgegenzuwirken. Dazu gehören Fak-toren wie Energieeffizienz, Umweltschutz, Einsatz erneuerbarer Energien und nachhaltige Praktiken in der Lieferkette.

Der soziale und gesellschaftliche Aspekt von ESG konzentriert sich auf die Beziehungen eines Unternehmens zu seinen Mitarbeitern, Kunden, Gemeinden und anderen Stakeholdern. Dazu gehören die Förderung von Vielfalt und Integration, die Gewährleistung der Sicherheit am Arbeitsplatz, die Achtung der Menschenrechte, die Unterstützung der Gemeindeentwicklung und die Förderung positiver Kundenbeziehungen.

Eine gute Unternehmensführung bezieht sich auf das System und die Prozesse, durch die ein Unternehmen geleitet und kontrolliert wird. Dazu gehören Aspekte wie die Zusammensetzung von Vorstand und Aufsichtsrat, die Vergütung von Führungskräften, die Bewahrung der Aktionärsrechte, Transparenz und ethische Geschäftspraktiken. Eine starke Governance gewährleistet Verantwortlichkeit, Integrität und ein effektives Risikomanagement. ESG-Faktoren helfen Unternehmen Risiken besser zu erkennen und zu managen, wie zum Beispiel die Einhaltung gesetzlicher Vorschriften, Reputationsrisiken, Unterbrechungen der Lieferkette und veränderter Verbraucherpräferenzen. Indem sie sich proaktiv mit ESG auseinandersetzen, können Unternehmen potenzielle Risiken mindern und ihre langfristige Widerstandsfähigkeit verbessern.

Investoren, Kunden, Mitarbeiter und andere Stakeholder erwarten zunehmend, dass Unternehmen sozial und ökologisch verantwortlich handeln. ESG-Erwägungen sind zu einem wichtigen Kriterium für Investitionsentscheidungen, Verbraucherentscheidungen, die Gewinnung und Bindung von Talenten geworden. Unternehmen, die ESG-Aspekte in den Vordergrund stellen, gewinnen mit größerer Wahrscheinlichkeit das Vertrauen, die Loyalität und die Unterstützung der Stakeholder.

Die Integration von ESG in Geschäftsstrategien kann langfristig zur Wertschöpfung führen. Indem sie sich auf Nachhaltigkeit und soziale Auswirkungen konzentrieren, können Unternehmen Möglichkeiten für Innovationen, Kosteneinsparungen, betriebliche Effizienz und den Zugang zu neuen Märkten aufdecken. ESG-bewusste Unternehmen sind oft besser in der Lage, sich an die sich verändernde Marktdynamik anzupassen und von neuen Trends zu profitieren.

Regierungen und Aufsichtsbehörden erkennen zunehmend die Bedeutung von ESG für die Bewältigung globaler Herausforderungen wie Klimawandel, Ungleichheit und soziale Fragen. Infolgedessen wird immer mehr Wert auf ESG-Berichterstattung, Offenlegungspflichten und die Integration von ESG-Prinzipien in die Unternehmensführung gelegt. Die Einhaltung von ESG-Vorschriften kann Unternehmen helfen, rechtliche und finanzielle Risiken zu vermeiden.

Zusammenfassend lässt sich sagen, dass ESG in der heutigen Geschäftswelt von großer Bedeutung ist, da es Unternehmen hilft, Risiken zu managen, die Erwartungen ihrer Stakeholder zu erfüllen, langfristigen Wert zu schaffen und die sich entwickelnden Vorschriften einzuhalten. Die Einbeziehung von ESG-Praktiken trägt nicht nur zu Nachhaltigkeit und sozialem Fortschritt bei, sondern erhöht auch die Wettbewerbsfähigkeit und Widerstandsfähigkeit eines Unternehmens in einer sich schnell verändernden Welt. Abb. 1.1 fasst die Herausforderungen für Unternehmen zusammen.

Kein Thema ist mit derartiger Wucht und Geschwindigkeit in die Vorstandsetagen gelangt wie ESG.

VIER HERAUSFORDERUNGEN FÜR UNTERNEHMEN

Abb. 1.1 Die vier Herausforderungen (eigene Darstellung)

Treiber dieser Transformation ist die Europäische Union, die sich mit dem Green Deal das Ziel gesetzt hat, bis 2050 klimaneutral zu werden. Aber auch gesellschaftliche Gruppen erheben Ansprüche an Unternehmen, die Auswirkungen des Klimawandels stärker in ihre strategischen Überlegungen einzubeziehen, allen voran junge Menschen, die sich heute den Arbeitgeber, wie wir gesehen haben, auch unter dem Aspekt des Sustainable Purpose aussuchen. Und, mit besonderem Gewicht, die Investoren und Finanzinstitute.

Der gesellschaftliche Wandel hin zu mehr Nachhaltigkeit ist auch deutlich geworden durch die Bewegung, die mit einem Schulstreik von Greta Thunbergs 2018 begann und bereits ein Jahr später Millionen Menschen in vielen Teilen der Welt auf die Straßen brachte, wo sie auf die Gefahr, die vom Klimawandel ausgeht, hinwiesen.

Bereits 2004 führten die Vereinten Nationen mit dem Bericht Who Cares Wins (United Nations, The Global Compact 2004) das Thema ESG ein. Darin wurde Unternehmen empfohlen, ihre Geschäftsmodelle kritisch anhand des CO_2-Fußabdrucks (Environmental), der Frauenquote in Führungsetagen (Social) und den Antikorruptionsregeln (Governance) zu durchleuchten. Heute ist das Verständnis von ESG wesentlich umfassender, letztlich geht es um die Transformation des Geschäftsmodells zu einem nachhaltigen Geschäftsmodell. Und aus der Sicht des Kapitalmarktes auch darum zu zeigen, wie ein Unternehmen mit seinem nachhaltigen Geschäftsmodell auch zukünftig profitabel wachsen kann.

Mittlerweile beziehen laut des Global Investor Survey 2021 von PWC (PWC Global Investor Survey 2021) mehr als 75 % der befragten Investoren ESG-Risiken explizit in ihre Anlageentscheidungen mit ein. Und fast die Hälfte erwägen Desinvestitionen, sollte ein Unternehmen seine ESG-Verpflichtungen aus ihrer Sicht nicht ausreichend erfüllen. Als eine Konsequenz daraus haben in den letzten Jahren immer häufiger Investoren auf Hauptversammlungen gegen die Entlastung von Vorständen und Aufsichtsräten gestimmt, weil man mit der Berichterstattung über das Management von Klimarisiken nicht zufrieden war. Die mangelhafte Berichterstattung mag auch oft in der mangelnden Berücksichtigung dieser Herausforderung in den Unternehmen ihre Ursache haben.

ESG hat kein festes Ziel, sondern ist ein Prozess, durch den ein Unternehmen kontinuierlich zu mehr Nachhaltigkeit gelangt. Je mehr Unternehmen diese Transformation erfolgreich gestalten, umso größer ist die Chance, dass die EU ihre Klimaziele tatsächlich erreicht.

Literatur

Indset A (2019) Quantenwirtschaft: Was kommt nach der Digitalisierung? Econ, Berlin
McFarland M (2014) Elon Musk: 'with artificial intelligence we are summoning the demon.' The Washington Post. https://www.washingtonpost.com/news/innovations/wp/2014/10/24/elon-musk-with-artificial-intelligence-we-are-summoning-the-demon/. Zugegriffen am 18.07.2023
pwc (2021) PWC global investor survey 2021. https://www.pwc.de/de/nachhaltigkeit/global-investor-esg-survey.html. Zugegriffen am 18.07.2023
United Nations, The Global Compact (2004) Who cares wins: connecting the financial markets to a changing world? https://www.unglobalcompact.org/docs/issues_doc/Financial_markets/who_cares_who_wins.pdf. Zugegriffen am 18.07.2023

Die Entstehungsgeschichte von ESG

Viele, die sich heute mit dem Thema Nachhaltigkeit und ESG beschäftigen, haben das Gefühl, dass das Thema ganz plötzlich und unangekündigt aufgekommen, eingeschlagen und schlussendlich geblieben ist. Gerade in der Zeit von 2015–2020 haben die Nachhaltigkeitsthemen in Gesellschaft, Wirtschaft und Politik rasant an Bekanntheit gewonnen. Inzwischen ist ESG kaum noch wegzudenken; ob es einem gefällt oder nicht. Doch wo nimmt der Nachhaltigkeitsgedanke eigentlich seinen Ursprung und wie genau wurde der omnipräsente Begriff ESG geprägt?

2.1 Eine historische Einordnung

Die Einbeziehung von Nachhaltigkeit in Geschäftsentscheidungen geschah mitunter früher, als der ein oder andere denken mag. Bereits im 18. Jahrhundert lassen sich ESG-Integrations- Konzepte erkennen. Allerdings war Nachhaltigkeit in dieser Zeit primär von der sozialen Dimension getrieben, da der Gedanke und die Notwendigkeit bezüglich Umweltschutz erst knapp zwei Jahrhunderte später an Relevanz gewannen. Religiöse Gruppen wie die Methodisten oder die Quäker haben schon früh Richtlinien zum „sozialverantwortlichen" Investieren ins Leben gerufen und damit den modernen Gedanken des Social Responsible Investment (SRI) geprägt. Die Quäker entschieden beispielsweise, dass eine Beteiligung am Handel mit Sklaven nicht mit den religiösen Werten der Gruppe übereinstimmt. Mitglieder der Gemeinschaft, die sich dennoch an der Sklaverei beteiligten oder Sklaven hielten, wurden ausgeschlossen. Ebenfalls die Methodisten, Anhänger einer sogenannten evangelischen Freikirche, formulierten einen Sklaverei-Ausschluss und mieden zudem Investitionen in Unternehmen, die mit Alkohol oder Glücksspiel Geld

K. R. Kirchhoff et al., *ESG: Nachhaltigkeit als strategischer Erfolgsfaktor*, SDG – Forschung, Konzepte, Lösungsansätze zur Nachhaltigkeit, https://doi.org/10.1007/978-3-658-43344-4_2

verdienten. Gerade die letzten beiden Punkte sind Themen, die noch heute von diversen Investoren gemieden werden.

Im Jahr 1928 wurde einer der ersten Investmentfonds mit SRI-Konzept gegründet – der Pioneer Fund. Ausgelegt auf sittenstrenge Protestanten wurden ebenfalls Wirtschaftszweige wie Alkohol, Tabak und Glücksspiel von dem Fonds gemieden. Das Interessante: der Pioneer Fund war generell einer der ersten Investmentfonds der Welt. Er existiert noch heute, wird inzwischen von Amundi verwaltet und hat seit der Gründung den S&P 500 outperformed. Der Fonds wird seinem Namen also gerecht. Ein Pionier, der von Anfang an SRI als Erfolgsgeschichte etabliert hat.

Der gesellschaftliche Durchbruch gelang dem Thema aber knapp fünf Jahrzehnte später, um 1970 herum, inmitten des Vietnamkrieges. Der Krieg und die einhergehenden Protest- und Friedensbewegungen waren ein regelrechter Katalysator für SRI. In Teilen der Gesellschaft wuchs eine Ablehnung gegen Nuklearwaffen und weitere kontroverse Kriegsstrategien. Das chemische Entlaubungsmittel Agent Orange wurde großflächig in Vietnam von der US-Luftwaffe eingesetzt und sollte die Verstecke und Versorgungswege der Guerillakämpfer des Vietcongs aufdecken. Eine Katastrophe für die Umwelt, aber auch die Bewohner Vietnams. Noch heute kommen Kinder mit Fehlbildungen zur Welt, die auf den Einsatz von Agent Orange zurückgehen. Da ein zunehmender Teil der US-Bevölkerung eine Ablehnung gegen solche kontroversen Kriegspraktiken entwickelte, entstanden Investmentprodukte, die sowohl direkte Investments als auch Investments in die Lieferkette zur Herstellung von Atomwaffen oder Agent Orange ausschlossen.

Ein weiteres Jahrzehnt später, 1980, etablierte sich ein weiteres SRI-Erfolgskonzept. Während bisher vor allem der Gedanke vorherrschte, Unternehmen zu meiden, die gegen entsprechende ethische, religiöse oder moralische Grundsätze verstoßen, entstand während der südafrikanischen Apartheid eine globale Desinvestitionskampagne. Zunächst fußte die Kampagne auf Freiwilligkeit. Die Sullivan Principles formulieren menschenrechtspolitische Richtlinien für Unternehmen, deren Lieferkette in Südafrika exponiert war oder die selbst Betriebsstätten dort besaßen. Studenten begannen Druck auf die Stiftungsfonds auszuüben, woraufhin viele ihre Investitionen in Südafrika und exponierte US-Unternehmen aufgaben. Daraufhin folgten viele Pensionsfonds, die große Mengen Kapital verwalten. Mitte der 80er-Jahre wurden sogar Gesetze erlassen, welche die Desinvestitionskampagne unterstützen. Schlussendlich wurden mehrere hundert Milliarden US-Dollar aus Südafrika abgezogen, was sowohl die Währung als auch die Wirtschaft in Südafrika zum Taumeln brachte. Heute gilt die Desinvestitionskampagne als einer der entscheidenden Faktoren, die das System der Apartheid zum Einsturz brachten.[1] Die Desinvestitionskampagne ist ein Beispiel dafür, dass nachhaltigkeitsbezogene Boykott-

---

[1] Nature, 16.05.2002, „Boycott of Israel? It worked for South Africa": https://www.nature.com/articles/417221b.

bewegungen durchaus signifikante Ausmaße annehmen können – in diesem konkreten Fall sogar Geschichtsverändernde.

Außerhalb des Finanzmarktes kam es zur selben Zeit zu einem politischen Meilenstein in Bezug auf Nachhaltigkeit. Ebenfalls in den 80ern beschäftigte das wachsende Ozonloch die Staatsoberhäupter dieser Welt. Eine gefährliche Ausdünnung der Ozonschicht, ausgelöst durch Fluorchlorkohlenwasserstoffe (FCKW, englisch CFCs), wurde über der Antarktis festgestellt und bedrohte sowohl Klima, Meere als auch die Menschen, vor allem in Australien. FCKW wurden vor allem als Kältemittel eingesetzt und waren für die Funktion der meisten Kühlschränke in der Zeit notwendig. 1987 wurde das Montreal-Protokoll verabschiedet, in der sich die globale Gemeinschaft darauf einigte, Maßnahmen gegen eine Ausweitung des Ozonlochs zu ergreifen. FCKW mussten schnell reduziert werden. 197 Länder haben das Montreal-Protokoll unterzeichnet. Damit ist es das erste UN-Abkommen, das jemals universal ratifiziert wurde. Das Protokoll wurde somit zu einem umweltpolitischen Meilenstein, da es bewies, dass die Gesellschaften dieser Welt mit Erfolg an einem Strang ziehen können, um eine Umweltkatastrophe globalen Ausmaßes zu verhindern. Das Protokoll erzwang zudem wirtschaftliche Innovation, schließlich wurden nicht die Kühlschränke abgeschafft, sondern lediglich die problematischen Kohlenwasserstoffe. Der erste FCKW-freie Kühlschrank wurde übrigens nicht in den USA entwickelt, sondern 1993 in der DDR (Gunkel 2013).

Der Begriff ESG tauchte erstmals 2004 auf, in einem Bericht des UN Global Compacts (UN GC). „Who Cares Wins: Connecting Financial Markets to a Changing World" ist das Ergebnis einer von UN Generalsekräter Kofi Annan ins Leben gerufenen Initative, Umwelt, Soziales und Governance in den Kapitalmarkt zu integrieren. Der Bericht zielte darauf ab, die Attraktivität von ESG Faktoren im wirtschaftlichen Kontext genauso zu betonen, wie den gesellschaftlichen Mehrwert. Es war auch Kofi Annan der 2006 die Eröffnungsglocke der New Yorker Börse läutete und im selben Atemzug die Principles of Responsible Investment (UN PRI) ins Leben rief – eine Investoreninitiative in Partnerschaft mit der UN, die inzwischen mehr als 4000 Unterzeichner hat. Asset Manager und Asset Owner erklären dabei ihre Unterstützung gegenüber den sechs Prinzipien zum verantwortungsvollen Investieren. Die Unterzeichner verwalten zusammen mehr als 120 Billionen US-Dollar an Kapital; Tendenz steigend.

Inzwischen hat der Klimawandel den Staffelstab übernommen und dominiert den Nachhaltigkeitsdiskurs maßgeblich. 2006 veröffentlichte Sir Nicholas Stern im Auftrag der Regierung des Vereinigten Königreichs den „Stern Report". Der Bericht versuchte die Schäden des Klimawandels zu quantifizieren. 5 % des globalen BIPs (GDPs) an Kosten verursacht der Klimawandel jedes Jahr, wenn keine adäquaten Maßnahmen ergriffen werden. In der Quintessenz bezeichnet der Bericht den Klimawandel als das größte Marktversagen aller Zeiten. Seitdem ist das Thema aus Politik, Wirtschaft und Gesellschaft nicht mehr wegzudenken (Stern 2007).

Zusammenfassend lässt sich sagen, dass ESG als weitere Dimension bei Kapitalmarktentscheidungen nicht neu ist, wie der Pioneer Fund beweist. Und Boykottaufrufe sind keine Erfindung von engagierten, politisch-motivierten Jugendlichen. Es hat sie vorher schon gegeben, in einem Ausmaß, dass sie ein ungerechtes politisches System stürzen konnten. ESG ist nicht gekommen, um zu bleiben. ESG war schon immer da.

2.2   ESG als Geschäftspraktik

Klassische Wirtschaftstheorie und der Wunsch nach Nachhaltigkeit weisen auf den ersten Blick nur eine geringe Schnittmenge auf. Der Wirtschaftswissenschaftler und Nobelpreisträger Milton Friedmann schrieb 1970 in einem bekannten New York Times-Artikel, dass Unternehmen nur eine einzige Verpflichtung haben: den (finanziellen) Nutzen ihrer Anteilseigner (*Shareholder*) zu erhöhen. Andere Stakeholder, vor allem die Gesellschaft als Ganzes, hat laut Friedman keine Ansprüche gegenüber den Unternehmen. Diese Aussagen seiner normativen Anteilseigner-Theorie sind auch als Friedman-Doktrin bekannt. Engagement und Ausbau von Nachhaltigkeitsfaktoren überlässt Friedmann den persönlichen Präferenzen der Anteilseigner. Eine Betrachtung von tatsächlichen Unternehmensaktivitäten zeigt allerdings, dass sich ein isolierter Fokus auf den *Shareholder Value* in der Praxis nicht immer bestätigt. Unternehmen zeigen häufig ein darüber hinausgehendes Engagement, beispielsweise, um das Wohlempfinden der Mitarbeiter zu erhöhen, in Form von umweltfreundlichen Produktionsprozessen und nicht zuletzt durch die direkte Finanzierung sozialer Projekte. Übernehmen gewinnorientierte Unternehmen auch eine soziale Verantwortung, wird dies allgemein als *Corporate Social Responsibility* (CSR) bezeichnet. Allerdings lässt sich die Motivation hinter dieser sozialen Verantwortung hinterfragen. Ein gängiger Erklärungsansatz wird als *Doing well by doing good* bezeichnet. Dabei wird CSR genutzt, um den Unternehmenswert zu steigern, z. B. durch eine resultierende Reputationsverbesserung oder verbesserte Konditionen bei der Kreditaufnahme. Der gesteigerte Unternehmenswert wiederum maximiert den Wert für die Anteilseigner, weshalb dieser Ansatz eine Einordnung der CSR in die normative Theorie von Friedman ermöglicht.

Doing well by doing good: Unilever[2]

Unilever ist ein gutes Beispiel für ein Unternehmen, das das Konzept „Doing well by doing good" verfolgt. Unilever hat sich verpflichtet, bis 2030 alle seine Kunststoffverpackungen vollständig wiederverwendbar, recycelbar oder kompostierbar zu machen. Darüber hinaus hat das Unternehmen angekündigt, dass es bis 2025 keine fossilen Brennstoffe mehr in seinen Reinigungsprodukten verwenden wird. Diese Initiativen sind Teil des nachhaltigen Geschäftsmodells von Unilever, das darauf abzielt, das Wachstum des Unternehmens mit sozialen Auswirkungen und Umweltschutz zu verbinden. Unilever hat festgestellt, dass seine nachhaltigsten Marken schneller wachsen und eine höhere Rentabilität aufweisen als der Rest des Unternehmens. ◀

---

[2] https://www.unilever.com/planet-and-society/climate-action/strategy-and-goals/.

Doing well by doing good: Johnson & Johnson[3]

Johnson & Johnson, ein multinationaler Hersteller von medizinischen Geräten, pharmazeutischen und Konsumgütern, hat eine lange Geschichte des „Doing well by doing good". Ein prominentes Beispiel ist ihre Reaktion auf den Tylenol-Mordfall in den 1980er-Jahren. Nachdem sieben Menschen an vergiftetem Tylenol gestorben waren, zog das Unternehmen 31 Mio. Flaschen des Produkts zurück und stoppte die Produktion und Werbung, obwohl Tylenol zu dieser Zeit das meistverkaufte, rezeptfreie Analgetikum in den USA war. Johnson & Johnson stellte die Sicherheit der Verbraucher über den Profit und wurde für seine ethische Reaktion auf die Krise gelobt. Dies stärkte das Vertrauen der Öffentlichkeit in das Unternehmen und trug dazu bei, dass Johnson & Johnson seine führende Position auf dem Markt behalten konnte. ◄

Eine umgekehrte Logik verfolgt der Ansatz *Doing good by doing well.* Finanziell gut ausgestattete Unternehmen können es sich demnach leisten, Teile ihres Profits für soziale Zwecke zu verwenden oder ihr Geschäftsmodell unmittelbar nachhaltig auszurichten.

Doing good by doing well: The Body Shop

The Body Shop, ein britischer Einzelhändler von Kosmetik- und Hautpflegeprodukten, ist ein historisches Beispiel für „Doing good by doing well". Die Gründerin Anita Roddick baute das Unternehmen auf den Prinzipien der sozialen und ökologischen Verantwortung auf. The Body Shop war eines der ersten Unternehmen, das sich gegen Tierversuche aussprach und fairen Handel in der Lieferkette förderte. Diese ethischen Praktiken trugen dazu bei, die Marke The Body Shop zu stärken und eine loyale Kundenbasis aufzubauen. Trotz der zusätzlichen Kosten, die mit diesen Praktiken verbunden waren, war The Body Shop finanziell erfolgreich und wurde schließlich für eine erhebliche Summe an L'Oréal verkauft.[4] ◄

Doing good by doing well: Patagonia[5]

Patagonia, der Outdoor-Bekleidungshersteller, ist ein Beispiel für das Konzept „Doing good by doing well". Patagonia hat sich seit seiner Gründung dem Umweltschutz verschrieben und spendet 1 % seines gesamten jährlichen Umsatzes an Umwelt-

---

[3] 'The Tylenol Murders: How Johnson & Johnson Saved the Brand', *Chicago Tribune*, 27 October. Available at: https://www.chicagotribune.com/investigations/ct-tylenol-murders-johnson-johnson-crisis-20221027-xvnlcglna5b5ti3i3ot57x4a5e-htmlstory.html.

[4] Circle of Business (o. J.) 'Organizational culture of a Body Shop'. Available at: https://circlebizz.com/management/organizational-culture-of-a-body-shop/.

[5] https://www.patagonia.com/climate-goals/   und   https://www.patagonia.com/our-responsibility-programs.html.

organisationen. Darüber hinaus hat das Unternehmen eine „Worn Wear"-Initiative ins Leben gerufen, die Kunden ermutigt, ihre gebrauchte Patagonia-Kleidung zu reparieren und wiederzuverwenden, anstatt neue zu kaufen. Diese Initiativen haben das Image von Patagonia als nachhaltiges und verantwortungsbewusstes Unternehmen gestärkt, was wiederum zu einer starken Markenloyalität und hohen Verkaufszahlen geführt hat. Patagonia zeigt, dass Unternehmen soziale und ökologische Verantwortung übernehmen können und gleichzeitig finanziell erfolgreich sein können. ◄

Wie so häufig gilt: Die Wahrheit liegt vermutlich irgendwo dazwischen. Irgendeine Motivation muss ein Unternehmen schließlich haben, einen verstärkten Fokus auf Nachhaltigkeit zu setzen. Sei es nun eine reine wirtschaftliche oder eher ethische Motivation.

Einige Unternehmen könnten sich für ESG-Praktiken entscheiden, weil sie glauben, dass es das Richtige ist, unabhängig von den finanziellen Auswirkungen. Sie könnten von der Überzeugung geleitet sein, dass Unternehmen eine Verantwortung gegenüber der Gesellschaft und der Umwelt haben, und dass sie einen positiven Beitrag leisten sollten. Dies könnte als eine ethische oder moralische Motivation angesehen werden.

Auf der anderen Seite könnten einige Unternehmen ESG-Praktiken aus rein wirtschaftlichen Gründen verfolgen. Sie könnten glauben, dass ESG-Praktiken ihnen helfen können, Risiken zu managen, Kosten zu senken, ihre Marke zu stärken oder neue Geschäftsmöglichkeiten zu erschließen. In diesem Fall wäre die Motivation hauptsächlich finanziell.

In der Praxis könnten die meisten Unternehmen eine Kombination aus beiden Motivationen haben. Sie könnten sowohl die ethischen als auch die finanziellen Vorteile von ESG-Praktiken erkennen und versuchen, beides in ihrer Geschäftsstrategie zu berücksichtigen.

Klar ist aber, dass Milton Friedmanns Aussage aus den 70ern nicht den Zeitgeist der aktuellen Wirtschaft und Gesellschaft widerspiegelt. In der heutigen Welt erkennen immer mehr Unternehmen die Bedeutung von ESG-Praktiken an. Sie sehen, dass sie sowohl einen positiven Einfluss auf die Gesellschaft und die Umwelt haben als auch einen finanziellen Nutzen für ihre Shareholder erzeugen können. Dies zeigt, dass die Ansichten und Praktiken in Bezug auf ESG und Nachhaltigkeit sich seit Friedmans Zeiten erheblich weiterentwickelt haben.

Literatur

Circle of Business (o.J.) Organizational culture of a Body Shop. https://circlebizz.com/management/organizational-culture-of-a-body-shop/. Zugegriffen am 19.07.2023

Friedman M (1970) A Friedman doctrine. The social responsibility of business is to increase its profits. The New York Times. https://www.nytimes.com/1970/09/13/archives/a-friedman-doctrine-the-social-responsibility-of-business-is-to.html. Zugegriffen am 19.07.2023

Gunkel C (2013) Erster FCKW-freier Kühlschrank: Öko-Coup aus Ostdeutschland. In: Spiegel Geschichte. https://www.spiegel.de/geschichte/oeko-revolution-aus-ostdeutschland-wie-foron-denersten-fckw-freien-kuehlschrank-der-welt-erfand-a-951064.html?sara_ref=re-xx-cp-sh. Zuge-griffen am 18.07.2023

Patagonia (o.J.) The climate crisis is our business. https://www.patagonia.com/climate-goals/. Zu-gegriffen am 19.07.2023

Rose S, Rose H (2002) Boycott of Israel? It worked for South Africa. Nature 417:221. https://doi.org/10.1038/417221b

St. Clair S, Gutowski C (2022) Tragedy, then triumph: how Johnson & Johnson made sure Tylenol survived the Tylenol murders. Chicago Tribune. https://www.chicagotribune.com/investigations/ct-tylenol-murders-johnson-johnson-crisis-20221027-xvnlcglna5b5ti3i3ot57x4a5e-htmlstory.html. Zugegriffen am 19.07.2023

Stern N (2007) The economics of climate change. The Stern review. Cambridge University Press. https://doi.org/10.1017/CBO9780511817434

Unilever (2023) Climate action: strategy and goals. https://www.unilever.com/planet-and-society/climate-action/strategy-and-goals/. Zugegriffen am 19.07.2023

United Nations, The Global Compact (2004) Who cares wins: connecting the financial markets to a changing world? https://www.unglobalcompact.org/docs/issues_doc/Financial_markets/who_cares_who_wins.pdf. Zugegriffen am 18.07.2023

Der Green Deal der Europäischen Union – Auslöser des ESG-Booms

Eines der Schlüsselthemen in der Entwicklung von ESG war die Formulierung von Standards und Rahmenwerken, die eine konsistente und vergleichbare Berichterstattung über ESG-Faktoren ermöglichen. Verschiedene Organisationen und Initiativen haben dazu beigetragen, diese Strukturen zu schaffen und zu verfeinern. Zum Beispiel wurde der Global Reporting Initiative (GRI) Standard entwickelt, um Unternehmen dabei zu helfen, die Auswirkungen ihrer Geschäftspraktiken auf Themen wie Klimawandel, Menschenrechte und Korruption zu verstehen und zu berichten. Das Sustainability Accounting Standards Board (SASB) hat spezifische Standards entwickelt, die Unternehmen dabei unterstützen, finanziell materielle Nachhaltigkeitsinformationen an Investoren zu liefern. Die Task Force on Climate-related Financial Disclosures (TCFD) wurde eingerichtet, um klimabezogene finanzielle Risiken transparenter zu machen. Diese und andere Rahmenwerke spielen eine entscheidende Rolle dabei, eine kohärente ESG-Landschaft zu schaffen, die es Unternehmen, Investoren und anderen Stakeholdern ermöglicht, ESG-Faktoren in ihre Entscheidungsprozesse zu integrieren.

Der Klimawandel ist die größte Herausforderung unserer Zeit. Mit dieser Aussage beginnen die Beiträge zum European Green Deal auf der Website der Europäische Kommission. Eine Aussage mit enormem Gewicht. Die größte Herausforderung unserer Zeit müssen entsprechende Maßnahmen und Handlungen entgegengesetzt werden – und genau diese sind unter dem Begriff European Green Deal zusammengefasst.

2019 stellte die Kommission unter der Präsidentin der Europäischen Kommission Ursula von der Leyen den Green Deal erstmals vor und zieht direkt zu Beginn das schärfste Schwert im Repertoire: eine Verpflichtung zur Klimaneutralität bis 2050 (Europäische Kommission 2019). Inzwischen sind die Zielvorgaben bis 2030, nämlich eine Reduktion der Netto-Treibhausgasemissionen um 55 % gegenüber 1990, von den europäischen Staats- und Regierungschefs gebilligt. Das europäische Klimagesetz ist geboren und die

K. R. Kirchhoff et al., *ESG: Nachhaltigkeit als strategischer Erfolgsfaktor*, SDG – Forschung, Konzepte, Lösungsansätze zur Nachhaltigkeit, https://doi.org/10.1007/978-3-658-43344-4_3

Klimaziele somit gesetzlich festgelegt. Das Ziel, der erste klimaneutrale Kontinent zu werden, basiert auf vielen kleinteiligen Maßnahmenpaketen, die sich zu einer großen, ambitionierten Strategie zusammensetzen. Solche Maßnahmen sind beispielsweise für den Immobiliensektor, die Automobilbranche oder das europäische Energiesystem festgelegt worden. Wird der Green Deal oberflächlich betrachtet, entsteht mitunter der Eindruck, dass sich ein solch ambitioniertes Ziel hauptsächlich über Verbote erreichen lässt. Auch wenn restriktive Vorgaben eine Teilmenge der Maßnahmen bilden, verbirgt sich hinter dem Green Deal deutlich mehr. Nämlich eine Wegbeschreibung hin zu einer nachhaltigeren, emissionsärmeren Wirtschaft, die von einem hohen Transparenzniveau und definierten Regeln in Bezug auf einen vagen Nachhaltigkeitsbegriff, profitieren soll. Diese Transformation soll ein Wachstumstreiber sein und kein wirtschaftliches Hindernis darstellen, vor allem im Kontext der internationalen Wettbewerbsfähigkeit. Die Präsidentin der Kommission sagt selbst: „Der europäische Grüne Deal ist unsere neue Wachstumsstrategie – für ein Wachstum, das uns mehr bringt als es uns kostet. Er zeigt, wie wir unsere Art zu leben und zu arbeiten, zu produzieren und zu konsumieren ändern müssen, um gesünder zu leben und unsere Unternehmen innovationsfähig zu machen".[1] Die EU und ihre Mitgliedsstaaten entwickeln für diese Wegbeschreibung die notwendigen Wegweiser in Form von Verordnungen oder Richtlinien (Europäische Kommission 2020).

Zu den wichtigsten Zielen des Green Deal der EU gehören:

Klimaneutralität Der Green Deal verpflichtet die EU, bis 2050 netto null Treibhausgasemissionen zu erreichen. Er beinhaltet die Umsetzung von Maßnahmen zur Emissionsreduzierung, zur Steigerung der Energieeffizienz und zur Förderung erneuerbarer Energiequellen.

Übergang zu sauberer Energie Der Green Deal konzentriert sich auf die Beschleunigung des Übergangs zu sauberen und erneuerbaren Energiequellen. Er umfasst Initiativen zur Förderung der Erzeugung erneuerbarer Energien, zur Verbesserung der Energieeffizienz und zur Förderung der Dekarbonisierung des Energiesektors.

Nachhaltige Industrie Der Green Deal zielt darauf ab, die Grundsätze der Nachhaltigkeit und der Kreislaufwirtschaft in verschiedenen Branchen zu fördern. Dazu gehört die Unterstützung der Entwicklung kohlenstoffarmer Technologien, die Steigerung der Ressourceneffizienz und die Förderung von Ökodesign und Recycling.

Nachhaltige Mobilität Der Green Deal zielt auf die Förderung eines nachhaltigen und emissionsarmen Verkehrswesens ab, einschließlich Initiativen zur Dekarbonisierung des Automobilsektors, zur Verbesserung öffentlicher Verkehrssysteme und zur Unterstützung der Entwicklung alternativer Kraftstoffe und Infrastrukturen.

---

[1] Pressemitteilung der EU Kommission vom 11.12.2019: https://ec.europa.eu/commission/presscorner/detail/de/IP_19_6691.

Biologische Vielfalt und natürliche Ressourcen Der Green Deal legt den Schwerpunkt auf den Schutz und die Wiederherstellung der Artenvielfalt und der Ökosysteme. Er umfasst Maßnahmen zur Bekämpfung der Entwaldung, zur Förderung einer nachhaltigen Landwirtschaft und zur Unterstützung des Schutzes der natürlichen Ressourcen.

Gerechter Übergang Der Green Deal zielt darauf ab, einen fairen und integrativen Übergang zu einer nachhaltigen Wirtschaft zu gewährleisten und dabei die sozialen und wirtschaftlichen Auswirkungen des Übergangs zu berücksichtigen. Er umfasst Initiativen zur Unterstützung von Regionen und Industrien, die stark von fossilen Brennstoffen abhängig sind, bei ihrem Übergang zu saubereren Alternativen.

Der Green Deal hat das Bewusstsein für viele relevante Nachhaltigkeitsthemen, wie z. B. Dekarbonisierung, in der Gesellschaft gefördert. Daraus wiederum resultieren Veränderungen in den Präferenzen von Konsumenten und Verbrauchern. Die Unternehmen sehen sich daher von zwei Flanken unter Druck gesetzt: zum einen müssen sie den gesetzlichen Anforderungen nachkommen und Ressourcen zur Erfüllung bereitstellen. Gleichzeitig braucht es häufig ein strategisches Umdenken, um den neuen Marktanforderungen gerecht zu werden und Produkte sowie Dienstleistungen auf die veränderten Anforderungen anzupassen. Dieses massive Umdenken hat dazu geführt, dass die Unternehmen vermehrt Nachhaltigkeitsexperten einstellen. Der Bedarf nach Beratungsdienstleistungen in diesem Bereich steigt und immer mehr IT-Lösungen entwickelt werden, die beispielsweise bei der Umsetzung der Regulatorik helfen oder bei der Bilanzierung von Emissionen helfen.

Wenn sich ein ganzer Kontinent neu ausrichtet (die Kommission spricht selbst von der dritten industriellen Revolution), dann schwappen diese Effekte auch auf die globalen Märkte über. In allen Regionen dieser Welt ist ESG ein brandheißes Thema und es deutet nichts darauf hin, dass die Nachhaltigkeitsbestrebungen schnell wieder in Vergessenheit geraten. Der Green Deal hat also einen regelrechten ESG-Boom ausgelöst. Als Flaggschiff präsentiert sich allen voran das Thema Klimawandel und die damit verbundenen Ziele, die sich Unternehmen setzen. Knapp die Hälfte aller gelisteten Unternehmen haben inzwischen Dekarbonisierungsziele kommuniziert; Tendenz weiter steigend.[2]

Mit dem Maßnahmenpaket „Fit-for-55" werden die Ziele des Green Deals in Rechtsakte übertragen. Konkret handelt es sich hierbei um eine Reihe von Vorschlägen, mit deren Hilfe bestehende Rechtsvorschriften in den Bereichen Klima, Energie und Verkehr aktualisiert werden. Beispielsweise ist nach dem Paket eine Überarbeitung des Emissionshandelssystems (EHS) der EU vorgesehen (Bundesregierung 2023). Die Umsetzung dieser Maßnahmen lässt sich nicht ohne Kapital realisieren. Gemäß der EU-Kommission werden

---

[2] MSCI Pressemitteilung vom 11.03.2023: „More Public Companies Are Making Climate Commitments But Deadline To Limit Warming To 1.5 °C Shrinks Again".

schätzungsweise 260 Mrd. € zusätzlich investiert werden müssen – jedes Jahr.[3] Daher zielt der Green Deal darauf ab, die Finanzströme zunehmend in nachhaltige Aktivitäten zu lenken. Für diesen Zweck hat die EU – im Rahmen einer Sustainable Finance Initiative – zwei Werkzeuge entwickelt, die das Thema nachhaltige Investition vorantreiben sollen. Die EU Taxonomieverordnung, die definiert, was überhaupt als Nachhaltig einzustufen ist und die EU Offenlegungsverordnung, welche für mehr Transparenz im Bereich ESG Investing sorgt.

Unternehmen und Initiativen können darauf aktiv auf die Klimaziele reagieren und Strategien entwickeln, um ihre Emissionen zu reduzieren und zur Erreichung der Klimaneutralität beizutragen. Sie verdeutlichen auch, dass die Klimaziele nicht nur eine Herausforderung, sondern auch eine Chance für Innovation und Veränderung sind.

Beispiel: Das Startup 1Komma5Grad[4]

1Komma5 Grad ist ein deutsches Startup, das sich auf die Bereitstellung von Solarenergie, Energiespeicherung und E-Mobilitätslösungen konzentriert. Das Unternehmen wurde mit dem ausdrücklichen Ziel gegründet, zur Förderung der Klimaneutralität beizutragen und hat sich schnell zu einem bedeutenden Akteur in der Branche entwickelt.

Das Unternehmen hat in einer beeindruckenden Finanzierungsrunde 215 Mio. € aufgebracht und erreichte damit eine Bewertung von 1 Mrd. US-Dollar, was es zum „Einhorn" machte. Diese Bewertung wurde nur 23 Monate nach der Gründung von 1Komma5 Grad erreicht, was die Geschwindigkeit und das Ausmaß des Wachstums des Unternehmens unterstreicht.

1Komma5 Grad hat sich das ehrgeizige Ziel gesetzt, bis Ende des Jahrzehnts 1,5 Mio. Gebäude in ganz Europa mit klimaneutraler Technologie für Elektrizität, Heizung und Mobilität auszustatten. Dieses Ziel steht im Einklang mit den Klimaneutralitätszielen der EU und zeigt, wie Unternehmen durch die Ausrichtung auf diese Ziele entstehen und wachsen können.

Das Unternehmen bietet eine Reihe von Produkten und Dienstleistungen an, darunter Solarmodule, Energiespeicher, Elektrofahrzeug-Ladegeräte und Energieverwaltungssysteme. Diese Produkte sind darauf ausgelegt, den Energieverbrauch zu optimieren, die Abhängigkeit von fossilen Brennstoffen zu verringern und den Übergang zu erneuerbaren Energien zu erleichtern.

1Komma5 Grad hat auch eine innovative Geschäftsstrategie entwickelt, die auf Partnerschaften und Kooperationen setzt. Das Unternehmen arbeitet mit einer Vielzahl von Partnern zusammen, darunter Immobilienentwickler, Energieversorger und lokale Behörden, um seine Produkte und Dienstleistungen zu implementieren und zu verbreiten.

---

[3] Pressemitteilung der EU Kommission vom 11.12.2019: https://ec.europa.eu/commission/press-corner/detail/de/IP_19_6691.

[4] https://siliconcanals.com/news/startups/1komma5-secures-430m/.

Darüber hinaus hat 1 Komma5 Grad eine starke Verpflichtung zur Nachhaltigkeit und zur Bekämpfung des Klimawandels demonstriert. Das Unternehmen hat sich verpflichtet, seine Geschäftspraktiken kontinuierlich zu verbessern, um die Umweltauswirkungen zu minimieren und einen positiven Beitrag zur Gesellschaft zu leisten.

Insgesamt ist 1 Komma5 Grad ein hervorragendes Beispiel dafür, wie die Ziele der Klimaneutralität neue Geschäftsmöglichkeiten schaffen und Unternehmen dazu anregen, innovative Lösungen zu entwickeln, die sowohl den Klimawandel bekämpfen als auch wirtschaftlichen Wert schaffen. ◄

3.1   Sustainable Finance in Europa

Basierend auf dem Bericht der High-Level Group on Sustainable Finance (HLEG) „Financing a Sustainable European Economy" (HLEG 2018) veröffentlichte die Europäische Kommission im März 2018 ihren Aktionsplan zur Finanzierung von nachhaltigem Wachstum. Dieser Aktionsplan sieht die folgenden Maßnahmen vor:

1. Etablierung eines EU-Klassifizierungssystems für nachhaltige Aktivitäten
2. Schaffung von Standards und Labels für grüne Finanzprodukte
3. Förderung von Investitionen in nachhaltige Projekte
4. Einbeziehung von Nachhaltigkeit in die Finanzberatung
5. Entwicklung von Nachhaltigkeits-Benchmarks
6. Bessere Integration von Nachhaltigkeit in Ratings und Marktforschung
7. Klärung der Pflichten von institutionellen Investoren und Vermögensverwaltern
8. Einbeziehung von Nachhaltigkeit in aufsichtsrechtliche Anforderungen
9. Stärkung der Nachhaltigkeitsoffenlegung und der Rechnungslegungsvorschriften1
10. Förderung einer nachhaltigen Unternehmensführung und Eindämmung des Kurzfristdenkens an den Kapitalmärkten

Um ihre ehrgeizigen Ziele zu verwirklichen, setzt die EU darauf, die Geldströme in Richtung Nachhaltigkeit umzulenken. Sie will dazu ein Finanzsystem schaffen, dass weltweit nachhaltiges Wachstum unterstützt. Und das in der Erkenntnis, dass der Finanzsektor über eine enorme Macht verfügt, Unternehmen zu mehr Nachhaltigkeit zu bewegen, sei es zum Beispiel durch die Ermöglichung von Forschung und Entwicklung alternativer Energiequellen, oder die Unterstützung von Unternehmen, die nachhaltige Arbeitspraktiken anwenden. Zudem soll Nachhaltigkeit stärker in das Risikomanagement einbezogen werden.

In ihrer Mitteilung zum Europäischen Green Deal schlägt die Europäische Kommission eine Reihe von wirtschafts- und sozialpolitischen Maßnahmen vor, in deren Mittelpunkt verschiedene Umweltinitiativen stehen, mit denen sich die EU …

- … um bis 2050 klimaneutral zu werden;
- … Menschen, Tiere und Pflanzen zu schützen, indem wir die Umweltverschmutzung reduzieren;
- … um Unternehmen zu helfen, weltweit führend bei sauberen Produkten und Technologien zu werden;
- … um einen gerechten und inklusiven Übergang zu gewährleisten.

In der Mitteilung zum europäischen Green-Deal-Investitionsplan (der am 14. Januar 2020 folgte – auch bekannt als „Investitionsplan für nachhaltiges Europa") werden weitere Vorschläge gemacht:

- Umsetzung von Maßnahmen zur Erleichterung nachhaltiger Investitionen und grüner Finanzierungen
- Verstärkte Offenlegung von Finanzinstituten zur Nachhaltigkeit von Investitionen
- Verbesserte Integration von Umwelt- und Klimarisiken in das aufsichtsrechtliche Regelwerk

Um die Bemühungen der EU auf dem Weg zur Klimaneutralität und im Kampf gegen Umweltzerstörung zu verstärken, hat der Europäische Green Deal eine Renewed Sustainable Finance Strategy angekündigt.

Die Renewed Sustainable Finance Strategy wird sich vor allem auf Folgendes konzentrieren:

1. Stärkung der Grundlagen für nachhaltige Investitionen durch Schaffung eines förderlichen Rahmens mit geeigneten Instrumenten und Strukturen.
2. Maximierung der Wirkung bestehender Rahmenbedingungen und Instrumente zur „grünen Finanzierung" durch mehr Möglichkeiten für Bürger, Finanzinstitute und Unternehmen, einen positiven Einfluss auf die Nachhaltigkeit zu nehmen.
3. Klima- und Umweltrisiken (sowie soziale Risiken) müssen gemanagt und in die Finanzinstitute und das Finanzsystem integriert werden.

Auch die deutsche Bundesregierung hat sich zum Ziel gesetzt, Deutschland zu einem führenden Sustainable-Finance-Standort auszubauen (Bundesregierung 2021). Dazu wurden fünf Ziele formuliert:

- Sustainable Finance weltweit und europäisch voranbringen
- Chancen ergreifen, Transformation finanzieren, Nachhaltigkeitswirkung verankern
- Risikomanagement der Finanzindustrie gezielt verbessern und Finanzmarktstabilität gewährleisten
- Finanzstandort Deutschland stärken und Expertise ausbauen
- Bund als Vorbild für Sustainable Finance im Finanzsystem etablieren

Eine Vielzahl von Maßnahmen soll die Verwirklichung dieser Ziele fördern, dazu gehört zum Beispiel die Entwicklung der KFW zur Transformationsbank, eine Nachhaltigkeitsampel für Anlageprodukte und die Verbesserung der Nachhaltigkeit und Transparenz in den Kapitalanlagen des Bundes. Abb. 3.1 fasst die deutsche Sustainable Finance Strategie zusammen.

DIE DEUTSCHE SUSTAINABLE FINANCE STRATEGIE – EIN ÜBERBLICK

Deutschland soll zu einem führenden Sustainable-Finance Standort ausgebaut werden

ZIELE	MAßNAHMEN (AUSWAHL)	ZEITHORIZONT
1. Sustainable Finance weltweit und europäisch voranbringen	— Europäische Sustainable Finance Agenda voranbringen	Kurz-/mittelfristig
	— Weiterentwicklung der EU-Taxonomie	Kurz-/mittelfristig
2. Chancen ergreifen, Transformation finanzieren, Nachhaltigkeitswirkung verankern	— Stärkung gesellschaftlicher Unternehmensverantwortung	Kurzfristig
	— Stärkung der nichtfinanziellen Unternehmensberichterstattung	Mittelfristig
	— Nachhaltigkeitsampel für Anlageprodukte	Mittelfristig
3. Risikomanagement der Finanzindustrie gezielt verbessern und Finanzmarktstabilität gewährleisten	— Zugang zu nachhaltigkeitsbezogenen Unternehmensinformationen verbessern	Kurz-/mittelfristig
	— Unterstützung der Real- und Finanzwirtschaft bei der Verbesserung des Risikomanagements von physischen Klimarisiken	Mittel-/langfristig
4. Finanzstandort Deutschland stärken und Expertise ausbauen	— ESG-Wirkungs- und Bewertungsmethoden weiterentwickeln	Kurzfristig
	— KfW zur Transformationsbank weiterentwickeln	Kurz-/mittelfristig
5. Bund als Vorbild für Sustainable Finance im Finanzsystem etablieren	— Nachhaltigkeit und Transparenz in den Kapitalanlagen des Bundes verbessern	Kurzfristig
	— Anleger und Investoren besser informieren	Mittelfristig

Abb. 3.1   Die deutsche Sustainable Finance Strategie (eigene Darstellung)

DREI ZENTRALE REGULATORISCHE MAßNAHMEN ZU ESG

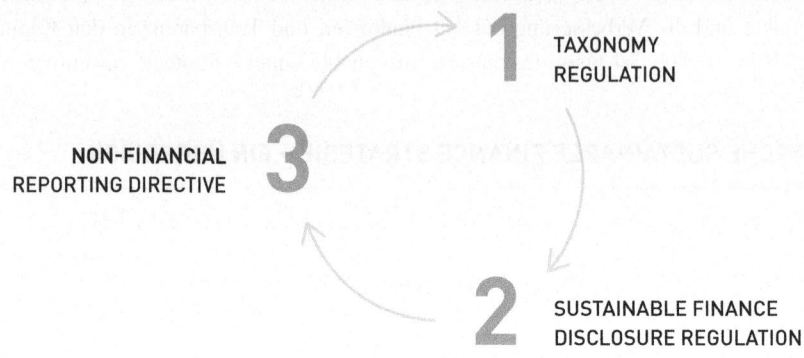

1 TAXONOMY REGULATION

3 NON-FINANCIAL REPORTING DIRECTIVE

2 SUSTAINABLE FINANCE DISCLOSURE REGULATION

1

Die Taxonomie-Verordnung (Verordnung (EU) 2020/852) ist eines der Ergebnisse des EU-Aktionsplans für nachhaltige Finanzen. Die Taxonomie bietet ein Nachhaltigkeitsklassifizierungssystem, durch das Unternehmen die ökologische Nachhaltigkeit ihre Wirtschaftstätigkeiten bewerten müssen.

2

Die Sustainable Finance Disclosure Regulation (Verordnung (EU) 2019/2088) ist eines der Ergebnisse des EU-Aktionsplans für nachhaltige Finanzen. Die Offenlegungsverordnung verpflichtet Wertpapierfirmen, auf ihren Websites, in Dokumenten und in Berichten Angaben zur (ökologischen) Nachhaltigkeit ihrer Investitionen und zum Zusammenspiel von ESG-Faktoren und Investitionen in Bezug auf Risiken zu machen.

3

Die Richtlinie zur nichtfinanziellen Berichterstattung (Richtlinie 2014/95/EU) verpflichtet große Unternehmen von „öffentlichem Interesse", Daten über die Auswirkungen ihrer Aktivitäten auf ESG-Faktoren zu veröffentlichen. Die EU hat bereits erste Informationen zur Überarbeitung der Richtlinie angekündigt. Es wird deutlich ausgeweitet.

Abb. 3.2 Drei zentrale regulatorische Maßnahmen (eigene Darstellung)

Die Sustainable Finance Initiative sieht drei zentrale regulatorische Maßnahmen zu ESG vor, die in Abb. 3.2 dargestellt sind.

3.2   Taxonomie Regulation

Welche Tätigkeiten sind eigentlich nachhaltig, welche sind es nicht? Eine schnell gestellte Frage mit enorm hoher Bedeutung in der heutigen Zeit. Dennoch eine Frage, auf die es keine simple Antwort gibt; und vor allem keine korrekte. Viele Faktoren haben das Potenzial die Antwort zu beeinflussten, beispielsweise die ethischen oder religiösen Überzeugungen des Befragten oder der Zeitpunkt der Fragestellung. Allerdings stellt diese beschriebene Frage kein philosophisches Lehrbuchproblem dar, sondern umreißt vielmehr eine relevante und praxisnahe Problemstellung. Also muss eine Antwort auf eine nicht ein-deutig zu lösende Frage her, um dringliche Themen, wie z. B. den Klimawandel, systema-tisch angehen zu können. Ein Lösungsansatz dieses Problems: die EU-Taxonomie-Verordnung (2020/852). Sie ist die Antwort des Gesetzgebers auf die Frage, welche Ge-schäftstätigkeiten und -ausgaben als nachhaltig anzusehen sind. Damit sollen langfristige Investitionen in die nachhaltige Transformation gefördert werden.

3.2.1 Die sechs Umweltziele der Taxonomie

Das auch der EU die Antwortfindung auf die Frage nicht leicht fällt, zeigt sich bereits bei einem Blick auf den Umfang der Taxonomie. Derzeit umfasst die Taxonomie mit ihren Zielen nur das Themengebiet „Umwelt". Die Säulen „Soziales" und „Unternehmens-führung" nehmen nur eine untergeordnete Rolle ein. Eine Erweiterung um eine Soziale Taxonomie ist angedacht, ein erster Entwurf zur Struktur wurde im Juli 2021 veröffent-licht (Europäische Kommission 2021). Kurz darauf wurde die Weiterentwicklung der Er-gänzung innerhalb der sozialen Dimension aber auf unbestimmte Zeit verschoben.

Die sechs formulierten Umweltziele decken ein breites Themenspektrum aus gängigen Fokuspunkten innerhalb der Umwelt-Säulen ab.

1. Klimaschutz
2. Anpassung an den Klimawandel
3. Nachhaltige Nutzung und Schutz von Wasser- und Meeresressourcen
4. Übergang zu einer Kreislaufwirtschaft
5. Vermeidung und Verminderung der Umweltverschmutzung
6. Schutz und Wiederherstellung der Biodiversität und der Ökosysteme

Die sechs Ziele werden von einer von der Kommission beauftragten technischen Experten-gruppe (TEG) mit konkreten Vorschlägen unterlegt. Die ersten beiden Klimabezogenen Ziele wurden bereits am 04.06.2021 konkretisiert und im Dezember 2021 veröffentlicht. Die Delegierte Rechtsakte umfassen eine abschließende Liste der infrage kommenden Wirtschaftsaktivitäten sowie technische Kriterien zur Beurteilung der Taxonomie Konformität der Aktivitäten. Für die Immobilienwirtschaft enthalten die Rechtsakte zum Beispiel sehr detaillierte Vorgaben, die bestimmen, welche Informationen bzw. Eigen-schaften Wasserhähne, Duschen, Toiletten etc. bieten müssen. Vorschläge für die Ziele 3–5 liegen seit dem 13. Juni 2023 vor.

3.2.2 Zwischen Taxonomie-Fähigkeit und -Konformität: Die Funktionsweise

Das Grundprinzip der Taxonomie-Verordnung scheint zunächst simpel: eine Aktivität gilt als taxonomiefähig, wenn sie wesentlich zu mindestens einem der sechs Ziele beiträgt.

Vorstellbar ist hier beispielsweise der Bau einer Windkraftanlage im Hinblick auf *Ziel 1 – Klimaschutz*. Außerdem führt die Taxonomie das DNSH-Prinzip (Do No Significant Harm) ein, wonach keines der übrigen fünf Ziele negativ beeinflusst werden darf. Wird für die erwähnte Windkraftanlage eine seltene Froschart ausgerottet, könnte der Bau dem *Ziel 6 – Schutz von Ökosystemen und Biodiversität* zuwiderlaufen und somit gegen das DNSH-Prinzip verstoßen. Schlussendlich müssen noch Mindestanforderungen in Bezug auf Soziales sowie Menschenrechte berücksichtigt und erfüllt werden.

Die Verordnung unterscheidet zwischen einer Taxonomie-Fähigkeit und einer -Konformität, wobei die Fähigkeit immer die Grundvoraussetzung darstellt. Sobald eine Aktivität sich einem der sechs Ziele zuordnen lässt, gilt diese als „fähig". Erst wenn auch die Kriterien, das DNSH-Prinzip und die Anforderung zum Mindestschutz erfüllt sind, kann von einer „Konformität" gesprochen werden. Gemäß der Verordnung sind sowohl Umsatzerlöse, Investitionsausgaben (Capex) und Betriebsausgaben (Opex) nach dieser Logik einzuordnen. Die jeweils taxonomiefähigen und -konformen Beträge sind jährlich in definierten Tabellenvorlagen zu veröffentlichen, sobald eine Berichtspflicht vorliegt. Diese ist unmittelbar mit der Verpflichtung zur Erstellung eines Nachhaltigkeitsberichts verknüpft. Bisher betrifft dies vor allem große Unternehmen (> 500 Mitarbeiter) im Rahmen der NFRD, durch die Einführung der CSRD wird auch die Taxonomie-Berichtspflicht dann sukzessive auf nahezu alle mittelständischen Unternehmen ausgeweitet.

Zusätzlich können Aktivitäten taxonomiekonform sein, wenn sie eine Übergangslösung auf dem Weg zu einer klimafreundlichen Lösung darstellen (zum Beispiel die Renovierung bestehender Gebäude) oder andere Aktivitäten ermöglichen, die Umweltziele der Taxonomie zu erfüllen (zum Beispiel die Installation, Wartung und Reparatur von energieeffizienten Geräten).

3.2.3   Politisches Gezerre um die Nachhaltigkeit

Die Taxonomie-Verordnung wurde insgesamt, vor allem aber auch international, als ein mutiger Schritt anerkannt. Die EU beweist mit der Taxonomie, dass sie durchaus bereit ist, den ersten Schritt im Bereich der Nachhaltigkeitsregulierung zu gehen und somit vor der Welle zu sein anstatt sich als Nachzügler zu profilieren. Trotz des Aufwands, den die Taxonomie bei den berichtspflichtigen Unternehmen erzeugt, wurde die Einführung positiv aufgenommen. Ein Indiz dafür, dass der Markt im Bereich von Nachhaltigkeit und ESG durchaus Regulierungen benötigt, um eine notwendige Standardisierung zu erzeugen.

Berühmtheit über das ESG-Expertentum hinaus erlangte die Taxonomie, als sie ins Zentrum von politischem Gezerre gelangte. 2022 entbrannte die Diskussion, inwiefern sich Gas und Atomenergie prinzipiell als nachhaltig bzw. taxonomiefähig qualifizieren. Während sich unter den Fachexperten und auch innerhalb der von der Kommission berufenen TEG eine eher ablehnende Haltung bildete, nutzten vor allem Deutschland und Frankreich ihren Einfluss innerhalb der europäischen Union, um die Taxonomie in ihrem Sinne anzupassen. Schlussendlich wurden Gas und Atomenergie als potenziell taxonomiefähig in die Taxonomiekriterien aufgenommen. Ein fundamentaler Kritikpunkt an dieser Entscheidung ist zum einen die Missachtung des extra eingeführten DNSH-Prinzips. Es ist fragwürdig, ob beispielsweise die Erzeugung von Strom aus Uran und die daraus entstehenden Abfälle nicht gleich mehreren der 6 Umweltziele widersprechen. Außerdem lässt sich auch kritisieren, dass die politische Einflussnahme eine objektive und wissenschaftsbasierte Regulatorik aufbiegt und in Teilen sogar umkehrt. Die Ausgangsfrage dieses Abschnitts zur Taxonomie lautete: *Welche Tätigkeiten sind eigentlich nachhaltig, welche sind es nicht?* Die Taxonomie hat einen Antwortvorschlag unterbreitet – mit einem politischen Beigeschmack.

Darüber hinaus hat diese politische Einflussnahme auch Auswirkungen auf die Glaubwürdigkeit und Akzeptanz der Taxonomie. Wenn die Kriterien für Nachhaltigkeit durch politische Interessen beeinflusst werden können, besteht die Gefahr, dass die Taxonomie ihre Glaubwürdigkeit als objektives und wissenschaftsbasiertes Instrument verliert. Dies könnte wiederum die Bereitschaft der Unternehmen, sich an die Taxonomie zu halten, sowie das Vertrauen der Investoren in die Taxonomie untergraben.

Trotz dieser Herausforderungen bleibt die Taxonomie ein wichtiger Schritt in Richtung einer nachhaltigeren Wirtschaft. Sie bietet einen Rahmen für Unternehmen, um ihre Nachhaltigkeitsbemühungen zu messen und zu kommunizieren, und sie hilft Investoren, fundierte Entscheidungen über nachhaltige Investitionen zu treffen. Es bleibt abzuwarten, wie die Taxonomie weiterentwickelt wird und wie sie sich auf die Praxis der Nachhaltigkeitsberichterstattung auswirkt.

3.3 Sustainable Finance Disclosure Regulation

Investitionen zunehmend in nachhaltige Aktivitäten lenken – damit hat sich die EU kein einfaches Ziel gesetzt. Schließlich werden die meisten Kapitalmarkttransaktionen von institutionellen und privaten Investoren getätigt, wodurch der Einfluss des Gesetzgebers beschränkt ist. Nicht-Nachhaltige Investitionen zu verhindern oder gar zu verbieten ist politisch sowie wirtschaftlich fragwürdig und kaum umsetzbar. Daher muss die EU auf das eigengesteuerte Interesse der Geldgeber an den nachhaltigen Themen setzen und kann lediglich eine unterstützende Rolle einnehmen. Doch selbst dieser Ansatz gestaltet sich als herausfordernd. Hat ein Investor Interesse an Nachhaltigkeit in seinen Kapitalanlagen, z. B. aus fundamental-strategischen Gründen oder ethischen Überzeugungen, so steht er vor der Aufgabe, nachhaltige von nicht-nachhaltigen Anlagemöglichkeiten zu differenzieren. Aus zweierlei Gesichtspunkten kein leichtes Unterfangen:

1. Nachhaltigkeit ist nicht immer objektiv. Der Investor muss das Anlageuniversum nach seinen ESG-Präferenzen untersuchen und analysieren.
2. Nicht alle Informationen, die der Investor dafür benötigt, sind problemlos zugänglich. Mangelnde Transparenz erschwert die Suche nach potenziell nachhaltigen Investitionen.

Der Gesetzgeber kann nicht ohne weiteres die Präferenzen des Investors steuern, allerdings kann er das Transparenzniveau am Markt durch gesetzliche Vorgaben erhöhen. Genau das ist das Ziel der EU mit der Sustainable Finance Disclosure Regulation, kurz SFDR, auf Deutsch auch Offenlegungsverordnung genannt. Diverse Finanzmarktteilnehmer sind durch diese Verordnung verpflichtet, grundlegende Aussagen zu ihrem Umgang mit Nachhaltigkeit, vor allem Nachhaltigkeitsrisiken, offenzulegen und somit dem Markt verfügbar zu machen.

3.3.1 Entstehung und Scope der SFDR

Die SFDR ist eines der Kernelemente des 2019 von der europäischen Kommission vorgeschlagenen Aktionsplans für nachhaltige Finanzierung und somit auch wesentlicher Bestandteil des European Green Deal. Noch im selben Jahr (Dezember 2019) wurde die Verordnung vom Parlament und den Mitgliedsstaaten verabschiedet, bevor sie im März 2021 in Kraft getreten ist. Damit ist die SFDR eine der ersten regulatorischen Bemühungen, die im Rahmen des Green Deal auf den Weg gebracht und eingeführt wurde.

Von den Offenlegungspflichten sind eine Vielzahl von Akteuren betroffen, die Finanzprodukte in der EU anbieten und vertreiben. Dazu zählen vor allem Finanzinstitute wie Banken, Versicherungen, Pensionskassen und -fonds sowie Finanzberater.

Fällt ein Unternehmen bzw. Finanzprodukt in den Anwenderkreis der Verordnung, kann grob zwischen zwei Arten der Offenlegungspflichten unterschieden werden:

1. **Offenlegungen auf Unternehmensebene:**
   Betroffene Unternehmen müssen über ihre Anlagepolitik und -praktiken in Bezug auf Nachhaltigkeit berichten. Der Fokus dabei liegt vor allem auf der Beschreibung, auf welche Art und Weise Nachhaltigkeitsrisiken in den Prozess der Investitionsentscheidung integriert werden. Außerdem müssen Unternehmen die Einbeziehung von Nachhaltigkeitsrisiken in der Vergütungspolitik beschreiben. Diese Informationen müssen auf der Unternehmenswebsite veröffentlicht werden
2. **Offenlegungen auf Produktebene:**
   Die Berücksichtigung von Nachhaltigkeitsrisiken für das jeweilige Produkt muss von den betroffenen Unternehmen in jedem Fall offengelegt werden. Je nach Nachhaltigkeitsprofil des Produktes kommen weitere Transparenzanforderungen hinzu. Die meisten Anforderungen auf dieser Ebene müssen dem Investor bereits vor der Investition zur Verfügung gestellt werden (vorvertragliche Informationen).

3.3.2 Ein (ungewolltes) Klassifizierungssystem

Mehr Transparenz bzgl. des Levels der Nachhaltigkeitsintegration für Investoren und Verbraucher – So das verfolgte Ziel der EU, als die SFDR entwickelt und verabschiedet wurde. Grundsätzlich gibt es auch keine Erkenntnisse, die nach der Einführung zu einer gegenteiligen Einschätzung führen. Insgesamt wurde die Offenlegungsverordnung positiv aufgenommen, wenn auch der hohe Aufwand zur vollständigen Offenlegung von den betroffenen Finanzmarktteilnehmern kritisiert wird. Aber ein Ziel hat der Gesetzgeber konkret nicht verfolgt: dass die Offenlegungsverordnung die Finanzprodukte gemäß ihres Nachhaltigkeitsprofils klassifiziert. An diesem Ziel ist die EU gescheitert. Es wurde zwar nach der Einführung nochmal bekräftigt, dass eine Klassifizierung nicht im Sinne der Verordnung ist, doch das Gegenteil hat sich in der praktischen Umsetzung ergeben. Das „ungewollte" Klassifizierungssystem der SFDR ist fast schon zum Herzstück der Regulierung geworden.

Der Grund für diese Entwicklung: In der EU vertriebene Finanzprodukte müssen in eine der folgenden drei Kategorien eingruppiert werden:

- **Artikel 6 Produkt:**
  Finanzprodukte ohne Berücksichtigung von Nachhaltigkeitsfaktoren. Nachhaltigkeitsrisiken müssen jedoch identifiziert und ausgewiesen werden.
- **Artikel 8 Produkt:**
  Diese Kategorie wird auch als „light green" bezeichnet und umfasst Finanzprodukte, die Nachhaltigkeitsfaktoren berücksichtigen.
- **Artikel 9 Produkt:**
  Diese Kategorie wird auch als „dark green" bezeichnet und umfasst Finanzprodukte, die konkrete nachhaltige Investitionsziele verfolgen. Diese Investitionsziele muss einen Beitrag zu mindestens einem der sechs Umweltzielen der EU-Taxonomie leisten.

Die Eingruppierung entscheidet darüber, welche Offenlegungs- und Berichtspflichten sich für das jeweilige Produkt ergeben. Doch unter den Investoren ist diese Eingruppierung inzwischen ein Hauptmerkmal für das Nachhaltigkeitsprofil eines Finanzprodukts. Einem Artikel 9-Fonds wird somit zunächst ein höherer Grad von Nachhaltigkeitsintegration nachgesagt als dies bei Artikel 8- oder Artikel 9-Fonds der Fall wäre. Die Frage nach der „SFDR-Artikel-Klassifizierung" ist inzwischen ein Standard in Fondsauswahlprozessen und RFPs (Request for proposal) geworden. Außerdem erschwert die Offenlegungsverordnung das Greenwashing von Finanzprodukten. So können Fonds, die beispielsweise „grün" oder „nachhaltig" im Produktnamen tragen in der Regel nicht als Artikel 6 klassifiziert werden, was wiederum mit erhöhten Transparenzanforderungen einhergeht.

Das die Klassifizierung zum ungewollten Star der Offenlegungsverordnung mutiert ist, ist nicht zwangsläufig als ein Fehler der EU-Kommission anzusehen. Es zeigt, dass der Markt das Bedürfnis nach einem standardisierten Klassifizierungsrahmenwerk gehabt hat. Die Offenlegungsverordnung sollte Transparenz erzeugen und hat diese Lücke geschlossen. Es bleibt abzuwarten, ob der Gesetzgeber diese Funktion der Verordnung anerkennt und sie ggf. sogar in diese Richtung weiterentwickelt. Klarere Klassifizierungsvorgaben oder eine Erweiterung der Kategorienanzahl wären denkbar.

3.3.3 Die Principle Adverse Impact Indicators (PAIs)

Neben den Artikeln 6, 8 und 9 der Offenlegungsverordnung gibt es einen weiteren Haupt-
bestandteil, der sowohl den Kern der Verordnung bildet als auch das Verbindungsglied zur
weiteren Nachhaltigkeitsregulatorik darstellt. Die Principle Adverse Impact Indikatoren
(PAIs) sind jene Indikatoren, die das Fundament für eine vergleichbare Berichterstattung
des Nachhaltigkeitsprofils von Finanzprodukten bilden. Es sei angemerkt, dass nicht alle
Finanzprodukte PAIs offenlegen müssen, da die Verordnung unter bestimmten Voraussetzungen eine Opt-Out Möglichkeit vorsieht, welche in diesem Buch aber nicht näher erläutert wird.

Die EU hat 64 PAIs formuliert welche 2023 das erste Mal offengelegt werden müssen.
14 dieser PAIs sind verpflichtende Indikatoren (Tab. 3.1 und 3.2). Daneben ist es die Auf-

Tab. 3.1 Verpflichtende PAIs im Bereich Umwelt

Adverse sustainability indicator		Metric
Greenhouse gas emissions	1. GHG emissions	Scope 1 GHG emissions
		Scope 2 GHG emissions
		Scope 3 GHG emissions
		Total GHG emissions
	2. Carbon footprint	Carbon footprint
	3. GHG intensity of investee companies	GHG intensity of investee companies
	4. Exposure to companies active in the fossil fuel sector	Share of investments in companies active in the fossil fuel sector
Greenhouse gas emissions	5. Share of non-renewable energy consumption and production	Share of non-renewable energy consumption and non-renewable energy production of investee companies from non-renewable energy sources compared to renewable energy sources, expressed as a percentage of total energy sources
Greenhouse gas emissions	6. Energy consumption intensity per high impact climate sector	Energy consumption in GWh per million EUR of revenue of investee companies, per high impact climate sector
Biodiversity	7. Activities negatively affecting biodiversity-sensitive areas	Share of investments in investee companies with sites/operations located in or near to biodiversity-sensitive areas where activities of those investee companies negatively affect those areas
Water	8. Emissions to water	Tonnes of emissions to water generated by investee companies per million EUR invested, expressed as a weighted average
Waste	9. Hazardous waste and radioactive waste ratio	Tonnes of hazardous waste and radioactive waste generated by investee companies per million EUR invested, expressed as a weighted average

Basierend auf dem „Template principal adverse sustainability impacts statement" (European In-
surance and Occupational Pensions Authority 2023)

Tab. 3.2 Verpflichtende PAIs im Bereich Soziales, Mitarbeiter, Menschenrechte und Anti-Korruption

Adverse sustainability indicator		Metric
Social and employee matters	10. Violations of UN Global Compact principles and Organisation for Economic Cooperation and Development (OECD) Guidelines for Multinational Enterprises	Share of investments in investee companies that have been involved in violations of the UNGC principles or OECD Guidelines for Multinational Enterprises
	11. Lack of processes and compliance mechanisms to monitor compliance with UN Global Compact principles and OECD Guidelines for Multinational Enterprises	Share of investments in investee companies without policies to monitor compliance with the UNGC principles or OECD Guidelines for Multinational Enterprises or grievance/complaints handling mechanisms to address violations of the UNGC principles or OECD Guidelines for Multinational Enterprises
	12. Unadjusted gender pay gap	Average unadjusted gender pay gap of investee companies
	13. Board gender diversity	Average ratio of female to male board members in investee companies, expressed as a percentage of all board members
	14. Exposure to controversial weapons (anti-personnel mines, cluster munitions, chemical weapons and biological weapons)	Share of investments in investee companies involved in the manufacture or selling of controversial weapons

Basierend auf dem „Template principal adverse sustainability impacts statement" (European In-surance and Occupational Pensions Authority 2023)

gabe des betroffenen Finanzinstituts weitere 2 Indikatoren von den restlichen 50 auszu-wählen, sodass eine sinnvolle und zielgerichtete Berichterstattung für das jeweilige Finanzprodukt entsteht. Die Indikatoren sind überwiegend quantitativ und sollen dem Ver-braucher ermöglichen einen nachvollziehbaren Überblick über das Nachhaltigkeitsprofils eines Finanzprodukts zu erhalten sowie eine solide Ebene für Analysen und Vergleiche heranziehen zu können. Außerdem ermöglicht die regelmäßige Veröffentlichung der PAIs eine Vergleichbarkeit im Zeitverlauf.

Für die Finanzinstitute ist es mitunter kein leichtes Unterfangen, selbst die erforder-lichen Daten für die PAI-Berichterstattung zu sammeln. Beispielsweise benötigt ein Asset Manager eines europäisches Aktienfonds Daten von den Portfoliounternehmen, im besten Falle von allen. Umso größer und internationaler das Portfolio, desto aufwendiger die Datenerhebung. Eine Möglichkeit diese Daten zu sammeln, ist es bestimmte Datenbanken heranzuziehen. Große ESG-Ratingagenturen bieten beispielsweise spezialisierte SFDR-PAI-Produkte an, eine Lizensierung ist in der Regel aber sehr kostspielig und das Problem mit der Datenerhebung wird lediglich auf einen Dienstleister abgewälzt.

Der EU war von Anfang an bewusst, dass die Offenlegungsverordnung zu erhöhten Datenanforderungen bei den Portfoliounternehmen führen wird. Entsprechend hat sie diese Anforderungen in der Weiterentwicklung Nachhaltigkeitsberichterstattung berücksichtigt. Die kommende CSRD-Umsetzung soll bspw. ein primärer Lieferant für die PAI-relevanten Daten werden. Mehr dazu finden Sie im Abschn. 5.5. Die Verknüpfung mit der CSRD und der EU-Taxonomie macht nochmal deutlich, welche zentrale Rolle die Offenlegungsverordnung im Gesamtkonzept des European Green Deal einnimmt. Denn der Erfolg des Green Deals ist maßgeblich von privaten und institutionellen Investoren abhängig.

Der Green Deal hat zu weit mehr neuen Gesetzen, Rahmenwerken und Entwicklungen geführt, als hier mit der Taxonomie und der Offenlegungsverordnung abgebildet werden können. Ein weiterer relevanter Baustein für das Ziel eines klimaneutralen Europas ist beispielsweise die Ausweitung des Emissionshandels. Allerdings unterscheidet sich die weitere Nachhaltigkeitsregulatorik in der Regel stark zwischen den einzelnen Wirtschaftssektoren, weshalb sie sich nicht für einen Überblick anbietet. Einem weiteren Meilenstein im Rahmen des Green Deal, nämlich der gesetzlichen Nachhaltigkeitsberichterstattung, widmet sich das Kap. 5.

3.3.4 Non Financial Reporting Directive

Die Richtlinie zur nicht finanziellen Berichterstattung (Richtlinie 2014/95/EU) verpflichtet große Unternehmen von „öffentlichem Interesse" Daten über die Auswirkungen ihrer Aktivitäten auf ESG-Faktoren zu veröffentlichen. Diese Direktive wurde gerade überarbeitet. An anderer Stelle wird gezeigt, dass die überarbeitete Version, die erstmals für einen bestimmten Kreis von Unternehmen für die Berichterstattung über das Geschäftsjahr 2023 wirksam wird, den Kreis der Unternehmen, die eine Nichtfinanzielle Erklärung abzugeben haben, drastisch erweitert wird und die Nichtfinanzielle Erklärung zukünftig zwingend in den Lagebericht integriert werden muss. Durch die EU-Richtlinie wird die Berichterstattung nicht finanzieller Angaben zur Pflicht, die für das Verständnis des Geschäftsverlaufs, der Ergebnisse und Tätigkeiten des Unternehmens nötig sind. Die Umsetzung der EU-Richtlinie in nationales Recht erfolgte am 10. März 2017. Kapitalmarktorientierte Unternehmen müssen somit seit dem Geschäftsjahr 2017 durch eine nicht finanzielle Erklärung berichten. Gegenüber den bereits bestehenden Berichtspflichten im Lagebericht nach § 289 HGB haben sich die haftungsrechtlichen Konsequenzen bei einer Nicht-Compliance deutlich verschärft.

Bei kapitalmarktorientierten Unternehmen können nach § 334 Abs. 3 HGB die Bußgelder bei Verstößen von derzeit 50.000 € auf bis zu 10 Mio. € erhöht bzw. umsatz- und gewinnbezogene Geldbußen verhängt werden. Eine wichtige Neuerung des Gesetzes: die Verantwortung für den Inhalt der Nicht Finanziellen Erklärung liegt bei dem Aufsichtsrat. Er prüft die Rechtmäßigkeit, Ordnungsgemäßheit und Zweckmäßigkeit der Erklärung. Zudem muss er sich kritisch inhaltlich mit den Risiken sowie den verfolgten Konzepten und den erreichten Ergebnissen auseinandersetzen. Er kann sich dazu durch externe Sachverständige unterstützen lassen und auch die inhaltliche Überprüfung der nicht finanziellen Berichterstattung beauftragen. Über diese Pflichten gehen die Aufgaben des Aufsichtsrates im Zusammenhang mit der Nichtfinanziellen Berichterstattung aber hinaus. Diese lassen sich wie folgt zusammenfassen:

- Einfordern von Informationen über den derzeitigen Umgang mit den im Gesetz genannten nicht finanziellen Aspekten; insbesondere sollten auch Informationen über relevante Lieferketten eingefordert werden
- Beratung und Austausch mit dem Vorstand, ob eine Änderung des derzeitigen Umgangs aufgrund der verstärkten Transparenzanforderungen ratsam ist
- Beratung im Aufsichtsrat, ob nicht finanzielle Aspekte stärker im Rahmen der Vorstandsvergütung berücksichtigt werden sollten
- Beratung im Aufsichtsrat, inwieweit der Rat externer Sachverständiger erforderlich ist
- Nachhalten der regelmäßigen Information durch den Vorstand über den Umgang mit nicht finanziellen Aspekten; regelmäßiger Bericht über erreichte Ziele und Abweichungen von Zielen
- Prüfung der Frage, ob ein Sonderauftrag für die inhaltliche Prüfung der nicht finanziellen Erklärung erteilt werden soll

Es wird deutlich, dass der Aufsichtsrat in diesem Zusammenhang eine herausragende, für ihn neue Verantwortung übernimmt. Deshalb ist den Unternehmen anzuraten, diesen Aspekt bei der zukünftigen Besetzung des Aufsichtsrates stärker zu berücksichtigen. Neben dem Financial Expert sollte jeder Aufsichtsrat auch einen ESG bzw. Nachhaltigkeitsexperten in seinen Reihen haben.

Gesetzlich vorgeschrieben ist nur die Prüfung des Vorhandenseins der Nichtfinanziellen Erklärung. Eine Prüfung des Inhalts ist damit nicht verbunden. Will der Aufsichtsrat einen Prüfungsauftrag erteilen, so bestehen zwei Möglichkeiten, die sich nach dem Grad der Sicherheit der getroffenen Aussagen unterscheidet:

- Prüfung mit begrenzter Sicherheit. Das Ergebnis einer solchen Prüfung ist eine negativ formulierte Aussage, wonach im Zuge der Prüfung „keine Kenntnisse erlangt wurden, dass die geprüften Angaben nicht in Übereinstimmung mit den geforderten Kriterien dargestellt sind."
- Prüfung mit hinreichender Sicherheit. Das Ergebnis ist eine positiv formulierte Aussage, wonach die geprüften Angaben in Übereinstimmung mit den geforderten Kriterien dargestellt sind.

Eine Untersuchung der Kirchhoff Consult AG zusammen mit der BDO AG Wirtschaftsprüfungsgesellschaft hat 2022 ermittelt, dass für das Berichtsjahr 2021 75 % der untersuchten DAX 160 Unternehmen eine externe Prüfung der Nichtfinanziellen Erklärung bzw. des Nichtfinanziellen Berichtes beauftragt haben, davon 86 % eine Prüfung mit begrenzter Sicherheit, 8 % eine Prüfung mit hinreichender Sicherheit und 1 % eine Prüfung mit begrenzter und teilweise hinreichender Sicherheit. Während die Prüfung mit begrenzter Sicherheit mit der prüferischen Durchsicht von Abschlüssen vergleichbar ist, entspricht die Prüfung mit hinreichender Sicherheit dem Sicherheitsniveau einer Jahresabschlussprüfung. Sie setzt aber voraus, dass das Unternehmen nachvollziehbare Prozesse und effektive interne Kontrollen über das gesamte Berichtsjahr in den Prozessen zur Berichterstattung sowie in den implementierten Konzepten und Due-Diligence-Prozessen verfügt. Diese Voraussetzungen werden später vertieft, wenn es um die Erarbeitung einer ESG-Strategie geht.

Der Kreis der Unternehmen, die zur Abgabe einer Nichtfinanziellen Erklärung oder eines Nichtfinanziellen Berichtes aufgrund der Non Financial Reporting Directive verpflichtet sind, umfasst zurzeit circa 500 Unternehmen in Deutschland. Es handelt sich um große Unternehmen von öffentlichem Interesse, die mehr als 500 Mitarbeiter beschäftigen, deren Umsatz größer ist als 40 Mio. € oder deren Bilanzsumme 20 Mio. € übersteigt:

- Kapitalmarktorientierte Unternehmen mit zum Handel an einem geregelten Markt
- zugelassenen Wertpapieren
- Kreditinstitute
- Versicherungsunternehmen

Ausgenommen von der Berichtspflicht sind Tochterunternehmen, wenn sie in die konsolidierte nicht finanzielle Erklärung ihres Mutterunternehmens einbezogen werden.

Die Unternehmen können bisher frei bestimmen, ob sie eine Nichtfinanzielle Erklärung als Bestandteil des Lageberichts abgeben wollen, oder einen Nichtfinanziellen Bericht außerhalb des Lageberichts im Geschäftsbericht oder in einer separaten Veröffentlichung, zum Beispiel im Nachhaltigkeitsbericht. Die erwähnte Studie der Kirchhoff Consult AG und der BDO AG Wirtschaftsprüfungsgesellschaft über die Nachhaltigkeitsberichterstattung der DAX Unternehmen kommt zu dem Ergebnis, dass bisher nur 39 % der 143 untersuchten Unternehmen ihre Nichtfinanzielle Erklärung im Lagebericht verorten. Da, wie wir sehen werden, die Neuregelung zur Nachhaltigkeitsberichterstattung zukünftig eine zwingende Beichterstattung innerhalb des Lageberichts verlangt, stehen viele Unternehmen vor der Herausforderung, die Daten für die Nichtfinanzielle Berichtserstattung in der gleichen Zeit und Qualität bereitzustellen wie die Daten für die Finanzberichterstattung. 17 % der untersuchten Unternehmen berichten im Geschäftsbericht, aber außerhalb des Lageberichts und 45 % der Unternehmen außerhalb des Geschäftsberichts in einem Nachhaltigkeitsbericht (28 % der Unternehmen) oder mit einem separaten PDF (17 % der Unternehmen). Die Nichtfinanzielle Erklärung wird derzeit vom Gesetzgeber neu konzipiert. Dieser Entwicklung widmet sich Kap. 5.

Literatur

Bundesregierung (2021) Deutsche Sustainable Finance-Strategie. https://www.bundesfinanz-ministerium.de/Content/DE/Downloads/Broschueren_Bestellservice/deutsche-sustainable-finance-strategie.pdf?__blob=publicationFile&v=6. Zugegriffen am 19.07.2023

Bundesregierung (2023) EU-Klimaschutzpaket: Fit For 55. https://www.bundesregierung.de/breg-de/schwerpunkte/europa/fit-for-55-eu-1942402. Zugegriffen am 19.07.2023

Europäische Kommission (2019) Der europäische Grüne Deal legt dar, wie Europa bis 2050 zum ersten klimaneutralen Kontinent gemacht werden kann, indem die Konjunktur angekurbelt, die Gesundheit und die Lebensqualität der Menschen verbessert, die Natur geschützt. https://ec.europa.eu/commission/presscorner/detail/de/IP_19_6691. Zugegriffen am 19.07.2023

Europäische Kommission (2020) Europäischer Grüner Deal: Erster klimaneutraler Kontinent werden. https://commission.europa.eu/strategy-and-policy/priorities-2019-2024/european-green-deal_de. Zugegriffen am 19.07.2023

Europäische Kommission (2021) Call for feedback on the draft reports by the platform on sustainable finance on a social taxonomy and on an extended taxonomy to support economic transition. https://finance.ec.europa.eu/publications/call-feedback-draft-reports-platform-sustainable-finance-social-taxonomy-and-extended-taxonomy_en. Zugegriffen am 19.07.2023

European Insurance and Occupational Pensions Authority (2023) Principal adverse impact and product templates for the sustainable finance disclosure regulation. https://www.eiopa.europa.eu/publications/principal-adverse-impact-and-product-templates-sustainable-finance-disclosure-regulation_en. Zugegriffen am 19.07.2023

High-Level Expert Group on Sustainable Finance (2018) Financing a sustainable European economy. https://finance.ec.europa.eu/system/files/2018-01/180131-sustainable-finance-final-report_en.pdf. Zugegriffen am 19.07.2023

Iyer K (2023) Meet Germany's new unicorn: climate tech startup 1KOMMA5° secures € 430M. silicon canals. https://siliconcanals.com/news/startups/1komma5-secures-430m/. Zugegriffen am 19.07.2023

Kirchhoff Consult, BDO AG (2022) Nachhaltigkeit im Wandel: Die nichtfinanzielle Berichterstattung im DAX 160. https://www.kirchhoff.de/fileadmin/static/pdfs/20221018_DAX160_Studie_2022_Kirchhoff_BDO.pdf. Zugegriffen am 19.07.2023

MSCI (2023) More public companies are making climate commitments but deadline to limit warming to 1.5°C shrinks again. https://www.msci.com/documents/10199/ea23ea92-ad52-e5a0-9f09-8cc3a48b613b. Zugegriffen am 19.07.2023

Nachhaltigkeit aus Kapitalmarktsicht

4

Der Kapitalmarkt spielt bei der **Transformation der europäischen Wirtschaft** auf ein nachhaltiges Wirtschaften eine herausragende Rolle. Deshalb steht die Beeinflussung der Kapitalströme im Zentrum des Green Deals. Während Nachhaltigkeit in der Vergangenheit oft auf den Aspekt der Umwelt beschränkt wurde, hat sich in den letzten Jahren die Erkenntnis durchgesetzt, dass Nachhaltigkeit auch soziale, gesellschaftliche und Aspekte der Unternehmensführung umfasst. Dabei ist zu berücksichtigen, dass der englische Begriff social nicht nur soziale Anforderungen meint, sondern auch die gesellschaftliche Verantwortung des Unternehmens inkludiert.

Für die Einbeziehung von ökologischen und sozialen/gesellschaftlicher Kriterien und die effiziente Art der Unternehmensführung in die Investitionsentscheidung hat sich in den letzten Jahren der Begriff ESG etabliert. Daneben gibt es andere Begriffe, die sich mit unterschiedlichen Sichtweisen mit diesem Thema beschäftigen:

- **SRI:** Socially Responsible Investments; Anwendung von Ausschlusskriterien zur Aufnahme in das Investmentportfolio
- **RI:** Responsible Investing; Integration von ESG-Kriterien zur verbesserten Risiko- und Chancenbewertung eines Investments
- **SI:** Sustainable Investing; Investment in Unternehmen, die Pionierarbeit im Bereich Ökologie und Gesellschaft leisten, ein definiertes Produkversprechen bieten (eindeutige SRI-Produkte)
- **SRI:** Sustainable and Responsible Investment; Beurteilung, inwiefern sich Unternehmen nachhaltig auf die Zukunft vorbereiten

In der Folge des Green Deals der EU und ihrer Initiative „Finanzierung nachhaltigen Wachstums" hat die EU mit der Richtlinie über Märkte für Finanzinstrumente (Richtlinie 2014/65/EU), MIFIDII, die am 3. Januar 2018 die bisherige Richtlinie (2004/39/EU) ablöste, in Artikel 2 Nummer 7 der Delegierten Verordnung zu MIFIDII bestimmt, welchen Anlagen als nachhaltig angeboten werden darf. Das ist

a. ein Finanzinstrument, bei dem der Kunde oder potenzielle Kunde bestimmt, dass ein Mindestanteil in ökologisch nachhaltige Investitionen im Sinne von Artikel 2 Nummer 1 der Verordnung (EU) 2020/852 des Europäischen Parlaments oder des Rates angelegt werden soll;
b. ein Instrument, bei dem der Kunde oder potenzielle Kunde bestimmt, dass ein Mindestanteil in nachhaltige Investitionen im Sinne von Artikel 2 Nummer 17 der Verordnung (EU) 2019/2088 des Europäischen Parlaments oder des Rates angelegt werden soll;
c. ein Finanzinstrument, bei dem die wichtigsten nachteiligen Auswirkungen auf Nachhaltigkeitsfaktoren berücksichtigt werden, wobei die qualitativen und quantitativen Elemente, mit denen diese Berücksichtigung nachgewiesen werden, vom Kunden oder potenziellen Kunden bestimmt werden.

Die MIFIDII folgt dabei einer anderen Klassifizierungslogik für Nachhaltigkeit als die Offenlegungsverordnung der EU (2019/2088). Sie verpflichtet Berater und Beraterinnen dazu Kunden und Kundinnen zu befragen und ihnen entsprechende Nachhaltigkeitsprodukte anzubieten.

In ihrem Marktbericht Nachhaltige Geldanlagen 2022 weist das Forum Nachhaltige Geldanlagen (FNG) darauf hin, dass auch kurz vor der Einführung (August 2022) die Unsicherheit bei vielen Finanzmarktteilnehmenden weiterhin groß ist (FNG 2022, S. 7).

Unabhängig davon ist seit Jahren eine deutliche Zunahme der nachhaltigen Investments in Deutschland, aber auch weltweit zu beobachten. Das Volumen der Investments in nachhaltige Publikumsfonds, Mandate und Spezialfonds stieg 2021 in Deutschland auf 409,5 Mrd. €. Wenn man bedenkt, dass diese Zahl vor zehn Jahren nur 26,1 Mrd. € betrug, wird die Dynamik dieses Marktes deutlich (Abb. 4.1).

Eine Umfrage der Union Investment hat 2021 ergeben, dass 78 % der Großanleger in Deutschland aktuell nachhaltig investieren. Vorreiter sind dabei die Kapitalverwaltungsgesellschaften, von denen über 90 % nachhaltige Strategien in der Kapitalanlage nutzen. Bemerkenswert ist in diesem Zusammenhang der 2020 Global Investing Survey von BlackRock, der zeigt, dass es vor allem die Überzeugung der Marktteilnehmer von der Richtigkeit des nachhaltigen Investierens ist, der das Thema treibt. Die Ergebnisse der Befragung sind in Abb. 4.2 dargestellt.

In der Studie wird auch deutlich, dass die nachhaltigen Assets in allen Regionen der Erde in den nächsten Jahren zulegen werden, was in Abb. 4.3 zusammenfassend dargestellt ist.

Für die Unternehmen bedeutet dieser Trend, dass sie gezwungen werden, ihr Geschäftsmodell und ihre Strategie nachhaltig zu gestalten und die Entwicklung und das Ergebnis

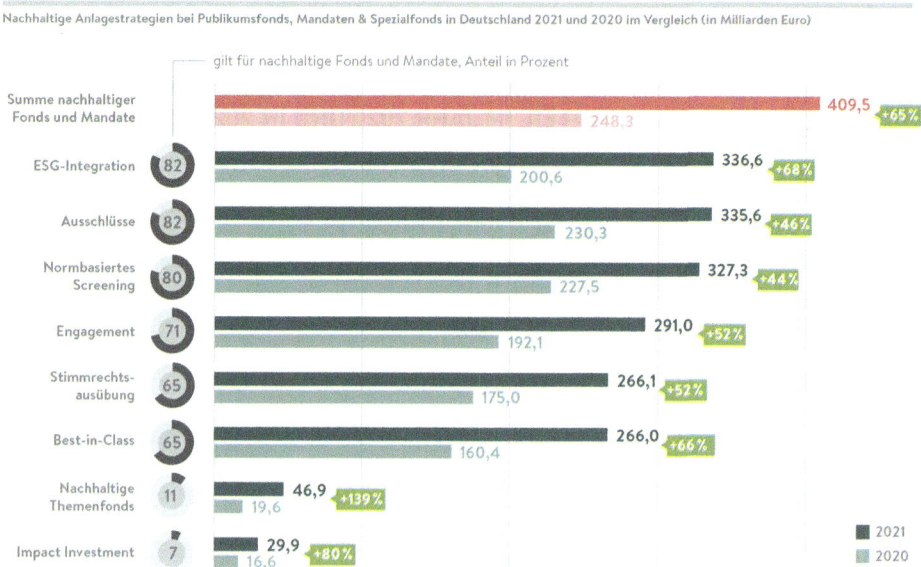

Abb. 4.1 Nachhaltige Anlagestrategien bei Publikumsfonds, Mandaten und Spezialfonds 2021 vs. 2020. (Quelle: FNG – Forum Nachhaltige Geldanlagen)

TREIBER SUSTAINABLE INVESTING – TOP 3 TREIBER FÜR INVESTOREN

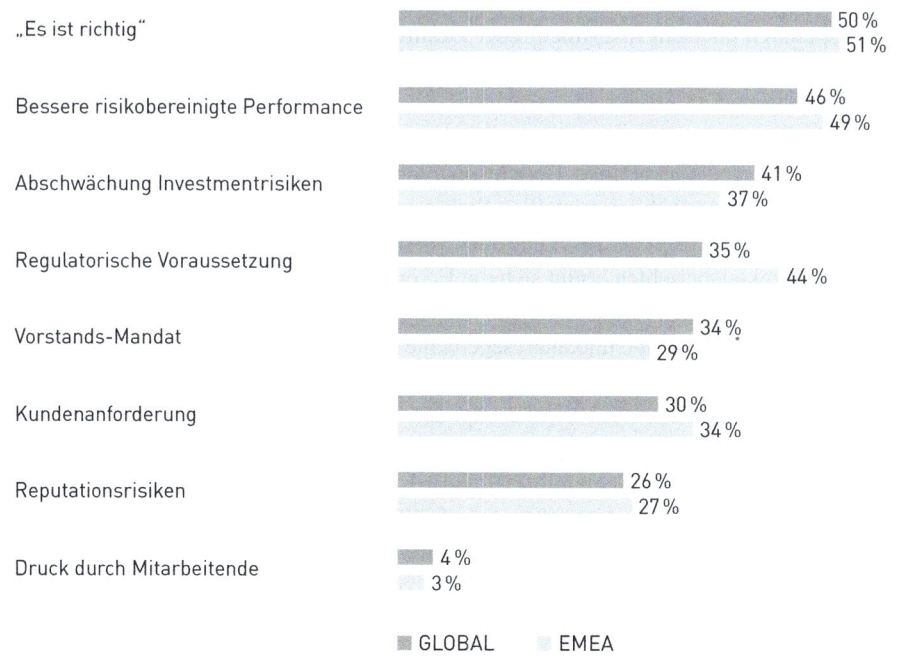

Abb. 4.2 Treiber Sustainable Investing (eigene Darstellung)

Abb. 4.3 Nachhaltig
investiert Assets 2025 vs.
2020. (Eigene Darstellung
nach BlackRock Global
Investing Survey 2020)

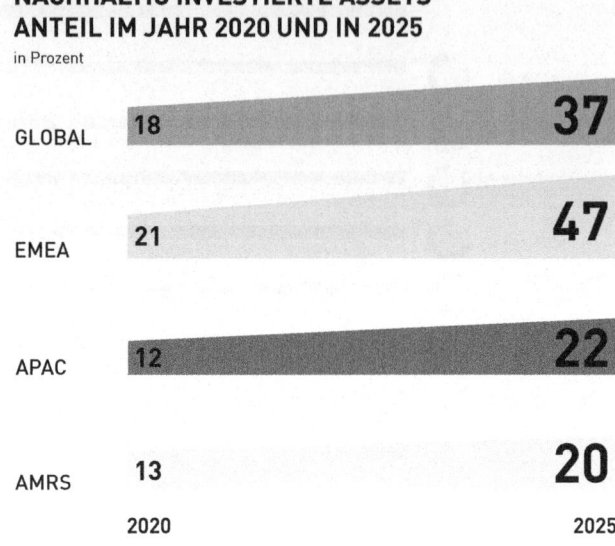

NACHHALTIG INVESTIERTE ASSETS –
ANTEIL IM JAHR 2020 UND IN 2025
in Prozent

GLOBAL   18   37

EMEA   21   47

APAC   12   22

AMRS   13   20

       2020   2025

dieses Transformationsprozesses gegenüber dem Kapitalmarkt und seinen übrigen An-spruchsgruppen offen zu kommunizieren. Die Bedeutung von Investor Relations und der Berichterstattung von Unternehmen wird also in den nächsten Jahren deutlich zunehmen. Investoren brauchen verlässliche Informationen über das Unternehmen, um unter ESG-Gesichtspunkten über ein Investment oder Desinvestment entscheiden zu können. Aller-dings erfüllen die Unternehmen diese Erwartungen nicht in ausreichendem Maße, wie der BlackRock Survey offenbart.

Das Haupthindernis für BlackRock Investoren sind demnach die geringe Daten- und Analysequalität und die geringe Berichtsqualität (siehe Abb. 4.4). Interessanter Weise haben Unternehmen oft die gegenteilige Sicht und halten ihre Berichte für gut. Aber aus jahrzehntelanger Tätigkeit als Juror und Jury Vorsitzender zur Beurteilung von Geschäfts- und Nachhaltigkeitsberichten ergibt sich die Erkenntnis, dass sich das gute Gefühl oft auf die hübsche aufwändige Aufmachung der Berichte und die opulente Bebilderung gründet, nicht aber auf die inhaltliche und analysegerechte Aufbereitung der Informationen.

Es ist davon auszugehen, dass die Ansprüche des Kapitalmarktes an die Bericht-erstattung eine komplette Neuorientierung des Corporate Reportings erfordern wird. Neben der Berücksichtigung verschiedener Standards wie der Global Reporting Initiative (GRI), des Sustainability Accounting Standard Boards (SASB) oder der Task Force on Climate-related Financial Disclosures (TCFD) werden ganz neue Berichtsformen und -arten die Berichtslandschaft verändern. Eine entsprechende Initiative ist das Frame-work des International Integrated Reporting Council (IIRC), der bereits viele Unter-nehmen weltweit dazu veranlasst hat, Integrated Reports zu erstellen, die den Lesern zei-gen sollen, wie das Unternehmen integriert – das heißt unter Berücksichtigung finanzieller und nicht finanzieller Belange denkt und handelt.

NACHHALTIG INVESTIEREN –
GRÖßTE HINDERNISSE FÜR BLACKROCK-INVESTOREN

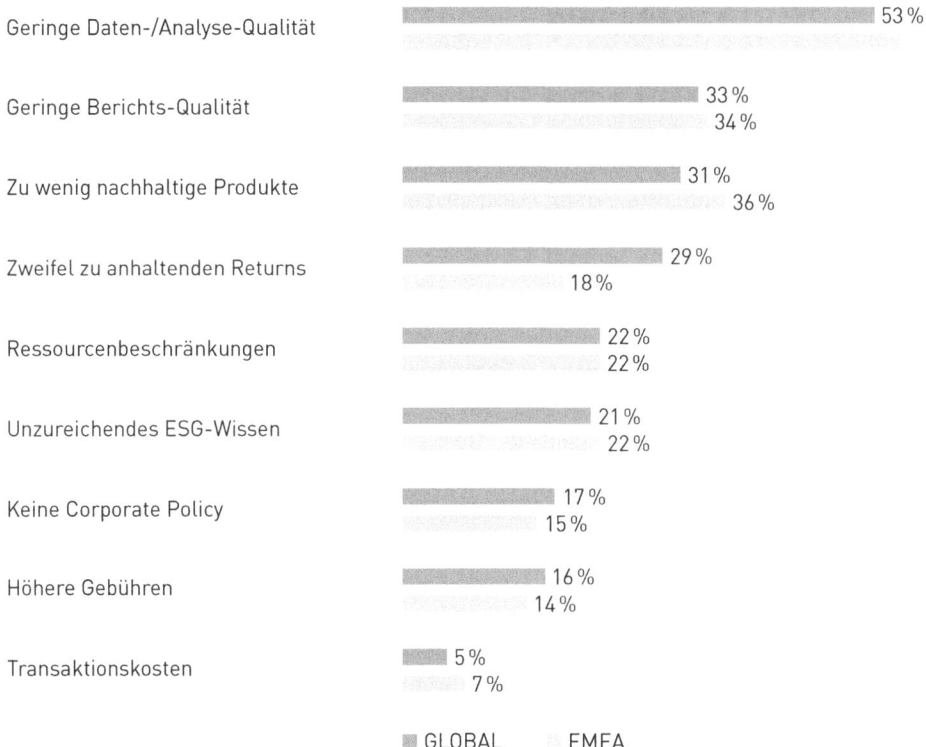

Geringe Daten-/Analyse-Qualität	53 %
Geringe Berichts-Qualität	33 % / 34 %
Zu wenig nachhaltige Produkte	31 % / 36 %
Zweifel zu anhaltenden Returns	29 % / 18 %
Ressourcenbeschränkungen	22 % / 22 %
Unzureichendes ESG-Wissen	21 % / 22 %
Keine Corporate Policy	17 % / 15 %
Höhere Gebühren	16 % / 14 %
Transaktionskosten	5 % / 7 %

GLOBAL   EMEA

Abb. 4.4 Nachhaltig investieren – Größte Hindernisse für BlackRock-Investoren. (Eigene Darstellung nach BlackRock)

4.1   Global Reporting Initiative

Die Global Reporting Initiative (GRI) ist eine gemeinnützige Organisation, die in Zusammenarbeit mit Unternehmen, Branchenverbänden und Nichtregierungsorganisationen Richtlinien zur Nachhaltigkeitsberichterstattung entwickelt.

Die GRI-Standards zählen zu den meistgenutzten Leitlinien weltweit und sind auf sämtliche Organisationen, unabhängig ihrer Branche, anwendbar. Sie beinhalten Berichtsprinzipien und bieten eine schrittweise Anleitung zur Bestimmung wesentlicher Themen und deren Offenlegung. Zusätzlich zu den allgemeingültigen Standards entwickeln sie als weitere Hilfestellung außerdem sektorspezifische Rahmenwerke. Die GRI-Standards zielen darauf ab, Unternehmen bei der Herausarbeitung sowie Veröffentlichung ihrer bedeutendsten Einflüsse auf die Wirtschaft, die Umwelt und die Gesellschaft zu unterstützen. Dabei legen sie einen besonderen Fokus auf Menschenrechte.

Bisher ermöglichte der GRI Berichtsstandard drei Berichtstiefen mit unterschiedlichen Anforderungen. In Anlehnung an die GRI-Standards „Reference" berichten zum Beispiel 18 % der DAX 160 Unternehmen, die meisten davon aus dem SDAX. Über 70 % der Unternehmen des DAX 160, die GRI als Rahmenwerk verwenden, nutzen die „Kern Option". Nur 9 % der 90 Unternehmen, die nach GRI berichten, nutzen die ausführlichere „Umfassend" Option. Mit den neuen Universal Standards entfällt die Möglichkeit der Wahl der Reporting-Optionen „Kern" und „Umfassend". Es besteht nur noch die Möglichkeit, „In Übereinstimmung" mit den GRI-Standards zu berichten oder wie bisher auf die „Reference"-Option zurückzugreifen. Daher sind eine Weiterentwicklung und Anpassung der Berichterstattung für viele Unternehmen nötig, wenn sie zukünftig nicht lediglich die „Reference"-Option nutzen wollen.

4.2 Sustainability Accountig Standards Board

Das Sustainability Accountig Standards Board (SASB) wurde 2011 als Nonprofit-Organisation mit dem Ziel gegründet, Unternehmen und Investoren dabei zu helfen, eine gemeinsame Sprache über die finanziellen Auswirkungen von Nachhaltigkeit zu entwickeln. Es publiziert die SASB-Standards für die Identifikation und Offenlegung wesentlicher ökologischer, sozialer und Governance-bezogener Auswirkungen von Unternehmen. Dabei gibt es eine Vielzahl an Industriestandards – insgesamt 77 – mit jeweiligen Subsets, die die branchenabhängige Wesentlichkeit von Themen reflektieren und in diverse Industriesektoren gegliedert sind. Dabei wählen Unternehmen nicht selbst aus, was sie berichten wollen, sondern nutzen die Branchenvorgaben. Die Angaben des SASB sind sehr spezifisch und geben den Anlegern detaillierte Informationen über die Auswirkungen des Handelns eines Unternehmens auf die Gesellschaft und die Umwelt. Es werden die minimal finanziell wesentlichen Nachhaltigkeitsthemen und die damit verbundenen Kennzahlen für das Unternehmer einer Branche aufgeführt. Der Ansatz branchenspezifischer Mindestanforderungen an die Berichterstattung sowie die Unterscheidung von Branchen anhand von Nachhaltigkeitsaspekten anstelle von finanziellen Kennzahlen und Umsatzquellen unterscheidet das SASB von anderen Nachhaltigkeitsstandards.

4.3 Task Force on Climate-related Financial Disclosures

Die Task Force on Climate-related Financial Disclosures (TCFD) wurde vom Financial Stability Board (FSB) der G20 im Dezember 2015 ins Leben gerufen. Ihr Ziel ist es, ein besseres Verständnis wesentlicher klimabedingter Risiken und Chancen für Investoren, Kreditgeber und Versicherungsunternehmen zu schaffen. Deshalb hat die TCFD Empfehlungen für die freiwillige klimabezogene Unternehmensberichterstattung erarbeitet, die die Kriterien der Konsistenz, Vergleichbarkeit, Zuverlässigkeit, Klarheit und Effizienz erfüllen. Die Empfehlungen zur Offenlegung von klimawandelbezogenen finanziellen Auswirkungen sind für Organisationen in allen Sektoren und Ländern anwendbar. Im Juni 2017 wurde die erste Version des entsprechenden Leitfadens veröffentlicht. Zusätzlich zu den Leitlinien, welche sich auf alle Sektoren beziehen, stellt die TCFD weitere Leitlinien für spezielle Industrien sowohl des finanziellen als auch des nicht-finanziellen Sektors bereit.

Berichtet werden soll über:

- **Governance:** Umgang der Unternehmensleitung mit klimarelevanten Risiken und Chancen
- **Strategy:** Aktuelle Auswirkungen klimarelevanter Risiken und Chancen auf Strategie und Finanzplanung
- **Risikomanagement:** Prozesse zur Identifizierung, Beurteilung und Management klimarelevanter Risiken
- **Metrics and Targets:** Kennzahlen und Ziele für die Beurteilung und Management relevanter Risiken und Chancen

Die TCFD empfiehlt Szenarioanalysen für verschiedene Ausprägungen des Klimawandels.

Bisher ist die Anwendung der TCFD Empfehlungen noch größtenteils freiwillig, allerdings werden die Empfehlungen zunehmend in Standards und Rahmenwerke (u. a. EU-Regulierung (NFRD, EU-Taxonomy), ESG-Ratings (S&P, CDP, etc.) sowie Marktstandards (PRI)) integriert. Zudem fragen Investoren TCFD verstärkt danach (siehe bspw. Larry Finks CEO Letter von 2020). Die BDO/Kirchhoff Consult Studie hat ermittelt, dass sich 50 % der DAX 160-Unternehmen an den Vorgaben der TCFD orientieren und 25 % dazu einen TCFD-Index in den Nachhaltigkeitsbericht aufnehmen. Die Berichte zeigen auch einen Zusammenhang zwischen TCFD und dem Carbon Disclosure Project (CDP) auf.

In der Schweiz hat der Bundesrat im November 2022 entschieden, dass große Unternehmen zukünftig über Klimabelange Bericht erstatten müssen. Die Verordnung basiert auf den Empfehlungen der TCFD und tritt 2024 in Kraft. Auch in Neuseeland ist eine TCFD-Berichterstattung bereits verpflichtend, China und das Vereinigte Königreich arbeiten ebenfalls an einer Umsetzung.

Im Sommer 2023 wurde bekanntgegeben, dass das International Sustainability Standards Board (ISSB) der IFRS Foundation die Verantwortung über die TCFD ab 2024 übernehmen soll.

4.4 Sustainable Development Goals

Neben diesen Regelwerken spielen auch die Sustainable Development Goals (SDGs) der Vereinten Nationen für die Darstellung des Nachhaltigkeitsengagements eines Unternehmens eine wichtige Rolle. Die Sustainable Development Goals (SDGs) sind 17 Ziele für eine globale nachhaltige Entwicklung. Sie wurden im Rahmen der Agenda 2030 von den Vereinten Nationen definiert und werden durch weitere 169 Unterziele erläutert und konkretisiert. Ihre übergeordneten Handlungsprinzipien sind in den fünf Kernbotschaften,

Abb. 4.5 Die Sustainable Development Goals – UN SDGs. (Quelle: United Nations 2023)

namentlich der Würde des Menschen, dem Schutz des Planeten, der Förderung von Wohl-
stand und Frieden sowie dem Aufbau globaler Partnerschaft, festgehalten. Die SDGs
unterliegen keiner Priorisierung, sind universell anwendbar und gelten für alle Staaten
weltweit. Im Jahr 2015 wurden sie auf dem Gipfeltreffen der Vereinten Nationen in
New York verabschiedet und haben eine Laufzeit von 15 Jahren bis 2030. Es handelt sich
um kein verbindliches Rahmenwerk oder einen regulatorischen Standard, sondern um
einen wichtigen Leitfaden für Unternehmen, die im Rahmen der SDGs ebenfalls in die
Pflicht genommen werden. Somit ist es ratsam, diese in die Unternehmensberichterstattung
zu integrieren, indem die Unternehmensaktivitäten mit den Zielen abgeglichen und syn-
chronisiert werden.

Insgesamt 92 % der Unternehmen des DAX 160 haben SDGs in der Nachhaltigkeitsberichterstattung berücksichtigt. Eine vertiefte Auseinandersetzung mit den SDGs anhand
der Unterziele fand indes nur bei wenigen statt, wie die Studie von BDO und Kirchhoff
Consult ergeben hat.

Die SDGs umfassen alle drei Dimensionen der Nachhaltigkeit – Soziales, Wirtschaft
und Umwelt – und beinhalten die in Abb. 4.5 dargestellten Ziele.

4.5   International Integrated Reporting Council

Das nächste bedeutsame Regelwerk stammt vom IIRC (International Integrated Reporting
Council). Der IIRC ist der Herausgeber eines Integrated Reporting (IR) Frameworks zur
integrierten Unternehmensberichterstattung. Ziel des IIRC ist es, mit dem IR Framework

die Qualität der Informationen, die den Anbietern von Finanzkapital zur Verfügung stehen, zu verbessern, um damit eine effizientere und produktivere Kapitalallokation zu ermöglichen. Dies soll durch die Förderung eines ganzheitlichen und effizienten Ansatzes der Unternehmensberichterstattung, welcher sich auf verschiedene Berichtsstränge stützt und dabei die gesamte Vielfalt wesentlicher Faktoren abbildet, die ein Unternehmen bei der kurz-, mittel- und langfristigen Wertschaffung benötigt, erreicht werden. Es soll dargestellt werden, wie das Unternehmen ganzheitliche Wertschaffung betreibt („Value over time"). Wie in dem Buch „Integrated Reporting für die Praxis" (Kirchhoff 2019, S. VIII) dargestellt, bietet Integrated Reporting die Chance, das traditionelle „Silodenken", das heißt die isolierte Betrachtung einzelner Themengebiete und die damit verbundene separate Berichterstattung per Finanzbericht, Nachhaltigkeitsbericht, Umweltbericht etc., nachhaltig aufzubrechen. Eben dieses Integrated Thinking ist das Fundament des Integrated Reporting. Strategische Maßnahmen sollen so getroffen werden, dass alle Kapitalien dabei berücksichtigt werden, nicht eine Kapitalart zulasten einer anderen entwickelt wird. Integrated Reporting soll mehr sein als nur eine Zusammenfassung von finanziellen und nicht finanziellen Informationen. Es soll den Vernetzungsgrad der Informationen signifikant erhöhen, der so immens wichtig ist, um die langfristige Wertschöpfungsfähigkeit eines Unternehmens einzuschätzen.

Das von dem IIRC entwickelte Framework und die Integrated Thinking Principles werden unter der Schirmherrschaft des IFRS Foundation gepflegt, einer gemeinnützigen internationalen Organisation, deren Ziel es ist, qualitativ hochwertige, verständliche, durchsetzbare und weltweit anerkannte Standards für die Rechnungslegung und die Offenlegung von Nachhaltigkeitsinformationen zu entwickeln. Der International Accounting Standards Board (IASB) und das International Sustainability Standards Board (ISSB) der IFRS Foundation sind gemeinsam für das Integrated Framework verantwortlich.

4.6   International Sustainability Standards Board

Das International Sustainability Standards Board (ISSB) wurde von der International Financial Reporting Standards (IFRS) Foundation in der Absicht gegründet, die ESG-Berichterstattung zu vereinheitlichen. Unter diesem gemeinsamen Ziel wurden die beiden Initiativen Climate Disclosure Standards Board (CDSB), eine Arbeitsgemeinschaft von Nichtregierungsorganisationen aus den Bereichen Wirtschaft und Umwelt, und die Value Reporting Foundation (VRF), ein Zusammenschluss des International Integrated Reporting Council (IIRC) und des Sustainability Accounting Standards Board (SASB), in das ISSB integriert.

Das ISSB hat eine globale und multiregionale Präsenz und deckt alle Regionen ab – Amerika, Asien-Ozeanien und EMEA (Europa, Naher Osten und Afrika). Das ISSB beabsichtigt die Entwicklung weltweit einheitlicher Standards für die Nachhaltigkeitsberichterstattung von Unternehmen zu entwickeln, einer sogenannten *global baseline*, welche als Mindeststandard dienen soll. Ihr Ziel ist die Bereitstellung grundlegender und umfassender nachhaltigkeitsbezogener Informationen für Investoren und andere Kapitalmarktteilnehmer. Die neuen Standards werden in enger Abstimmung mit dem International Accounting Standards Board (IASB) erarbeitet, um die Kompatibilität zwischen den IFRS Rechnungslegungsstandards und den IFRS Standards für Nachhaltigkeitsberichterstattung zu gewährleisten.

Das International Sustainability Standards Board (ISSB) hat kürzlich seine ersten globalen Nachhaltigkeitsstandards, IFRS S1 und IFRS S2, veröffentlicht. Diese Standards wurden in Reaktion auf Aufrufe von G20, dem Financial Stability Board und der International Organization of Securities Commissions (IOSCO) sowie Führungskräften aus Wirtschaft und Investorengemeinschaft entwickelt und profitierten von umfangreichem Marktrückmeldungen.

4.7 Herausforderungen der Nachhaltigkeitsberichterstattung im Kapitalmarkt

Der Aufbau einer internationalen Einheitlichkeit in der ESG-Berichterstattung wird von vielen Akteuren angestrebt, um Vergleichbarkeit und Transparenz zu gewährleisten. Das International Sustainability Standards Board (ISSB) strebt die Entwicklung von globalen Standards für die Nachhaltigkeitsberichterstattung an, die als Mindeststandard dienen sollen. Dabei arbeitet das ISSB eng mit dem International Accounting Standards Board (IASB) zusammen, um die Kompatibilität zwischen den IFRS-Rechnungslegungsstandards und den IFRS-Standards für die Nachhaltigkeitsberichterstattung sicherzustellen.

Im Jahr 2023 gab es mehrere bemerkenswerte Entwicklungen in Bezug auf die Nachhaltigkeitsberichterstattung im Kapitalmarkt. Die Corporate Sustainability Reporting Directive (CSRD) trat am 5. Januar 2023 in Kraft. Diese neue Richtlinie modernisiert und stärkt die Regeln für soziale und umweltbezogene Informationen, die Unternehmen melden müssen. Ein breiteres Spektrum großer Unternehmen sowie börsennotierte KMUs sind nun zur Berichterstattung verpflichtet. Die überarbeiteten Universal Standards sollen ab 2023 angewendet werden. Aufgrund bereits getroffener Vereinbarungen zur engen Zusammenarbeit sowohl des internationalen Standardsetzers (ISSB) als auch der EFRAG mit der Global Reporting Initiative (GRI) lohnt es sich, deren Standards schon einmal intensiver zu betrachten. Der Entwurf der EU-Kommission sieht im Wesentlichen vor, dass mehr Unternehmen als bisher zur Nachhaltigkeitsberichterstattung verpflichtet werden, Berichtsinhalte erweitert und geprüft werden sowie eine Standardisierung und Digitalisierung der Berichterstattung erfolgt.

Diese Entwicklungen unterstreichen die zunehmende Bedeutung der Nachhaltigkeitsberichterstattung im Kapitalmarkt und die Notwendigkeit für Unternehmen, ihre Berichterstattung zu verbessern und zu standardisieren. Es ist anzumerken, dass Unternehmen, die sich für eine nachhaltige Ausrichtung entscheiden, nicht nur den rechtlichen Anforderungen genügen müssen, sondern auch den Erwartungen der Investoren und der Gesellschaft gerecht werden sollten. Daher sollten sie ihre Berichterstattung kontinuierlich verbessern und die verschiedenen Regelwerke und Standards berücksichtigen, um relevante und verlässliche Informationen bereitzustellen. Dies erfordert oft eine Neuausrichtung des Corporate Reportings und eine verstärkte Integration von finanziellen und nicht finanziellen Informationen, um ein ganzheitliches Bild des Unternehmens zu vermitteln.

Die aktuellen Trends und Entwicklungen im Bereich nachhaltiger Investments zeigen, dass Unternehmen, die sich auf die Herausforderungen und Chancen der Nachhaltigkeit einstellen und ihre Berichterstattung entsprechend anpassen, langfristig erfolgreicher sein können. Eine transparente und umfassende Nachhaltigkeitsberichterstattung ermöglicht eine fundierte Entscheidungsgrundlage für nachhaltige Investitionen zu schaffen und Risiken besser einschätzen zu können. Indem Unternehmen ihre ökologischen, sozialen und Governance-Aspekte offenlegen, können sie das Vertrauen der Investoren stärken und langfristige Partnerschaften aufbauen.

Die verbesserte Berichterstattung ermöglicht es auch den Unternehmen selbst, ihre Nachhaltigkeitsleistung zu überprüfen, Potenziale zur Verbesserung zu identifizieren und ihre Geschäftsstrategie anzupassen. Eine klare und transparente Kommunikation über die Nachhaltigkeitsziele und -leistungen eines Unternehmens kann auch die Beziehung zu anderen Anspruchsgruppen wie Kunden, Lieferanten und Mitarbeitern stärken.

Darüber hinaus haben nachhaltige Investments nicht nur positive Auswirkungen auf die Umwelt und die Gesellschaft, sondern können auch finanzielle Vorteile bieten. Studien haben gezeigt, dass nachhaltig agierende Unternehmen langfristig stabiler und profitabler sein können. Eine nachhaltige Unternehmensführung kann zu Kosteneinsparungen, verbesserter Effizienz, geringeren Reputationsrisiken und einer besseren Positionierung am Markt führen.

Die steigende Bedeutung der Nachhaltigkeitsberichterstattung und die Entwicklung globaler Standards zeigen den zunehmenden Druck auf Unternehmen, ihre Nachhaltigkeitsleistung zu verbessern und darüber zu berichten. Es wird erwartet, dass die Anforderungen an Unternehmen in Bezug auf Transparenz und Offenlegung weiter zunehmen werden, da die Bedeutung von ESG-Faktoren in der Kapitalanlage weiter steigt.

Um den Herausforderungen und Chancen einer nachhaltigen Berichterstattung gerecht zu werden, ist es für Unternehmen ratsam, eine umfassende Nachhaltigkeitsstrategie zu entwickeln, die ihre Geschäftsaktivitäten in Einklang mit ökologischen und sozialen Belangen bringt. Dabei sollten sie die relevanten Regelwerke und Standards wie GRI, SASB, TCFD und IIRC berücksichtigen und ihre Berichterstattung kontinuierlich verbessern. Eine effektive Zusammenarbeit zwischen Unternehmen, Investoren, Regulierungsbehörden und anderen relevanten Akteuren ist ebenfalls entscheidend, um eine nachhaltige Transformation des Kapitalmarkts voranzutreiben.

Die Integration von Nachhaltigkeit in die Kapitalmärkte und die Förderung nachhaltiger Investitionen sind entscheidende Schritte auf dem Weg zu einer klimafreundlichen

und sozial gerechten Wirtschaft. Durch eine umfassende und verlässliche Nachhaltigkeitsberichterstattung können Unternehmen einen wichtigen Beitrag zur Erreichung dieser
Ziele leisten und gleichzeitig langfristige Wertschöpfung für sich und ihre Stakeholder
schaffen.

Literatur

Blackrock (2020) 2020 global sustainable investing survey. https://www.blackrock.com/uk/ab-
    out-us/blackrock-sustainability-survey. Zugegriffen am 19.07.2023
Fink L (2020) A fundamental reshaping of finance. Blackrock. https://www.blackrock.com/ameri-
    cas-offshore/en/larry-fink-ceo-letter. Zugegriffen am 19.07.2023
FNG – Forum Nachhaltige Geldanlagen (2022) Marktbericht nachhaltige Geldanlagen 2022. https://
    www.forum-ng.org/fileadmin/Marktbericht/2022/FNG-Marktbericht_NG_2022-online.pdf. Zu-
    gegriffen am Juli 2023
IFRS Foundation (2023) IFRS Foundation welcomes culmination of TCFD work and transfer of
    TCFD monitoring responsibilities to ISSB from 2024. https://www.ifrs.org/news-and-events/
    news/2023/07/foundation-welcomes-tcfd-responsibilities-from-2024/. Zugegriffen am 19.07.2023
Kirchhoff K (2019) Integrated Reporting für die Praxis: Wertschaffend berichten. Springer Gabler,
    Wiesbaden
Schweizer Bundesrat (2022) Bundesrat setzt Verordnung zur verbindlichen Klimaberichterstattung
    grosser Unternehmen auf 01.01.2024 in Kraft. https://www.admin.ch/gov/de/start/dokumenta-
    tion/medienmitteilungen.msg-id-91859.html. Zugegriffen am 19.07.2023
TCFD (2017) TCFD recommendations. https://www.fsb-tcfd.org/recommendations/. Zugegriffen
    am 19.07.2023
Union Investment (2021) Nachhaltigkeit ist für die meisten Großanleger unverzichtbar. https://unter-
    nehmen.union-investment.de/startseite-unternehmen/presseservice/pressemitteilungen/alle-
    pressemitteilungen/2021/Nachhaltigkeit-ist-fuer-die-meisten-Grossanleger-unverzichtbar.html.
    Zugegriffen am 19.07.2023
United Nations (2023) The 17 goals. https://sdgs.un.org/goals

CSRD: Die Neufassung der Non-Financial Reporting Directive

Tu Gutes und rede darüber. Was in den letzten 50 Jahren zu einem Grundprinzip in den PR-Agenturen wurde, lässt sich auch als Leitsatz für die Nachhaltigkeitsberichterstattung formulieren. Unternehmen, die ESG-Initiativen adaptieren und implementieren, haben in der Regel auch das Bedürfnis, diese Informationen zu veröffentlichen. Zu Recht: Nachhaltigkeitsbestrebungen sind in aller Regel positive Signale für diverse Stakeholder, wie Verbraucher, Investoren oder die eigene Belegschaft.

Nachhaltige Meilensteine und Bestrebungen zu berichten ist und war bisher vor allem ein freiwilliger Akt. Nach und nach haben sich Rahmenwerke entwickelt, die dem Nachhaltigkeitsbericht eine Struktur und klare Regeln vorgeben. Allen voran ist hier der Standard der Global Reporting Initiative (GRI) zu nennen, der vor allem in Europa das häufigste ESG-Reporting-Rahmenwerk bildet. Freiwillige Nachhaltigkeitsberichterstattung leidet aber in aller Regel unter einem Grundproblem: die Aspekte, die von einem Unternehmen weniger positiv gemanagt werden oder signifikante Nachhaltigkeitsrisiken werden selten ausführlich beschrieben, teilweise vollständig ausgeblendet. Außerdem existiert keine Prüfpflicht für freiwillige Berichte. Nachhaltigkeitsinformationen werden zu häufig als ein PR-Baustein gesehen und entsprechend auch nur das „Gute" berichtet.

Um eine noch ausgeprägtere Vergleichbarkeit der berichteten Informationen herzustellen und die selektive Auswahl der Inhalte zu verhindern, ist es notwendig ein verpflichtendes Reporting-Rahmenwerk einzuführen. Die EU hat dies als Vorreiter bereits 2014 mit der Non Financial Reporting Directive versucht. Große kapitalmarktorientierte Unternehmen sind angehalten jährlich ihren Umgang mit Umwelt-, Sozial-

K. R. Kirchhoff et al., *ESG: Nachhaltigkeit als strategischer Erfolgsfaktor*, SDG – Forschung, Konzepte, Lösungsansätze zur Nachhaltigkeit, https://doi.org/10.1007/978-3-658-43344-4_5

und Arbeitnehmerbelangen sowie zur Achtung der Menschenrechte und Korruptions-bekämpfung zu erläutern. Zu jedem der fünf Themen sind grob folgende Berichts-inhalte vorgesehen:

- Wesentliche Risiken und der resultierende Risikomanagementansatz
- Bedeutsame nicht finanzielle Leistungsindikatoren
- Managementkonzepte (bspw. Due-Diligence-Prozesse, Ziele und Maßnahmen)

In Deutschland wurde die Richtlinie mithilfe des CSR-Richtlinie-Umsetzungsgesetz in nationales Recht gegossen, die Berichtspflicht gilt seit dem 31. Dezember 2017. Die nicht finanziellen Erklärungen gemäß NFRD/CSR-RUG der betroffenen Unternehmen sind zwar verpflichtend zu erstellen und der Abschlussprüfer trägt die Verantwortung die rechtzeitige Veröffentlichung zu testieren, eine Prüfpflicht der Inhalte besteht allerdings nicht. Häufig veranlassen die Geschäftsführer aber eine freiwillige inhaltliche Prüfung, um eine höhere Validität der berichteten Informationen zu signalisieren.

Auch wenn die NFRD ein erster Schritt in Richtung systematischer und ver-pflichtender Nachhaltigkeitsberichterstattung für europäische Unternehmen war, wur-den schnell Schwachstellen in der Gesetzgebung deutlich. Zum einen führt der ein-geschränkte Anwenderkreis lediglich zu einer Berichtspflicht großer Unternehmen und Konzerne. Für die Zielsetzung des European Green Deal und der damit verbundenen Finanzstromsteuerung (siehe Kap. 3), ist eine Datenverfügbarkeit im Mittelstand je-doch nahezu unabdingbar. Außerdem stecken die Vorgaben bzgl. Berichtsthemen und -inhalte nur einen groben Rahmen, von einer standardbasierten und vereinheit-lichten Berichterstattung kann nicht die Rede sein. Da von immer mehr Stakeholdern die nicht finanzielle Berichterstattung auf ein ähnliches Level wie die finanzielle Be-richterstattung gehoben wird, erscheint auch die fehlende inhaltliche Prüfpflicht wie eine Inkonsistenz im regulatorischen Gesamtkonzept. Daher war es wenig überraschend als die Europäische Kommission im April 2021, als eine weitere tragende Säule des Green Deals, eine Neufassung der NFRD ankündigte: Die Corporate Social Reporting Directive, kurz CSRD.

5.1   Die Ausweitung der gesetzlichen Nachhaltigkeitsberichterstattung

Genau wie die NFRD ist die CSRD eine Richtlinie. Im Gegensatz zu Verordnungen (bei-spielsweise die SFDR/Offenlegungsverordnung) setzen Richtlinien eine Umsetzung auf Ebene der EU-Mitgliedstaaten in nationales Recht voraus. Im Januar 2023 wurde die CSRD von der EU- Kommission bestätigt, nachdem sie bereits zuvor vom europäischen Parlament verabschiedet wurde. Seit diesem Zeitpunkt sind die nationalen Regierungen am Zug, innerhalb von 18 Monaten die nationale Gesetzgebung auszuarbeiten und parlamentarisch zu verabschieden. Bei der Richtlinien-Umsetzung haben die Mitgliedstaaten einige Wahlrechte und Stellschrauben, um die CSRD-Anforderungen auf die individuellen Gegebenheiten der Nationen anzupassen. Nahezu final ist jedoch bereits die Entscheidung welche Unternehmen ab welchem Zeitpunkt berichtspflichtig werden. Somit steht auch bereits fest, dass die Berichtspflicht für die großen (kapitalmarktorientierten) Unternehmen, die bereits eine Nichtfinanzielle Erklärung gem. NFRD erstellen müssen, ab dem Jahr 2024 als erste von der CSRD-Umstellung betroffen sein werden. Die ersten CSRD-Berichte werden demnach ab 2025 veröffentlicht. Daraufhin folgt eine sukzessive Erweiterung auf weitere große, bisher nicht berichtspflichte Unternehmen, kleine und mittelständische Unternehmen (KMU) und bestimmte nicht-europäische Unternehmen. Die Details der stufenweise anziehenden CSRD-Berichtspflicht können Abb. 5.1 entnommen werden.

▶ **Unterschiedliche Bezeichnungen der Nachhaltigkeitsberichterstattung** Mit der NFRD und dem CSR-Richtlinie-Umsetzungsgesetz wurde der Begriff „**Nichtfinanzielle Erklärung**" im HGB ergänzt. Gelegentlich veröffentlichen Unternehmen dieser Erklärung auch unter einem anderen Namen, z. B. „**Nichtfinanzieller Bericht**". Diese gesetzlich verpflichtenden Erklärungen und Berichte dürfen aber nicht mit freiwillig erstellten Nachhaltigkeitsberichten verwechselt werden, die bspw. mithilfe der GRI-Standards erstellt werden. Der künftig zu erstellende CSRD-Bericht wird im dazugehörigen Berichtstandard „**Sustainability Statement**" genannt, also „Nachhaltigkeitserklärung". Schwierig ist derzeit die Differenzierung dieser Publikationen, wenn die Pflichtangaben gemeinsam mit freiwilligen Angaben innerhalb eines Nachhaltigkeitsberichts gemacht werden. Dies wird mit der CSRD allerdings nicht mehr möglich sein (verpflichtende Eingliederung in den Lagebericht).
Pflichtangaben
Bisher: Nichtfinanzielle Erklärung = Nichtfinanzieller Bericht
Zukünftig: CSRD-Bericht = Sustainability Statement = Nachhaltigkeitserklärung

Freiwillige Angaben
Nachhaltigkeitsbericht

Es wird deutlich, dass die Ausweitung der Berichtspflicht eine der signifikanten Veränderungen ist, welche durch die Einführung der CSRD von der EU hervorgerufen wird. Bisher sind in Deutschland ca. 500 Unternehmen unter der NFRD bzw. dem deutschen Umsetzungsgesetz verpflichtet, Informationen zur Nachhaltigkeit jährlich offenzulegen. Nach abgeschlossener CSRD-Einführung werden es voraussichtlich ca. 15.000 Unternehmen sein. In der gesamten EU steigt die Zahl der berichtspflichtigen Unternehmen von etwa 11.000 auf über 50.000. Das politische Ziel, Nachhaltigkeitsinformationen von immer mehr Unternehmen verfügbar zu machen, wird in der Schlussfolgerung in den kommenden Jahren auf jeden Fall erfüllt sein. Doch inwieweit wird auch der Berichtsumfang, also die offenzulegenden Inhalte, ausgeweitet? Mit dieser Frage beschäftigen sich die nächsten Abschnitte.

SUKZESSIVE EINFÜHRUNG DER CSRD

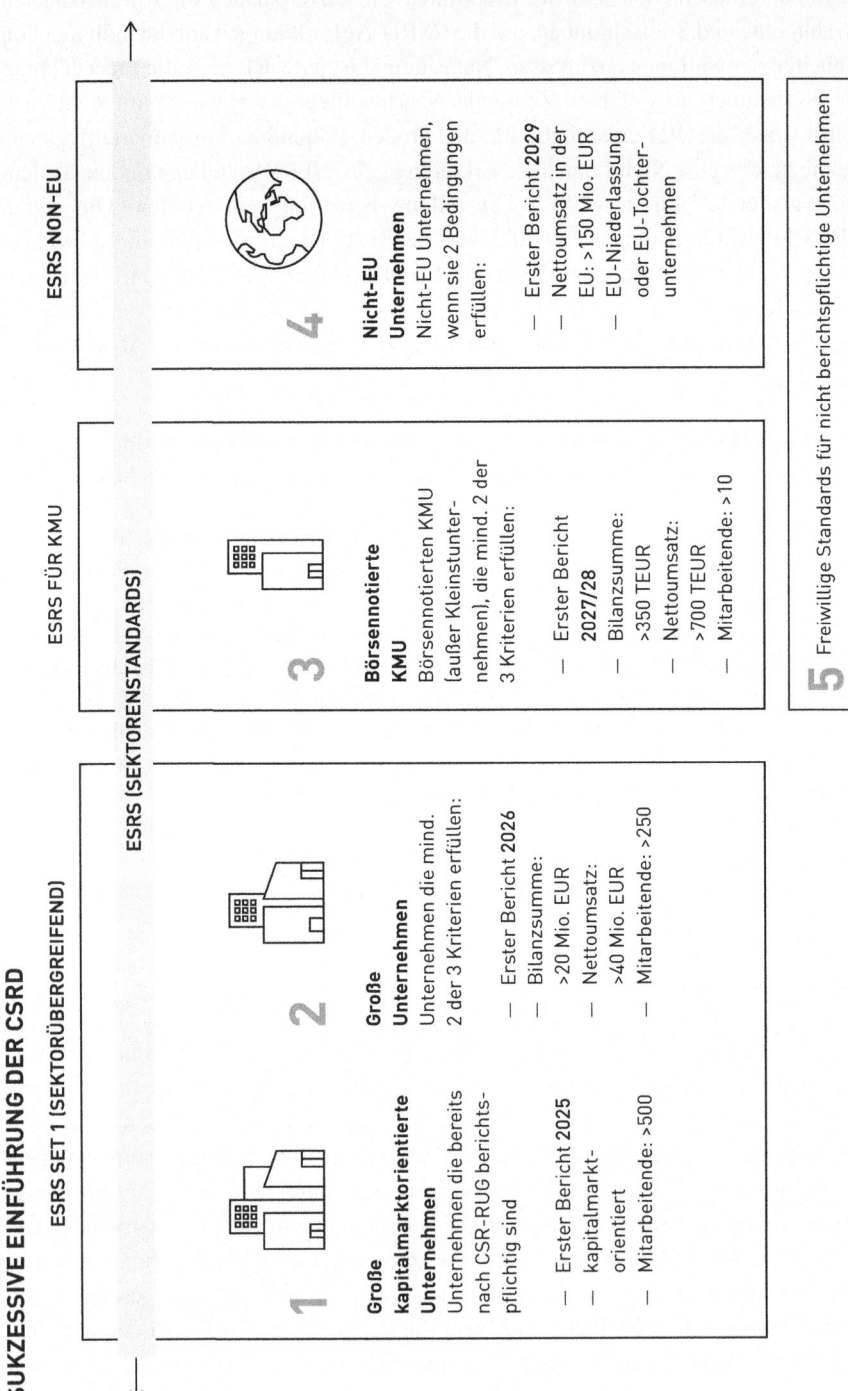

Abb. 5.1 Einführung der CSRD im Überblick (eigene Darstellung)

5.2 Die European Sustainability Reporting Standards (ESRS)[1]

Nachdem beleuchtet wurde, wer ab wann unter der neuen EU-Richtlinie berichten muss, bleibt die Frage nach dem was. Diese Frage ist für die Entscheider und die Nachhaltigkeitsexperten in den Unternehmen von großer Bedeutung, da sie schließlich bestimmt, welche Nachhaltigkeitsthemen und Managementansätze berichtet werden müssen und somit auch implizite Auswirkungen auf die Schwerpunkte in dem Umgang mit ESG hat. Für die Beantwortung ist es notwendig einen relevanten Begriff einzuführen: ESRS, die Abkürzung für die European Sustainability Reporting Standards. Während die CSRD inzwischen einen gewissen Grad an Prominenz erreicht hat und medial auch außerhalb der Fachpresse aufgearbeitet wird (diverse Tages- und Wochenzeitungen in Deutschland haben bereits über die CSRD berichtet), sind es eher Experten und ESG-Verantwortliche, die den Begriff ESRS einordnen können. Hinter der etwas sperrigen Abkürzung verbirgt sich das Reportingrahmenwerk, welches die CSRD komplementiert. Abb. 5.2 fasst die Unterschiede zwischen den beiden Begriffen zusammen.

Die mit der Entwicklung beauftrage privatwirtschaftliche Institution European Financial Reporting Advisory Group (EFRAG), ist, wie der Name bereits verrät, innerhalb der EU bisher für die Umsetzung der IFRS-Standards zuständig gewesen. Mit dem Mandat,

CSRD UND ESRS: WICHTIGE DIFFERENZIERUNG

Rahmen setzen:

CORPORATE SUSTAINABILITY REPORTING DIRECTIVE (CSRD)
— Weiterentwicklung der seit 2014 geltenden NFRD (Non-Financial Reporting Directive)
— Anwenderkreis und grober Inhalt
— Ziele: — Vergleichbarkeit — Transparenz — Berichtsformat — Berichtsanforderungen
Entwickelt von: Europäische Kommission

Standards etablieren:

EUROPEAN SUSTAINABILITY REPORTING STANDARDS (ESRS)
— Reportingstandard, basierend auf den Vorgaben der CSRD
— Vergleichbar mit Standards: — GRI — ISSB/IFRS — TCFD — DNK — etc.
— Konkrete Berichtsanforderungen
Entwickelt von: EFRAG

Abb. 5.2 CSRD und ESRS im Überblick (eigene Darstellung)

---

[1] Die Beschreibung der European Sustainability Reporting Standards basiert auf dem Delegierten Rechtsakt vom 31.07.2023.

die Berichtsstandards für die CSRD zu entwickeln, wurde innerhalb der EFRAG ein neuer Bereich gegründet. Während sich das Financial Reporting Board weiterhin mit den klassischen, finanziellen Themen beschäftig, hat sich das Sustainability Reporting Board nach Ankündigung der CSRD der Entwicklung der ESRS gewidmet – ein andauernder Prozess.

Da die Einführung der ESRS als Verordnung ausgestaltet ist, bleibt eine nationale Umsetzung aus. Der Vorteil dieses Vorgehens besteht vor allem darin, dass alle von der CSRD betroffenen Unternehmen nach einem europaweit einheitlichen Standard berichten. Ein Flickenteppich auf Ebene der Mitgliedsstaaten wird entsprechend verhindert.

Die ESRS werden in einem mehrstufigen Verfahren entwickelt und veröffentlicht, wobei sie sich an der stufenweisen Einführung der CSRD orientieren. Während lediglich die großen Unternehmen die vollumfänglichen ESRS anwenden und erfüllen müssen, erhalten die KMU einen verschlankten Standard (ESRS for listed small and medium sized companies (ESRS LSME)). Ebenfalls diejenigen nicht-europäischen Unternehmen, die ab 2029 unter die CSRD-Berichtspflicht fallen, erhalten eine separate ESRS-Ausgestaltung. Ergänzt werden die unterschiedlichen Versionen sektorunabhängiger ESRS (auch sektoragnostische ESRS genannt) von ESRS-Sektorstandards. Über die Jahre sollen von letzteren 41 Stück entwickelt werden, um den Großteil der wirtschaftlichen Sektoren abzudecken. Und weil dies für die EU noch nicht genügend Rahmenwerke sind, wird außerdem an freiwilligen ESRS (Voluntary ESRS) gefeilt, die den initialen Entwicklungsprozess der Standards abschließen sollen (auf deren Relevanz wird im Kap. 8 eingegangen). Eine erschlagende Masse an Standards. Die gute Nachricht für die Unternehmen: Sie müssen sich lediglich mit dem jeweils einschlägigen sektorunabhängigen und Sektorstandard beschäftigen, der sich aus der Unternehmensgröße und -branche heraus ergibt – zwei Standards sind also anzuwenden.[2] Aufwendig genug, wie das Kapitel im weiteren Verlauf darlegen wird.

5.2.1 Aufbau der ESRS

An der Entwicklung der ESRS waren unter anderem auch größere Reporting-Initiativen, wie die GRI, IFRS und TCFD beteiligt. Durch diese Einbeziehung nicht-gesetzlicher Initiativen soll zukünftig ein Flickenteppich an Berichtsrahmenwerken verhindert oder zumindest minimiert werden. Nicht nur bestimmte Berichtsanforderungen sollen durch die gemeinsame Entwicklung angeglichen werden, auch von der Struktur und dem Aufbau her, lassen sich Parallelen zwischen ESRS und anderen Rahmenwerken erkennen.

Bereits die GRI-Standards sind in einzelne übergreifende Standards (die universellen Standards GRI 1, 2 und 3) und darauf aufsetzend in dedizierte Themenstandards aufgeteilt. Die European Sustainability Reporting Standards basieren auf demselben Grund-

---

[2] Neben den Vorgaben aus den Standards sind auch unternehmensindividuelle Angaben zu machen, die nicht durch einen Standard abgedeckt werden. Näheres dazu finden Sie in Abschn. 5.3.

gerüst. Die ESRS 1 und 2 bilden den Kern und enthalten Querschnittsthemen, allgemeine Anforderungen und notwendige Erklärungen. ESRS 1 – General Requirements beschreibt bspw. wo der CSRD-Bericht zu veröffentlichen ist und gibt auch die Berichtsgliederung grob vor. Außerdem wird das Vorgehen einer CSRD-konformen Wesentlichkeitsanalyse beschrieben und relevante Konzepte für die Berichterstellung eingeführt. ESRS 2 – General Disclosures taucht dabei tiefer in die konkreten Berichtsinhalte ein und legt dar, welche Informationen in Bezug auf die Themenstandards in jedem Fall offenzulegen sind.

Von den Themenstandards hat die EFRAG zehn Stück entwickelt. Anders als die GRI-Standards, die in den Dimensionen Ökonomie, Umwelt und Soziales geclustert sind, verfolgt die EFRAG mit den ESRS dankbarerweise das etablierte ESG-Konzept: Fünf Standards im Bereich Umwelt (E) und vier im Bereich Soziales (S) werden um einen Standard im Bereich Unternehmensführung (G) ergänzt. Aufgrund der rasant gestiegenen Bekanntheit des ESG-Begriffs, dürfte dieser Ansatz in der Themenaufteilung dabei helfen, die unternehmensspezifischen Belange einer der drei Säulen zuzuordnen, da Nachhaltigkeitsthemen unternehmensintern häufig ohnehin bereits in den ESG-Kategorien verordnet sind.

Seit der Veröffentlichung der ESRS am 31. Juli 2023 liegen die ESRS auch in einer deutschen Fassung vor. Allerdings ist die deutsche Übersetzung unpraktikabel und teilweise irreführend. Die weitere Ausarbeitung bezieht sich daher in den meisten Fällen auf die englische Originalversion.

Um einen Überblick zu gewinnen, welche Aspekte die zehn Themenstandards aufgreifen, enthält die Abb. 5.3 eine vollständige Übersicht, erweitert um die nächsttiefere Granularitätsstufe (Sub-Topics). Ein Blick auf die thematische Verteilung macht deutlich, dass Umwelt die tragende Säule in der CSRD-Berichterstattung formt. Das häufig kritisierte Übergewicht von Umweltthemen in den ESG-Diskussionen spiegelt sich demnach auch in den ESRS und somit künftig in den gesetzlich verpflichtenden Nachhaltigkeitsberichten wider. Die Governance-Aspekte muten lediglich als Randerscheinung an, wurden Sie im November 2022 schließlich von ursprünglich zwei angedachten G-Standards auf nur noch einen einzelnen gekürzt. Allerdings trügt hier der erste Blick ein wenig, da viele Governance-Themen als Querschnitt im ESRS 2 – General Disclosures enthalten sind und somit auf die Berichterstattung der anderen Themenstandards übertragen werden. Insgesamt enthalten die Standards über 1100 zu berichtende qualitative und quantitative Datenpunkte.

Die einzelnen Themenstandards selbst folgen dem Grundaufbau des TCFD-Rahmenwerks (Task Force on Climate-Related Disclosures), das bereits von diversen Unternehmen verwendet wird, um über den Umgang mit Risiken des Klimawandels zu berichten und aus vier Berichtsbereichen besteht. Governance, Strategy, Implementation (dieser Bereich heißt im TCFD-Rahmenwerk Risk Management) und Metrics & Targets sind die vier Themenbereiche, zu denen im Rahmen der CSRD-Berichterstattung die Inhalte bezogen auf die Themenstandards offengelegt werden müssen. In Tab. 5.1 ist eine Übersicht der CSRD-Berichtsbereiche dargestellt.

TOPICS UND SUB-TOPICS IN DEN ESRS

General Information		Environment					Social				Governance
1 – General Requirements	2 – General Disclosures	E1 – Climate Change	E2 – Pollution	E3 – Water and Marine Resources	E4 – Biodiversity and Ecosystems	E5 – Resource Use and Circular Economy	S1 – Own Workforce	S2 – Workers in the Value Chain	S3 – Affected Communities	S4 – Consumers and End-users	G1 – Business Conduct
		Climate Change Adaption	Pollution of Air	Water	Direct Impact Drivers of Biodiversity Loss	Resources Inflows, including Resource Use	Working Conditions	Working Conditions	Communities' Civil and Political Rights	Information-related Impacts for Consumers and/or End-users	Corporate Culture
		Climate Change Mitigation	Pollution of Water	Marine Resources	Impacts on the State of Species	Resource Outflows related to Product and Service	Equal Treatment and Opportunities for All	Equal Treatment and Opportunities for All	Communities' Civil and Political Rights	Personal Safety for Consumers and/or End-users	Protection of Whistleblowers
		Energy	Pollution of Soil		Impacts on the Extent and Condition of Ecosystems	Waste	Other work-related Rights	Other work-related Rights	Rights of Indigenous Communities	Social Inclusion of Consumers and/or End-users	Animal Welfare
			Pollution of Living Organisms and Food Resources		Impacts and Dependencies on Ecosystem Services						Political Engagement and Lobbying Activities
			Substances of Concern								Management of Relationships with Suppliers Icluding Payment Practices
			Substances of very high Concern								Corruption and Bribery
			Microplastics								

Abb. 5.3 ESRS-Themen im Überblick (eigene Darstellung)

Tab. 5.1 Berichtsbereiche der CSRD

Bereichsbereiche	Zu berichtende Inhalte
Governance	Governance-Prozesse; Kontrollen; Monitoring
Strategy	Interaktion des Geschäftsmodells mit Impacts, Risiken und Chancen
Implementation	Impact-, Risiko- und Chancenmanagement; Richtlinien; Maßnahmen
Metrics & Targets	Messungen der Nachhaltigkeitsperformance; Gesetzte und messbare Ziele; Fortschritt in Bezug auf diese Ziele

5.3 Die Wesentlichkeitsanalyse: Das Herzstück der CSRD-Berichterstattung

Gerade in der Vorbereitung auf die erste Berichterstellung nach CSRD werden sich die meisten ESG-Verantwortlichen nervös fragen: Wie soll diese schiere Masse an Reporting-Anforderungen überhaupt erfüllbar sein? Auch wenn Nervosität bei größeren regulatorischen Neuerungen die umzusetzen sind, zumeist angebracht ist und die CSRD-Einführung sicherlich ressourcenintensiv ist, gibt es keinen Anlass aufgrund der vorangegangen Beschreibung des Rahmenwerkumfangs in blanke Panik zu verfallen. Die Unternehmen werden von der EU nicht verpflichtet die mehr als 1000 Datenpunkte in den 86 Berichtsanforderungen innerhalb der 12 ESRS zu berichten bzw. zu erfüllen. Im Gegenteil: die Regulatorik sieht ein bewährtes und simples Grundprinzip voraus, um die CSRD-Anforderungen auf ein handhabbares Maß zu reduzieren und die Berichterstattung nicht mit irrelevanten Informationen zu fluten. Es muss nur über solche Themen Bericht erstattet werden, die für ein Unternehmen auch wesentlich sind. Andere Themen können in den meisten Fällen unbegründet ausgelassen werden.

Doch wie genau entscheidet sich, ab wann ein Thema als wesentlich einzustufen ist? Die CSRD erweitert zur Beantwortung dieser Fragestellung den Wesentlichkeitsbegriff signifikant und sieht eine zweidimensionale Betrachtungsweise vor.

- **Impact-Wesentlichkeit (Impact Materiality):**
  In dieser Dimension geht es darum zu bewerten, welchen Einfluss (Impact) die Geschäftsprozesse eines Unternehmens oder seiner Lieferkette auf die Umwelt sowie die Gesellschaft und Menschen hat. Solche Einflüsse können beispielsweise Umweltverschmutzungen bei der Produktion und Weiterverarbeitung von Chemikalien sein oder Menschenrechtsverstöße in der Lieferkette eines Schokoladenherstellers. Häufig wird diese Wesentlichkeitsdimension auch als Inside-Out bezeichnet, da die wesentlichen Effekte nach Außen wirken.
- **Finanzielle Wesentlichkeit (Financial Materiality):**
  Die finanzielle Dimension stellt die komplementäre Betrachtungsweise dar. Nachhaltigkeitsthemen können Auswirkungen auf den Erfolg, die Cash-Flows, die Kreditverfügbarkeit oder den Versicherungsabschluss haben, sodass sich eine finanzielle Wesentlichkeit ergibt. Denkbar sind steigende CO_2-Preise, die zu Preissteigerungen

notwendiger Güter in der Produktion führen oder Strafzahlungen aufgrund von nicht ordnungsgemäßer Entsorgung von Gefahrenstoffen in Gewässern. Aber auch viel oberflächlicher kann sich bereits eine finanzielle Wesentlichkeit begründen, nämlich dann, wenn ein mangelhaftes ESG-Profil eines Unternehmens zu sinkenden Investoreninteresse und im Umkehrschluss zu steigenden Kapitalkosten führen. Diese Dimension wird auch Outside-In genannt, da sie nach innen gerichtete Effekte konsolidiert. Für die finanzielle Wesentlichkeit nach CSRD ist es dabei unerheblich, ob ein Unternehmen die finanziellen Folgen aufgrund einer selbstverantworteten Handlung zu spüren bekommt (z. B. Strafzahlung aufgrund aktiver Überschreitung von Fangquoten in der Fischerei) oder aufgrund von Entwicklungen, die nicht im Einflussbereich des Unternehmens stehen (z. B. Einführung restriktiverer Fangquoten oder reduzierter Fang durch allgemeine Überfischung).

Die Effekte, die eine Wesentlichkeit begründen, müssen dabei nicht zwingend negativer Natur sein, auch Opportunitäten sind zu betrachten. Die Identifikation potenziell und tatsächlich wesentlicher Effekte geschieht im Rahmen der durchzuführenden Wesentlichkeitsanalyse. Die beiden Dimensionen sind mit einem *Oder* verknüpft, weshalb die Wesentlichkeit innerhalb einer Dimension bereits zu einer entsprechenden Berichtspflicht für das jeweilige Thema führt. Die EU kombiniert mit diesem Ansatz zwei bestehende Wesentlichkeitsdefinitionen zu einem umfassenden, sich ergänzenden Konzept. Während die GRI-Standards ihren Fokus auf die Impact-Betrachtung legen, fußt der Nachhaltigkeitsstandard der IFRS auf der finanziellen Wesentlichkeit.

Der *ESRS 1 – General Requirements* konkretisiert den Ablauf einer Wesentlichkeitsanalyse. Da jedes Unternehmen, gerade auch im Branchenvergleich, mit unterschiedlichen Anforderungen konfrontiert ist, bleibt die Beschreibung der anzuwendenden Methodik innerhalb der einzelnen Prozessschritte bewusst vage. Vorgegeben wird beispielsweise die Einbeziehung der Stakeholder oder die Reihenfolge der Analysen (zuerst die Impact-Analyse gefolgt von der Financial-Analyse). Welche Stakeholder in welchem Format (systematische Abfrage, Interviews/Dialog, etc.) zu konsultieren sind obliegt dem Unternehmen. Die Bewertung der Wesentlichkeit sieht die Anwendung von Thresholds (Wesentlichkeitsgrenzen) vor, sodass nicht alle bewerteten Themen am Ende auch automatisch eine Wesentlichkeit begründen und somit zwangsläufig in einer Berichtspflicht enden. Diese punktuelle Konkretisierung in einer insgesamt eher vagen Gesamtbeschreibung wird von einigen Experten kritisiert, da Sie ein tiefgehende Detailbetrachtung der Standards und eine gewisse Expertise mit Nachhaltigkeitsthemen voraussetzt, um eine CSRD-konforme Wesentlichkeitsanalyse zu erstellen. Im Rahmen des Konsultationsverfahren der ESRS haben sich einige Teilnehmer gewünscht, dass die Wesentlichkeitsanalyse klareren Vorgaben und Regeln folgen soll, im Gegenzug aber den Unternehmen die zugesprochenen Freiheiten bei der Planung und Durchführung nimmt.

Die von der EFRAG vorgesehene verpflichtende Berichterstattung über die Themen rund um Klimawandel und Energie (ESRS E1 – Climate Change), wurde von der Kommission im Entwurf von Juli 2023 gestrichen. Somit unterliegen alle Berichtsanforderungen in den Themenstandards der Wesentlichkeitsanalyse.

Die ESRS kommen mit einem breiten Themenkatalog an Nachhaltigkeitsthemen innerhalb der E-, S- und G-Säulen daher. Die abgedeckten Themen bieten daher immer den logischen Startpunkt bei der Themenauswahl, die innerhalb der Wesentlichkeitsanalyse analysiert und bewertet werden sollte. Aufgrund der Unterschiedlichkeit von Industrien, Sektoren und auch einzelnen Unternehmen, können aber darüber hinaus Themen existieren, die nicht vom Themenscope der ESRS eingefangen werden. In dem Fall sind solche Themen dennoch in der Wesentlichkeitsanalyse zu betrachten und bei vorliegender Wesentlichkeit ist entsprechend Bericht zu erstatten. Dies sind sogenannte *Entity-specific Disclosures*, ein Konzept, dass im ESRS 1 eingeführt wird. Die Berichterstattung über diese organisationsspezifischen Themen soll sich dabei an der Berichtstruktur der Themenstandards orientieren. Es können aber auch andere Standards wie GRI oder IFRS herangezogen werden, sollte das Thema dort abgedeckt werden. Es ist davon auszugehen, dass die Entity-specific Disclosures besonders mühevoll in der Umsetzung sind, da hier klare Vorgaben fehlen, wie über das Thema berichtet werden muss. Das kann vor allem zu Differenzen zwischen Unternehmen und dem externen Prüfer führen, der die Nachhaltigkeitserklärung prüft. Daher sollten Unternehmen vorsichtig sein, ihren Katalog an wesentlichen Themen mit solchen organisationsspezifischen Themen vollzuladen.

Die CSRD-konforme Wesentlichkeitsanalyse wird gerade in den ersten Jahren der Berichtspflicht häufig mit externen Beratern und im engen Austausch mit dem Wirtschaftsprüfer erstellt. Unternehmen müssen in der Regel hinnehmen, dass die CSRD-konforme Wesentlichkeitsanalyse aufwendiger und teurer ist als beispielsweise eine Analyse gemäß GRI-Standard. Gleichzeitig ist sie auch ein umfassendes und aufklärendes Werkzeug bzgl. der Abhängigkeit von Nachhaltigkeitsaspekten. Eine gut durchgeführte Wesentlichkeitsanalyse kann außerhalb des CSRD- und Reporting-Kosmos ein mächtiges und wertstiftendes Werkzeug sein, bringt sie doch Unternehmen dazu, sich intensiv mit Chancen und Risiken in Bezug auf Nachhaltigkeit auseinanderzusetzen. Für die CSRD-Berichterstattung fungiert sie als eine Art Filter, mit dem Potenzial die Komplexität der Berichterstellung signifikant zu reduzieren. Methodische Fehler können allerdings nicht nur zu Diskussionen mit dem Wirtschaftsprüfer führen, welcher die korrekte Durchführung zu prüfen hat, sondern auch in ungewollter Konsequenz die Berichtspflichten erhöhen (bspw. durch zu viele organisationsspezifische Themen).

Eine allgemeine, CSRD-unabhängige Beschreibung und beispielhafte Skizzierung einer Wesentlichkeitsanalyse ist in Abschn. 6.1 beschrieben.

5.4 Die Verortung des CSRD-Berichts

Bei der Veröffentlichung der bisherigen nicht finanziellen Erklärung gem. dem CSRD-Vorgänger NFRD, haben die betroffenen Unternehmen spürbar mehr zugestandene Flexibilität. Mehrere Veröffentlichungsvarianten ermöglichen auch die Ausgliederung aus

NACHHALTIGKEITSERKLÄRUNG IM LAGEBERICHT

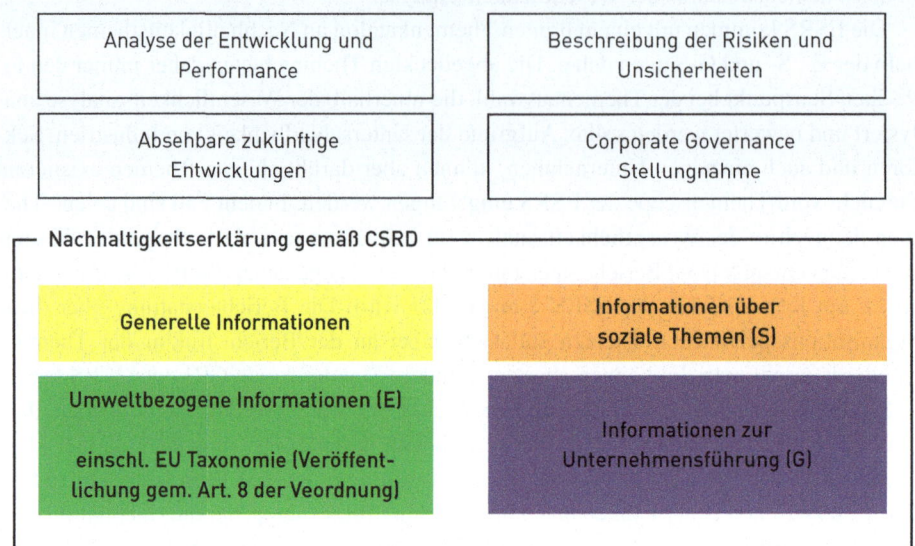

Abb. 5.4 Nachhaltigkeitserklärung im Lagebericht (eigene Darstellung)

dem Lagebericht und der Wirtschaftsprüfer muss lediglich testieren, dass eine nicht finanzielle Erklärung vorgelegt wurde. Diese Flexibilität wird im Rahmen der CSRD vom
Gesetzgeber einkassiert.

Zukünftig müssen die CSRD-Berichte bzw. Nachhaltigkeitserklärungen, als ein ge-
sonderter Abschnitt im Lagebericht veröffentlicht werden. Auch die Gliederung auf erster
Ebene wird schematisch von den ESRS vorgegeben (Abb. 5.4). Somit entfällt zum einen
die Möglichkeit, den CSRD-Bericht als eigenständiges Dokument zu veröffentlichen, aber
auch dem Prinzip des Integrated Reporting, welches die Berichterstattung von finanziellen
und nicht finanziellen Informationen kombiniert und zentral abbildet, wird ein Riegel vor-
geschoben. Einzelne Inhalte über Verweise auszulagern ist zwar möglich, wird durch
spezifische Vorgaben aber stark eingeschränkt.

Auch die Prüfpflicht wird erweitert. Zunächst sollen die Informationen im CSRD-
Bericht mit begrenzter Sicherheit (*limited assurance*) geprüft werden; die Ausweitung auf
eine Prüfung mit hinreichender Sicherheit (*reasonable assurance*) ist gegen Ende des
Jahrzehnts geplant. Dadurch steigen Aufwand und Kosten bei den Unternehmen. Eine präzise Dokumentation und eine fundierte Kenntnis der ESRS innerhalb der Unternehmen
werden somit vorausgesetzt.

Zusätzlich wird es notwendig sein, die Berichtsinhalte in einem elektronischen Be-
richtsformat vorzulegen. Wie bereits bei Rechnungslegungsunterlagen großer Unternehmen vorausgesetzt, setzt die EU dabei auf das sogenannte European Single Electronic
Format (ESEF), dass die Auswertung der Inhalte für Mensch und Maschine möglich

macht. Ultimativ sollen die elektronisch getagten Informationen eine umfangreiche zentrale und europaweite Datenbank füttern, den European Single Access Point (ESAP). Dieser zentralisierte Zugangspunkt dürfte primär für Investoren eine erhebliche Erleichterung bei der Datensammlung darstellen.

5.5   Die Verzahnung der europäischen Nachhaltigkeitsregulatorik

Betroffene Unternehmen, die sich mit der Erstellung eines CSRD-Berichts (erstmals) konfrontiert sehen und Ressourcen für die Umsetzung aufbringen müssen, stellen sich mitunter die Frage: Warum das Ganze? Am Ende obliegt die Einschätzung bezüglich der Sinnhaftigkeit der CSRD natürlich im individuellen Ermessen und ist häufig abhängig von der Relevanz, mit der Nachhaltigkeitsthemen ohnehin unternehmensintern betrachtet werden.

Für die Erstellung eines Nachhaltigkeitsberichts gibt es diverse Gründe. Zum einen ist es ein wertvolles Kommunikationstool, um Fortschritte und Bestrebungen im Nachhaltigkeitsbereich adäquat zu platzieren. Teilweise sind es auch die Anforderungen der Stakeholder, die zur Erstellung eines Nachhaltigkeitsberichts führen. ESG-Ratingagenturen nutzen für die Erstellung des Ratings häufig den Nachhaltigkeitsbericht als entscheidende primäre Informationsquelle, daher ist ein sorgsam erstellter Bericht auch als Vorbereitung auf den Ratingprozess zu verstehen. Häufig führt die Berichterstattung über Nachhaltigkeitsthemen dazu, dass die Unternehmensverantwortlichen sich aus einer strategischen Perspektive mit ESG beschäftigen. Vor allem die Wesentlichkeitsanalyse erfordert die Analyse von Nachhaltigkeitsaspekte aus einer Risiko- und Chancensicht und ist somit nicht nur Startpunkt der CSRD-Umsetzung sondern auch ein wichtiges Tool für die allgemeine ESG-Strategie.

Der Regulator ist ein Stakeholder mit besonders viel Gewicht, da seine Anforderungen nur selten ignoriert oder überschrieben werden können. Die Frage, ob nicht finanzielle Informationen überhaupt berichtet werden sollen, wird sich für immer mehr Unternehmen in der europäischen Union künftig gar nicht mehr stellen. Aber die Einführung der CSRD und die damit verbundenen Berichtsanforderungen sollen nicht nur in Tabellen und Absätzen im Lagebericht enden. Die CSRD ergänzt auch andere regulatorische Rahmenwerke und dient als Informationslieferant. Die Offenlegungsverordnung (SFDR; siehe Abschn. 3.3) beispielsweise, fordert von Finanzinstituten unter anderem die Offenlegung von Indikatoren (PAIs) auf einer aggregierten Portfolioebene. Um diese überwiegend quantitativen Anforderungen erfüllen zu können, benötigt das Finanzinstitut, beispielsweise ein Asset Manager, Daten. Teilweise sind solche Daten über ESG-Datenbanken (bspw. MSCI ESG) abrufbar, denn die spezialisierten Datenanbieter entwickeln mitunter dedizierte PAI-Lösungen. Die Zugänge zu den Datenbanken sind häufig sehr teuer und nicht alle Datenanforderungen können immerzu bedient werden.

Daher liegt der Grundgedanke der EU nicht fern, dass die Unternehmen die Daten-lieferung für die Anforderungen der Offenlegungsverordnung über die Nachhaltigkeits-erklärung im Rahmen der CSRD gewährleisten.

Ein Beispiel:

Ein Beispiel für die Verknüpfung der Offenlegungsverordnung und der CSRD

- Ein Asset Manager muss gemäß der Offenlegungsverordnung das Verhältnis von ge-fährlichen und radioaktiven Abfällen berichten (Tonnen gefährliche/radioaktive Ab-fälle pro Millionen EUR Investition)
- Ein (Portfolio-)Unternehmen kann gemäß *ESRS E5 – Resource Use and Circular Economy* die angefallenen gefährlichen und Radioaktiven Abfälle in Tonnen be-richten ◀

Im Entwurf der EFRAG (November 2022) waren alle ESRS-Datenpunkte, die sich aus er-gänzenden EU-Gesetzen ergeben, für alle CSRD-betroffenen Unternehmen verpflichtend, unabhängig vom Ausgang der Wesentlichkeitsanalyse. Die Kommission hat dieses Prinzip im veröffentlichten Delegierten Rechtsakt vom Juli 2023 allerdings eingestampft und alle Datenpunkte der Themenstandards abhängig vom Ausgang der Wesentlichkeitsanalyse gemacht. Davon profitieren vor allem die Ratingagenturen, die weiterhin relevante Daten für die Erfüllung von regulatorischen Anforderungen teuer an Investoren verkaufen kön-nen. Gleichzeitig strebt die EU an, ESG-Ratingagenturen künftig zu regulieren. Ähnlich wie bei der Einführung der Taxonomie (siehe Abschn. 3.2.3) zeigt sich: Nachhaltigkeit ist im Zentrum der politischen Unordnung angekommen.

Literatur

EFRAG (2022) First set of draft ESRS. https://www.efrag.org/lab6#:~:text=About%20the%20 draft%20ESRS,-In%20April%202021&text=Under%20the%20proposed%20CSRD%2C%20 EFRAG,approved%20by%20the%20European%20Parliament. Zugegriffen am 19.07.2023

Europäische Kommission (2023) European sustainability reporting standards – first set. https:// ec.europa.eu/info/law/better-regulation/have-your-say/initiatives/13765-European-sustainability-reporting-standards-first-set_en. Zugegriffen am 04.10.2023

Die Entwicklung einer ESG-Strategie

6

Eine ESG-Strategie hat mehrere Vorteile. Erstens kann sie zur Kostensenkung beitragen, indem sie die Effizienz steigert und Verschwendung reduziert. Zweitens kann sie die Reputation eines Unternehmens verbessern und den Marktwert steigern. Drittens kann sie talentierte Mitarbeiterinnen und Mitarbeiter anziehen und an sich binden, die nach nachhaltig agierenden Unternehmen suchen, denen der Purpose des Unternehmens bedeutsam ist. Und schließlich kann es den Zugang zu Kapital verbessern, indem es für Investoren investierbar wird, die die Principles for Responsible Investments (https://www.unpri.org) bei ihren Anlageentscheidungen berücksichtigen.

Der erste Schritt bei der Entwicklung einer ESG-Strategie besteht darin, die wichtigsten ESG-Themen für das Unternehmen zu identifizieren. Die hängt von der Branche, der Geschäftstätigkeit des Unternehmens und den Erwartungen der Stakeholder ab. Um diese Themen zu identifizieren, müssen Unternehmen die oben beschriebene Wesentlichkeitsanalyse durchführen.

Die Ziele einer ESG-Strategie umreißen die spezifischen Ziele oder Ergebnisse, die die Organisation in Bezug auf Umwelt-, Sozial- und Governance-Themen erreichen will. Diese Ziele sollten mit den Werten, dem Zweck und den Erwartungen der Stakeholder des Unternehmens übereinstimmen. Hier sind einige Beispiele:

- **Ökologische Ziele:** Verringerung der Kohlendioxidemissionen, Minimierung des Abfallaufkommens, Schonung der Wasserressourcen, Förderung der Nutzung erneuerbarer Energien, Schutz der Artenvielfalt usw.
- **Soziale Ziele:** Förderung von Vielfalt und Integration, Gewährleistung sicherer Arbeitsbedingungen, Unterstützung der Gemeindeentwicklung, Förderung der Menschenrechte, Förderung des Wohlbefindens der Mitarbeiter usw.

K. R. Kirchhoff et al., *ESG: Nachhaltigkeit als strategischer Erfolgsfaktor*, SDG – Forschung, Konzepte, Lösungsansätze zur Nachhaltigkeit, https://doi.org/10.1007/978-3-658-43344-4_6

- **Governance-Ziele:** Stärkung der Unabhängigkeit und Rechenschaftspflicht der Unternehmensleitung, Verbesserung der Transparenz und Offenlegung, Einführung strenger ethischer Standards, Förderung der Korruptionsbekämpfung usw.

Kennzahlen, Key Performance Indicators (KPIs), sind quantifizierbare Messgrößen, mit denen die Fortschritte bei der Erreichung der ESG-Ziele verfolgt und bewertet werden können. Sie bieten die Möglichkeit, die Leistung der Organisation zu messen und Bereiche mit Verbesserungsbedarf zu ermitteln. Die Auswahl der Kennzahlen sollte relevant, zuverlässig und vergleichbar sein und sich an Branchenstandards orientieren. Hier sind einige Beispiele:

Umweltkennzahlen: CO_2-Fußabdruck, Energieverbrauch, Wasserverbrauch, Abfallerzeugung und Recyclingraten, Treibhausgasemissionen, Einsatz erneuerbarer Energiequellen usw.

Soziale Kennzahlen: Statistiken zur Mitarbeitervielfalt und -integration, Fluktuationsraten, Vorfälle im Bereich Gesundheit und Sicherheit, Investitionen und Engagement in der Gemeinde, Kundenzufriedenheit, Bewertungen der sozialen Auswirkungen usw.

Governance-Kennzahlen: Unabhängigkeit und Vielfalt des Aufsichtsrates, Vergütungsquoten von Führungskräften, Meldungen von Hinweisgebern und Reaktionszeit, Einhaltung von Vorschriften, Transparenz politischer Spenden, Abschlussquote von Ethikschulungen usw.

Durch die Festlegung klarer Ziele und die Auswahl geeigneter Kennzahlen können Unternehmen die Fortschritte ihrer ESG-Strategien wirksam umsetzen und bewerten. Die regelmäßige Überwachung und Berichterstattung über diese Maßnahmen kann dazu beitragen, das Engagement des Unternehmens für Nachhaltigkeit, verantwortungsvolle Geschäftspraktiken und langfristige Wertschöpfung für alle Stakeholder zu demonstrieren.

ESG-Ziele festlegen

Im Folgenden sind einige Schlüsselfaktoren aufgeführt, die bei der Festlegung von ESG-Zielen und -Kennzahlen hilfreich sein können:

ESG-Ziele und -Kennzahlen sollten an der allgemeinen Geschäftsstrategie des Unternehmens ausgerichtet werden. Dadurch wird sichergestellt, dass ESG-Ziele in die Entscheidungsprozesse integriert werden und dass der Fortschritt in Richtung der ESG-Ziele zusammen mit der finanziellen Leistung verfolgt wird.

ESG-Ziele und -Kennzahlen sollten spezifisch und messbar sein, um eine effektive Verfolgung der Fortschritte bei der Zielerreichung zu ermöglichen. So ist beispielsweise das Ziel, die Treibhausgasemissionen innerhalb von fünf Jahren um 20 % zu reduzieren, spezifisch und messbar, während das vage Ziel, die Umweltauswirkungen zu reduzieren, dies nicht ist.

ESG-Ziele und -Kennzahlen sollten für die Geschäftstätigkeit des Unternehmens und seiner Stakeholder relevant und wesentlich sein. Dadurch wird sichergestellt, dass die ESG-Ziele mit den wichtigsten Themen für das Unternehmen übereinstimmen, die im Rahmen der Wesentlichkeitsanalyse ermittelt wurden.

ESG-Ziele und -Kennzahlen sollten anspruchsvoll, aber auch erreichbar sein. Die Festlegung von Zielen, die zu leicht zu erreichen sind, führt möglicherweise nicht zu signifikanten Fortschritten bei der Erreichung der ESG-Ziele, während die Festlegung von zu ehrgeizigen Zielen unrealistisch und demotivierend sein kann, oder im Markt zu Enttäuschungen und einem Vertrauensverlust führen kann. ◄

Die Verwendung von Branchen- und übergreifenden Standards kann dazu beitragen, dass ESG-Ziele und -Kennzahlen relevant und in der Branche vergleichbar sind. So bietet die Task Force on Climate-related Financial Disclosures (TCFD) zum Beispiel einen guten Rahmen für die Festlegung von klimabezogenen Zielen und Kennzahlen.

Nach der Festlegung von Zielen und KPIs sollte das Unternehmen einen konkreten Umsetzungsplan erstellen. Dabei sollten spezifische Maßnahmen und Initiativen identifiziert werden, die zur Erreichung der Ziele beitragen. Der Umsetzungsplan sollte mit der Gesamtstrategie des Unternehmens abgestimmt sein, oder besser gesagt, die Strategie des Unternehmens sollte nachhaltig sein, die ESG-Kriterien erfüllen.

Wichtig für den Erfolg der ESG-Strategie ist die Einbeziehung von Stakeholdern. Dazu können Online gestützte Umfragen und persönliche Interviews mit bedeutenden Stakeholdern wie Investoren oder wichtige Kunden dienen. Die Einbindung der Stakeholder ist entscheidend, um Vertrauen und Glaubwürdigkeit aufzubauen und sicherzustellen, dass die ESG-Strategie mit ihren Erwartungen übereinstimmen.

Der Ablauf der Entwicklung einer ESG-Strategie lässt sich in 10 Schritten zusammenfassen:

1. Bewertung des Ist-Zustands: Bewerten Sie die aktuellen Praktiken, Richtlinien und Leistungen Ihres Unternehmens in Bezug auf ökologische, soziale und Governance-Faktoren. Identifizieren Sie Bereiche, in denen Verbesserungen möglich sind, und Möglichkeiten zur Einbeziehung.
2. Legen Sie Ziele und Zielsetzungen fest: Definieren Sie spezifische ESG-Ziele, die mit den Werten, dem Auftrag und der langfristigen Vision des Unternehmens übereinstimmen. Ziehen Sie Ziele in Betracht, die sich auf die Verringerung der Umweltbelastung, die Förderung sozialer Gerechtigkeit, die Verbesserung der Governance-Praktiken oder die Bewältigung spezifischer Nachhaltigkeitsprobleme beziehen.
3. Bewertung der Wesentlichkeit: Führen Sie eine Wesentlichkeitsanalyse, wie oben beschrieben, durch, um die wichtigsten und bedeutendsten ESG-Themen für Ihr Unternehmen und Ihre Stakeholder zu ermitteln. Priorisieren Sie die Themen auf der Grundlage ihrer potenziellen Auswirkungen und ihrer Relevanz für Ihr Unternehmen und Ihre Branche.
4. Einbindung von Stakeholdern: Setzen Sie sich mit den wichtigsten Stakeholdern wie Mitarbeitern, Kunden, Investoren, Banken, Lieferanten und lokalen Gemeinschaften auseinander, um deren Erwartungen Perspektiven in Bezug auf ESG-Themen zu verstehen. Erwägen Sie die Durchführung von Umfragen, persönlichen Interviews, um wertvolle Erkenntnisse zu gewinnen.

5. ESG-Integration: Integrieren Sie ESG-Erwägungen in die Entscheidungsprozesse, Abläufe und Risikomanagementpraktiken Ihres Unternehmens. Stellen Sie sicher, dass ESG-Faktoren in die Investitionsanalyse, die Produktentwicklung, das Lieferkettenmanagement und andere relevante Bereiche einbezogen werden.

6. ESG-Richtlinien und -Praktiken: Entwickeln und implementieren Sie klare ESG-Richtlinien und -Praktiken, die die Aktivitäten Ihres Unternehmens leiten. Legen Sie Richtlinien für nachhaltige Beschaffung, Energie- und Ressourceneffizienz, Abfallmanagement, Vielfalt und Integration und andere relevante Bereiche fest.

7. Metriken und Berichterstattung: Bestimmen Sie wichtige Leistungsindikationen (KPIs) und Messgrößen, um Ihre Fortschritte bei der Umsetzung Ihrer ESG-Ziele zu messen. Entwickeln Sie ein robustes System zur Datenerfassung, Überwachung und Berichterstattung über die ESG-Leistung.

8. Schulung und Sensibilisierung: Bieten Sie Schulungs- und Sensibilisierungsprogramme an, um die Mitarbeiter über ESG-Themen, ihre Relevanz für das Unternehmen und ihre Rolle bei der Umsetzung der ESG-Strategie zu informieren. Fördern Sie eine Kultur der Nachhaltigkeit und ethischen Unternehmensführung im Unternehmen.

9. Partnerschaften und Kooperationen: Suchen Sie nach Möglichkeiten für Partnerschaften und Zusammenarbeit mit anderen Organisationen, Nichtregierungsorganisationen, der Wissenschaft und staatlichen Stellen, um gemeinsam die Herausforderungen im Bereich der Nachhaltigkeit anzugehen. Dies ist auch deshalb bedeutend, damit die Stimme der Wirtschaft in der Nachhaltigkeitsdebatte Gehör findet.

10. Kontinuierliche Verbesserung: Überprüfen und bewerten Sie regelmäßig die Wirksamkeit Ihrer ESG-Strategie. Überwachen Sie die Fortschritte im Vergleich zu Ihren Zielen, holen Sie Feedback von den Stakeholdern und führen Sie regelmäßige Audits durch, um Bereiche mit Verbesserungspotenzial zu identifizieren. Passen Sie Ihre ESG-Strategie kontinuierlich an und verfeinern Sie sie, um den sich entwickelnden Best Practices und neuen Nachhaltigkeitstrends Rechnung zu tragen.

Die Entwicklung einer ESG-Strategie ist ein kontinuierlicher Prozess, der Engagement, Transparenz und eine langfristige Perspektive erfordert.

6.1   Wesentlichkeitsanalyse als strategisches Element

Die Wesentlichkeitsanalyse spielt eine zentrale Rolle bei der Entwicklung einer ESG-Strategie für Unternehmen. Sie ermöglicht eine systematische Bewertung der relevanten Umwelt-, sozialen und Governance-Themen, die das Unternehmen und seine Stakeholder beeinflussen. Die Wesentlichkeitsanalyse hilft Unternehmen dabei, die ESG-Themen zu identifizieren, die für ihre Geschäftstätigkeit und langfristige Wertentwicklung am relevantesten sind. Einige ESG-Reportingrahmenwerke erfordern die Durchführung einer

Wesentlichkeitsanalyse. Die CSRD-konforme Wesentlichkeitsanalyse und die damit einhergehenden gesetzlichen Anforderungen sind in Abschn. 5.3 beschrieben. Die folgende Beschreibung gibt einen allgemeinen und standardunabhängigen Überblick.

Bei der Durchführung einer Wesentlichkeitsanalyse gibt es verschiedene Methoden und Ansätze, die Unternehmen anwenden können. Eine häufig genutzte Methode ist die Stakeholder-Analyse. Dabei werden die Ansichten und Erwartungen der internen und externen Stakeholder des Unternehmens identifiziert und bewertet. Dies umfasst beispielsweise Mitarbeiter, Kunden, Lieferanten, Investoren, lokale Gemeinschaften, Nichtregierungsorganisationen und Regulierungsbehörden. Durch den Dialog mit diesen Stakeholdern kann das Unternehmen ein besseres Verständnis für deren Perspektiven und Anliegen gewinnen und diese in die ESG-Strategie einbeziehen.

Ein weiterer Ansatz ist die Erstellung einer Materialitätsmatrix. Dabei werden die ESG-Themen aufgrund ihrer Relevanz für das Unternehmen und die Stakeholder bewertet und in einer Matrix dargestellt. Die Bewertung erfolgt anhand von Kriterien wie Auswirkung auf das Geschäft, Risikopotenzial, Stakeholder-Interessen und -Erwartungen sowie regulatorische Anforderungen. Die Materialitätsmatrix hilft dabei, die Prioritäten zu setzen und die wichtigsten ESG-Themen zu identifizieren, die besondere Aufmerksamkeit erfordern.

Darüber hinaus kann die Wesentlichkeitsanalyse auch auf der Bewertung von Risiken und Chancen basieren. Hierbei werden potenzielle ESG-Risiken und -Chancen identifiziert und bewertet, die sich auf die finanzielle Leistungsfähigkeit und den Ruf des Unternehmens auswirken können. Diese Analyse ermöglicht es dem Unternehmen, Risikomanagementstrategien zu entwickeln und Chancen für nachhaltiges Wachstum zu identifizieren.

Die Ergebnisse der Wesentlichkeitsanalyse liefern wichtige Informationen über die ESG-Themen, die für das Unternehmen von höchster Bedeutung sind. Diese Themen können je nach Branche und Geschäftsmodell variieren, aber sie umfassen oft Bereiche wie Klimawandel, Ressourcenmanagement, Menschenrechte, Arbeitsbedingungen, Produktverantwortung, Unternehmensführung und ethisches Verhalten. Die Identifizierung und Berücksichtigung dieser wesentlichen ESG-Themen ermöglicht es dem Unternehmen, seine ESG-Strategie gezielt auszurichten und Maßnahmen zu ergreifen, um Risiken zu minimieren, Chancen zu nutzen und langfristigen Wert für alle Stakeholder zu schaffen.

Praxisanleitung für eine Wesentlichkeitsanalyse Eine Wesentlichkeitsanalyse ist ein wichtiger Schritt bei der Entwicklung einer ESG-Strategie für Unternehmen. Hier ist eine praktische Anleitung, wie Sie eine Wesentlichkeitsanalyse durchführen können:

1. Schritt: Vorbereitung
   - Sammeln Sie relevante Informationen über Ihr Unternehmen, seine Geschäftstätigkeit, Branche, Stakeholder und Nachhaltigkeitsziele.
   - Identifizieren Sie die internen Ansprechpartner, die an der Analyse beteiligt sein sollten, z. B. aus den Bereichen Nachhaltigkeit, Unternehmensführung, Risikomanagement, Investor Relations, Personalwesen usw.

2. Schritt: Stakeholder-Analyse
   - Identifizieren Sie Ihre internen und externen Stakeholder, die einen Einfluss auf Ihr Unternehmen haben oder von Ihrem Unternehmen beeinflusst werden.
   - Führen Sie eine Stakeholder-Analyse durch, um die Ansichten, Erwartungen und Interessen der Stakeholder zu verstehen. Dazu können Sie Interviews, Umfragen oder Workshops nutzen.
   - Kategorisieren Sie die Stakeholder nach Relevanz und Einfluss auf Ihr Unternehmen.
3. Schritt: Materialitätsmatrix
   - Identifizieren Sie die wesentlichen ESG-Themen, die Ihr Unternehmen und seine Stakeholder betreffen.
   - Bewerten Sie die Themen anhand ihrer Bedeutung für das Unternehmen und ihrer Relevanz für die Stakeholder. Berücksichtigen Sie dabei Faktoren wie finanzielle Auswirkungen, Risiken, Chancen, Stakeholder-Interessen und regulatorische Anforderungen.
   - Stellen Sie die Ergebnisse in einer Materialitätsmatrix dar, indem Sie die Themen entsprechend ihrer Bedeutung und Relevanz platzieren.
4. Schritt: Risiko- und Chancenbewertung
   - Identifizieren Sie potenzielle ESG-Risiken und -Chancen, die sich auf Ihr Unternehmen auswirken können.
   - Bewerten Sie die Risiken hinsichtlich ihrer Eintrittswahrscheinlichkeit, ihres Ausmaßes und ihrer Auswirkungen auf das Unternehmen.
   - Identifizieren Sie die Chancen für nachhaltiges Wachstum und Wertsteigerung.
   - Priorisieren Sie die Risiken und Chancen basierend auf ihrer Bedeutung und Relevanz für das Unternehmen.
5. Schritt: Ergebnisinterpretation und Aktionsplan
   - Analysieren Sie die Ergebnisse der Wesentlichkeitsanalyse und identifizieren Sie die wichtigsten ESG-Themen für Ihr Unternehmen.
   - Entwickeln Sie einen Aktionsplan, der konkrete Maßnahmen zur Bewältigung der wesentlichen Themen umfasst.
   - Priorisieren Sie die Maßnahmen basierend auf ihrer Dringlichkeit, Machbarkeit und ihrer erwarteten Auswirkungen.
   - Kommunizieren Sie die Ergebnisse und den Aktionsplan sowohl intern als auch extern, um Transparenz und Vertrauen aufzubauen.
6. Schritt: Monitoring und Überprüfung
   - Implementieren Sie ein Monitoring- und Überprüfungssystem, um den Fortschritt bei der Umsetzung der Maßnahmen und die Auswirkungen auf die wesentlichen ESG-Themen zu messen.
   - Überprüfen Sie regelmäßig die Wesentlichkeitsanalyse, um sicherzustellen, dass sie aktuell und relevant bleibt.
   - Passen Sie Ihre ESG-Strategie und Maßnahmen bei Bedarf an, um sich verändernden Bedingungen und Erwartungen gerecht zu werden.

Eine Wesentlichkeitsanalyse ist ein iterativer Prozess und sollte regelmäßig durchgeführt und aktualisiert werden, um sicherzustellen, dass Ihr Unternehmen die relevanten ESG-Themen adressiert und seine Nachhaltigkeitsleistung kontinuierlich verbessert.

6.2   Zielsetzung

Die Festlegung klarer und spezifischer Ziele spielt eine entscheidende Rolle für eine erfolgreiche ESG-Strategie. Hier sind einige wichtige Aspekte zur Zielsetzung zu beachten:

Bedeutung klarer und spezifischer Ziele: Die Festlegung klarer und spezifischer Ziele für die ESG-Strategie ist von großer Bedeutung, da sie Unternehmen dabei unterstützt, ihre Bemühungen in Richtung Nachhaltigkeit zu fokussieren und zu messen. Ziele bieten eine klare Ausrichtung und ermöglichen es Unternehmen, den Fortschritt zu verfolgen, Verantwortlichkeit zu übernehmen und überprüfbare Ergebnisse zu erzielen. Klare Ziele erleichtern auch die Kommunikation mit internen und externen Stakeholdern und zeigen das Engagement des Unternehmens für eine nachhaltige Entwicklung.

Arten von ESG-Zielen: ESG-Ziele können verschiedene Dimensionen umfassen, darunter ökologische, soziale und governancebezogene Ziele. Ökologische Ziele konzentrieren sich auf die Reduzierung der Umweltauswirkungen des Unternehmens, wie z. B. den CO_2-Fußabdruck, den Wasserverbrauch oder die Abfallproduktion. Soziale Ziele zielen darauf ab, positive Auswirkungen auf Mitarbeiter, Lieferanten, Gemeinschaften und andere Stakeholder zu erzielen, z. B. durch die Förderung von Vielfalt und Inklusion, die Verbesserung der Arbeitsbedingungen oder die Unterstützung lokaler Gemeinschaften. Governancebezogene Ziele beziehen sich auf die Stärkung der Unternehmensführung, die Förderung von Transparenz, Ethik und Integrität, die Verhinderung von Korruption und die Einhaltung von Standards und Vorschriften.

Ausrichtung auf Unternehmenswerte, Zweck und Stakeholder-Erwartungen: Die ESG-Ziele sollten eng mit den Unternehmenswerten, dem Zweck und den Erwartungen der Stakeholder verbunden sein. Sie sollten die strategischen Prioritäten des Unternehmens widerspiegeln und die langfristige Vision und Mission unterstützen. Es ist wichtig, die Perspektiven und Interessen der relevanten Stakeholder zu berücksichtigen und sicherzustellen, dass die ESG-Ziele den Erwartungen dieser Stakeholder entsprechen. Durch die Einbeziehung der Stakeholder und den Dialog mit ihnen können Unternehmen sicherstellen, dass ihre Ziele relevant, legitim und akzeptiert sind.

Die Formulierung der Ziele sollte spezifisch, messbar, erreichbar, relevant und zeitgebunden (SMART) sein. Sie sollten quantifizierbare Messgrößen enthalten, anhand derer der Fortschritt gemessen werden kann. Es kann auch hilfreich sein, Zwischenziele und Meilensteine festzulegen, um den Fortschritt schrittweise zu verfolgen.

Die regelmäßige Überprüfung und Aktualisierung der ESG-Ziele ist wichtig, um sicherzustellen, dass sie den sich ändernden Bedingungen, Trends und Erwartungen ge-

recht werden. Unternehmen sollten ihre Ziele regelmäßig überwachen, den Fortschritt bewerten und bei Bedarf Anpassungen vornehmen, um sicherzustellen, dass ihre ESG-
Strategie weiterhin effektiv und relevant ist.

Die Festlegung klarer und spezifischer ESG-Ziele ist ein wesentlicher Schritt, um den
Übergang zu einer nachhaltigen und verantwortungsvollen Unternehmensführung zu
unterstützen. Indem Unternehmen ihre ESG-Ziele auf ihre Werte, ihren Zweck und die Erwartungen ihrer Stakeholder ausrichten, können sie einen positiven Beitrag zur Nachhaltigkeit leisten und langfristigen wirtschaftlichen und gesellschaftlichen Erfolg erzielen.

6.3   ESG-Kennzahlen

ESG-Kennzahlen und Key Performance Indicators (KPIs) spielen eine zentrale Rolle bei
der Messung und Bewertung des Fortschritts einer ESG-Strategie. Hier sind einige wichtige Aspekte zur Bedeutung von Kennzahlen für die ESG-Strategie sowie zur Auswahl relevanter und geeigneter Kennzahlen:

Bedeutung von Kennzahlen und KPIs: Kennzahlen und KPIs dienen dazu, den Fortschritt
bei der Umsetzung der ESG-Strategie zu messen und zu bewerten. Sie bieten eine quantitative Grundlage, um die Leistung des Unternehmens in den Bereichen Umwelt, soziales Engagement und Governance zu analysieren. Kennzahlen ermöglichen es Unternehmen, ihre
ESG-Ziele zu überwachen, den Fortschritt zu verfolgen, den Erfolg zu messen und Berichterstattung gegenüber Stakeholdern zu ermöglichen. Sie liefern objektive und vergleichbare
Informationen, die es Unternehmen ermöglichen, ihre Performance im Zeitverlauf zu beobachten, Benchmarks zu setzen und Verbesserungspotenziale zu identifizieren.

Auswahl relevanter und geeigneter Kennzahlen: Die Auswahl der richtigen ESG-
Kennzahlen ist entscheidend, um die relevanten Aspekte der ESG-Strategie abzudecken
und den Fortschritt bei der Erreichung der ESG-Ziele angemessen zu messen. Die ge-
wählten Kennzahlen sollten sich an den strategischen Prioritäten des Unternehmens orientieren, die spezifischen Herausforderungen der Branche berücksichtigen und den Erwartungen der Stakeholder entsprechen. Es ist wichtig, sowohl quantitative als auch qualitative Kennzahlen zu berücksichtigen, um ein umfassendes Bild zu erhalten.

Beispiele für Umwelt-, soziale und governancebezogene Kennzahlen: Umweltbezogene
Kennzahlen können den Energie- und Ressourcenverbrauch, die Treibhausgasemissionen,
die Abfallproduktion und -entsorgung, die Wasser- und Luftqualität oder die Biodiversität
erfassen. Beispiele hierfür sind der CO_2-Fußabdruck, der Wasserverbrauch pro produzierte
Einheit oder der Anteil erneuerbarer Energien im Energiemix des Unternehmens.

Soziale Kennzahlen konzentrieren sich auf Aspekte wie Mitarbeiterzufriedenheit,
Fluktuationsrate, Vielfalt und Inklusion, Aus- und Weiterbildung, Gesundheit und Sicherheit am Arbeitsplatz oder soziales Engagement in der Gemeinschaft. Hier können Kennzahlen wie die Mitarbeiterfluktuation, der Anteil von Frauen in Führungspositionen, die
Trainingsstunden pro Mitarbeiter oder die Anzahl der gemeinnützigen Projekte, an denen
das Unternehmen beteiligt ist, herangezogen werden.

Governancebezogene Kennzahlen beziehen sich auf Themen wie die Zusammensetzung des Vorstands, die Unabhängigkeit der Aufsichtsgremien, die Einhaltung von ethischen Standards und Richtlinien, die Korruptionsbekämpfung oder die Transparenz der
Unternehmensberichterstattung. Beispiele für Governance-Kennzahlen sind der Anteil
von unabhängigen Direktoren im Vorstand, die Anzahl der internen Whistleblower-
Meldungen oder die Punktzahl bei Governance-Ratings.

Es ist wichtig, dass die ausgewählten Kennzahlen relevante Informationen liefern,
praktikabel und messbar sind, eine Vergleichbarkeit ermöglichen und den internen und externen Reporting-Anforderungen entsprechen. Die Identifizierung und Festlegung von
ESG-Kennzahlen erfordert eine sorgfältige Abwägung der spezifischen Anforderungen
des Unternehmens, seiner Stakeholder und der relevanten Nachhaltigkeitsthemen.

Die regelmäßige Überwachung und Berichterstattung der ESG-Kennzahlen ermöglicht
es Unternehmen, den Fortschritt bei der Umsetzung ihrer ESG-Strategie zu verfolgen, Verbesserungen zu identifizieren und die Kommunikation mit Stakeholdern zu stärken.
ESG-Kennzahlen sind ein wichtiges Instrument, um die Performance des Unternehmens
in Bezug auf Nachhaltigkeit zu messen und langfristigen wirtschaftlichen und gesellschaftlichen Erfolg zu fördern.

6.4   Umsetzungsplan

Ein konkreter Umsetzungsplan ist entscheidend, um die ESG-Ziele erfolgreich zu
erreichen.

Entwicklung eines konkreten Umsetzungsplans: Die ESG-Strategie sollte in einem de-
taillierten Umsetzungsplan festgehalten werden. Dieser Plan legt die Schritte, Maßnahmen
und Initiativen fest, die erforderlich sind, um die ESG-Ziele zu erreichen. Der Plan sollte
realistisch, messbar und zeitlich festgelegt sein. Er dient als Leitfaden für das Unternehmen, um die Umsetzung der ESG-Strategie systematisch anzugehen.

Identifizierung spezifischer Maßnahmen, Initiativen und Verantwortlichkeiten: Im Umsetzungsplan werden spezifische Maßnahmen und Initiativen identifiziert, die erforderlich
sind, um die ESG-Ziele zu erreichen. Diese können beispielsweise die Einführung von
Umweltmanagementsystemen, die Förderung von Mitarbeiterdiversität und -inklusion,
die Implementierung von ethischen Richtlinien oder die Verbesserung der Governance-
Strukturen umfassen. Es ist wichtig, klare Verantwortlichkeiten festzulegen, um sicherzustellen, dass die Maßnahmen von den richtigen Personen oder Teams umgesetzt werden.

Integration der ESG-Strategie in die Gesamtstrategie und Geschäftsprozesse: Die
ESG-Strategie sollte eng mit der Gesamtstrategie des Unternehmens verknüpft sein und in
die Geschäftsprozesse integriert werden. Dies gewährleistet, dass die ESG-Ziele nicht iso-
liert behandelt werden, sondern in allen Unternehmensbereichen Berücksichtigung finden.
Die Integration der ESG-Strategie erfordert möglicherweise Anpassungen von Prozessen,
Richtlinien und Anreizsystemen, um sicherzustellen, dass Nachhaltigkeitsaspekte in die
Entscheidungsfindung und das tägliche Handeln einfließen.

Der Umsetzungsplan sollte auch einen klaren Zeitplan enthalten, der die Reihenfolge der Maßnahmen und die geplanten Meilensteine festlegt. Die Überwachung des Fortschritts ist entscheidend, um sicherzustellen, dass die Umsetzung der ESG-Strategie auf Kurs bleibt. Regelmäßige Bewertungen und Anpassungen des Umsetzungsplans können erforderlich sein, um auf Veränderungen in der Unternehmensumgebung, neuen Erkenntnissen oder sich entwickelnden Stakeholder-Erwartungen zu reagieren.

Die erfolgreiche Umsetzung der ESG-Strategie erfordert das Engagement und die Zusammenarbeit aller relevanten Stakeholder im Unternehmen. Eine klare Kommunikation der ESG-Ziele, des Umsetzungsplans und der Verantwortlichkeiten ist wichtig, um das Bewusstsein und die Beteiligung der Mitarbeiter zu fördern.

Die Integration der ESG-Strategie in die Gesamtstrategie und die Geschäftsprozesse ermöglicht es dem Unternehmen, langfristigen Mehrwert zu schaffen und seine Resilienz gegenüber ESG-bezogenen Risiken zu stärken. Ein gut durchdachter Umsetzungsplan ist der Schlüssel, um die ESG-Ziele in die Realität umzusetzen und das Unternehmen auf seinem Nachhaltigkeitsweg erfolgreich voranzubringen.

Praxisanleitung für einen Umsetzungsplan

Die Entwicklung eines konkreten Umsetzungsplans für die ESG-Strategie ist entscheidend, um die gesteckten Ziele erfolgreich zu erreichen. Hier sind einige Fragen, die bei der Erstellung eines praxisorientierten Umsetzungsplans hilfreich sein können:

1. **Ziele und Prioritäten:**
   - Welche ESG-Ziele sollen erreicht werden? Sind sie klar definiert und messbar?
   - Welche ESG-Themen haben Priorität für das Unternehmen und warum?
   - Wie passen die ESG-Ziele zur Gesamtstrategie und den Unternehmenswerten?
2. **Maßnahmen und Initiativen:**
   - Welche konkreten Maßnahmen und Initiativen sind erforderlich, um die ESG-Ziele zu erreichen?
   - Welche Ressourcen (finanziell, personell, technologisch) werden für die Umsetzung benötigt?
   - Wie werden die Maßnahmen und Initiativen in den bestehenden Geschäftsprozessen integriert?
3. **Verantwortlichkeiten und Zuständigkeiten:**
   - Wer ist für die Umsetzung der einzelnen Maßnahmen und Initiativen verantwortlich?
   - Sind klare Zuständigkeiten und Rollen definiert? Gibt es eine klare Zuweisung von Verantwortlichkeiten?
   - Wie werden die Verantwortlichen unterstützt und gefördert, um ihre Aufgaben erfolgreich auszuführen?

4. **Zeitrahmen und Meilensteine:**
   - Gibt es einen klaren Zeitplan für die Umsetzung der Maßnahmen und Initiativen?
   - Welche Meilensteine sollten erreicht werden, um den Fortschritt zu messen und den Zeitplan zu überprüfen?
   - Wie oft und in welchem Format wird der Fortschritt überwacht und bewertet?
5. **Kommunikation und Stakeholder-Einbindung:**
   - Wie werden die ESG-Ziele und der Umsetzungsplan den internen und externen Stakeholdern kommuniziert?
   - Welche Kommunikationskanäle und -instrumente werden verwendet, um das Bewusstsein und die Beteiligung der Mitarbeiter und Stakeholder zu fördern?
   - Wie werden die Erwartungen und Rückmeldungen der Stakeholder in den Umsetzungsplan einbezogen?
6. **Überwachung und Anpassung:**
   - Wie wird der Fortschritt bei der Umsetzung des Umsetzungsplans überwacht und bewertet?
   - Gibt es regelmäßige Berichtsmechanismen und -verfahren, um den Stakeholdern Transparenz zu bieten?
   - Wie werden Erkenntnisse und Lernerfahrungen genutzt, um den Umsetzungsplan kontinuierlich anzupassen und zu verbessern?

Die Beantwortung dieser Fragen können dabei unterstützen, einen praxisorientierten Umsetzungsplan für ihre ESG-Strategie zu entwickeln. Ein solcher Plan bietet eine klare Roadmap für die Umsetzung der ESG-Ziele, stellt sicher, dass alle relevanten Aspekte berücksichtigt werden, und ermöglicht eine effektive Überwachung des Fortschritts. Durch regelmäßige Bewertungen und Anpassungen kann der Umsetzungsplan den sich ändernden Anforderungen und Erwartungen gerecht werden und das Unternehmen auf seinem Nachhaltigkeitsweg erfolgreich vorantreiben.

6.5 Stakeholder-Engagement

Die Einbindung von Stakeholdern spielt eine entscheidende Rolle bei der Entwicklung und Umsetzung einer erfolgreichen ESG-Strategie. Unternehmen sollten die Bedeutung des Stakeholder-Engagements in folgenden Punkten berücksichtigen:

Stakeholder repräsentieren eine Vielfalt von Interessen, darunter Mitarbeiter, Kunden, Lieferanten, Investoren, lokale Gemeinschaften und NGOs. Durch ihr Engagement können Unternehmen verschiedene Perspektiven und Bedenken verstehen und in ihre ESG-Strategie integrieren. Dies trägt dazu bei, dass die Strategie umfassend und ausgewogen ist.

Der Dialog mit Stakeholdern ermöglicht Unternehmen, wertvolle Einblicke in die ESG-Themen zu gewinnen, die für das Unternehmen und seine Interessengruppen von besonderer Bedeutung sind. Durch den Austausch mit Stakeholdern können Unternehmen identifizieren, welche Themen priorisiert werden sollten und welche spezifischen Erwartungen die Stakeholder haben.

Die Einbindung von Stakeholdern erhöht die Legitimation und Glaubwürdigkeit der ESG-Strategie eines Unternehmens. Durch die Berücksichtigung der Interessen und Bedenken der Stakeholder können Unternehmen sicherstellen, dass ihre Strategie relevante Fragen adressiert und von den Interessengruppen akzeptiert wird.

Das Stakeholder-Engagement bietet die Möglichkeit, gemeinsame Interessen und Ziele zu identifizieren und Win-Win-Situationen zu schaffen. Indem Unternehmen auf die Bedürfnisse und Erwartungen ihrer Stakeholder eingehen, können sie langfristige Partnerschaften aufbauen und das Vertrauen der Stakeholder gewinnen.

Durch die Einbindung von Stakeholdern können Unternehmen frühzeitig potenzielle ESG-Risiken erkennen und angemessene Maßnahmen ergreifen. Der Dialog mit Stakeholdern ermöglicht es Unternehmen, auf veränderte Erwartungen und aufkommende Risiken zu reagieren, bevor sie zu ernsthaften Problemen werden.

Das Stakeholder-Engagement fördert eine transparente und offene Kommunikation zwischen dem Unternehmen und seinen Interessengruppen. Durch den regelmäßigen Austausch von Informationen und Feedback können Unternehmen ihre ESG-Bemühungen transparent kommunizieren und das Vertrauen ihrer Stakeholder aufbauen.

Die Einbindung von Stakeholdern ermöglicht es Unternehmen, kontinuierlich von ihren Erfahrungen zu lernen und ihre ESG-Strategie weiterzuentwickeln. Methoden zur Einbindung von Stakeholdern sind entscheidend, um ihre Perspektiven, Bedürfnisse und Erwartungen in die Entwicklung und Umsetzung der ESG-Strategie einzubeziehen. Hier sind einige gängige Methoden:

1. **Umfragen:** Unternehmen können Umfragen an ihre Stakeholder senden, um Feedback zu bestimmten ESG-Themen, Prioritäten und Maßnahmen einzuholen. Umfragen bieten eine strukturierte Möglichkeit, Informationen zu sammeln und Meinungen zu erfassen.
2. **Interviews:** Durch persönliche oder telefonische Interviews können Unternehmen individuelle und detaillierte Einblicke in die ESG-Bedürfnisse und -Erwartungen ihrer Stakeholder gewinnen. Interviews ermöglichen eine tiefgehende und qualitative Untersuchung der Perspektiven und Ansichten der Stakeholder.
3. **Konsultationen und Workshops:** Unternehmen können Konsultationen und Workshops mit ihren Stakeholdern organisieren, um einen offenen Dialog und einen interaktiven Austausch von Ideen zu ermöglichen. Diese Formate bieten die Möglichkeit, unterschiedliche Meinungen zu diskutieren, Herausforderungen zu identifizieren und gemeinsame Lösungen zu entwickeln.
4. **Stakeholder-Plattformen:** Unternehmen können spezielle Plattformen oder Foren schaffen, auf denen Stakeholder miteinander und mit dem Unternehmen kommunizieren

können. Dies kann in Form von Online-Diskussionsforen, Stakeholder-Beiräten oder regelmäßigen Stakeholder-Treffen erfolgen.

Die Nutzung des Stakeholder-Feedbacks ist entscheidend, um die ESG-Strategie kontinuierlich zu verbessern und die Erwartungen der Stakeholder zu erfüllen. Unternehmen sollten das erhaltene Feedback sorgfältig analysieren und in ihre Strategie und Maßnahmen einfließen lassen. Dies kann bedeuten, dass Anpassungen an Zielen, Maßnahmen oder Prozessen vorgenommen werden, um die Bedürfnisse und Erwartungen der Stakeholder besser zu berücksichtigen.

Eine transparente Kommunikation mit den Stakeholdern über die Verwendung ihres Feedbacks und die darauf basierenden Veränderungen in der ESG-Strategie ist ebenfalls wichtig. Dies zeigt das Engagement des Unternehmens für die Einbeziehung der Stakeholder und schafft Vertrauen und Glaubwürdigkeit. Durch den Dialog mit den Stakeholdern können Unternehmen wertvolle Rückmeldungen erhalten, die dazu beitragen, ihre Leistung zu verbessern und neue Chancen zu identifizieren.

Das Stakeholder-Engagement ist ein dynamischer Prozess, der von Unternehmen kontinuierlich gepflegt werden sollte. Durch den Dialog, die Zusammenarbeit und die Partnerschaft mit ihren Stakeholdern können Unternehmen eine ESG-Strategie entwickeln und umsetzen, die die Erwartungen der Interessengruppen erfüllt und zu einer nachhaltigen Wertschöpfung führt.

6.6   Branchenstandards und -richtlinien

Branchenstandards und -richtlinien spielen eine wichtige Rolle bei der Entwicklung und Umsetzung einer ESG-Strategie. Hier sind einige Aspekte, die zu berücksichtigen sind:

1. **Übersicht über existierende Branchenstandards und -richtlinien:** Unternehmen sollten sich über die gängigen Branchenstandards und -richtlinien im Bereich ESG informieren, die für ihre Branche relevant sind. Diese Standards und Richtlinien bieten einen Rahmen für die Integration von ESG-Praktiken und helfen Unternehmen, bewährte Verfahren zu identifizieren und sich an bewährten Leistungen zu orientieren.
2. **Ein Beispiel für ein Branchenstandard:** Der Carbon Disclosure Project (CDP) ist ein Beispiel für einen international anerkannten Standard für die Berichterstattung über Umweltauswirkungen, insbesondere den CO_2-Fußabdruck von Unternehmen. Unternehmen können den CDP-Standard als Leitfaden verwenden, um ihre Klimaziele festzulegen, ihre Emissionen zu messen und darüber zu berichten. Durch die Einhaltung dieses Standards können Unternehmen den Vergleich mit anderen Unternehmen in ihrer Branche ermöglichen und Transparenz in Bezug auf ihre Klimaleistung schaffen.
3. **Bedeutung für die ESG-Strategie:** Die Einhaltung von Branchenstandards und -richtlinien ist wichtig, um die Glaubwürdigkeit und Relevanz der ESG-Strategie eines Unternehmens zu gewährleisten. Diese Standards und Richtlinien wurden in der Regel

von Experten und Stakeholdern der Branche entwickelt und berücksichtigen spezifische Herausforderungen und Anforderungen. Durch die Einhaltung dieser Standards können Unternehmen sicherstellen, dass sie den Erwartungen ihrer Branche und ihrer Stakeholder gerecht werden.

4. **Berücksichtigung und Anpassung:** Bei der Entwicklung der ESG-Strategie sollten Unternehmen die relevanten Branchenstandards und -richtlinien berücksichtigen und diese in ihre Strategie integrieren. Es ist wichtig, die spezifischen Anforderungen der Branche zu verstehen und sicherzustellen, dass die ESG-Ziele, Maßnahmen und Kennzahlen mit den Standards und Richtlinien in Einklang stehen. In einigen Fällen kann es auch notwendig sein, branchenspezifische Richtlinien anzupassen, um die individuellen Ziele und Bedingungen des Unternehmens besser zu berücksichtigen.

5. **Zusammenarbeit mit relevanten Organisationen und Verbänden:** Unternehmen können von der Zusammenarbeit mit relevanten Organisationen und Verbänden profitieren, um bewährte Praktiken auszutauschen und von der branchenspezifischen Expertise zu lernen. Durch die Teilnahme an Branchenverbänden, Arbeitsgruppen oder Initiative können Unternehmen ihr Wissen erweitern, sich über aktuelle Entwicklungen informieren und gemeinsam an der Weiterentwicklung von Branchenstandards und -richtlinien arbeiten.

Beispiel

Ein konkretes Beispiel für die Anwendung von Branchenstandards im ESG-Kontext ist das Carbon Disclosure Project (CDP). Das CDP ist ein international anerkannter Standard für die Berichterstattung über Umweltauswirkungen, insbesondere den CO_2-Fußabdruck von Unternehmen. Unternehmen können den CDP-Standard als Leitfaden verwenden, um ihre Klimaziele festzulegen, ihre Emissionen zu messen und darüber zu berichten. Durch die Einhaltung dieses Standards können Unternehmen den Vergleich mit anderen Unternehmen in ihrer Branche ermöglichen und Transparenz in Bezug auf ihre Klimaleistung schaffen.

Ein spezifisches Fallbeispiel ist das von mehr als 90 % der S&P 500-Unternehmen, die ESG-Berichte in irgendeiner Form veröffentlichen, wie auch etwa 70 % der Russell 1000-Unternehmen. In vielen Rechtsordnungen ist die Berichterstattung über ESG-Elemente entweder obligatorisch oder wird aktiv in Betracht gezogen.[1]

Ein weiteres Beispiel ist die zunehmende Verwendung von ESG-Daten zur Verbesserung der Anlagerenditen und/oder zur Minderung von Anlagerisiken, die durch den größeren Umfang von ESG-bezogenen Offenlegungen von Unternehmen und Drittanbietern von ESG-Dienstleistungen sowie durch Fortschritte in der Technologie ermöglicht wird.[2] ◄

---

[1] https://www.mckinsey.com/capabilities/sustainability/our-insights/does-esg-really-matter-and-why.

[2] https://corpgov.law.harvard.edu/2023/06/29/the-rise-of-international-esg-disclosure-standards/.

Die Beachtung von Branchenstandards und -richtlinien stärkt die Glaubwürdigkeit der ESG-Strategie eines Unternehmens und fördert die Vergleichbarkeit und Transparenz in der Branche. Unternehmen sollten die Möglichkeit nutzen, von den bewährten Praktiken anderer Unternehmen in ihrer Branche zu lernen und gleichzeitig ihre eigene Expertise und Erfahrung einzubringen, um die Entwicklung und Umsetzung von ESG-Initiativen voranzutreiben.

6.7 Überwachung und Berichterstattung

Die regelmäßige Überwachung und Berichterstattung über die Fortschritte bei der Umsetzung der ESG-Strategie ist von großer Bedeutung. Hier sind einige Aspekte, die die Bedeutung der Überwachung und Berichterstattung verdeutlichen:

Die Überwachung ermöglicht es Unternehmen, den Fortschritt bei der Umsetzung ihrer ESG-Strategie zu verfolgen und sicherzustellen, dass die definierten Ziele und Maßnahmen tatsächlich umgesetzt werden. Sie dient als Kontrollinstrument, um sicherzustellen, dass die angestrebten Veränderungen und Verbesserungen in Bezug auf Umwelt, soziale Aspekte und Governance tatsächlich stattfinden. Durch eine systematische Überwachung können Unternehmen frühzeitig erkennen, ob bestimmte Maßnahmen nicht wie geplant funktionieren oder ob Anpassungen erforderlich sind.

Die Berichterstattung über die Fortschritte bei der Umsetzung der ESG-Strategie ist entscheidend, um die Transparenz und Rechenschaftspflicht gegenüber den Stakeholdern sicherzustellen. Investoren, Kunden, Mitarbeiter und andere Anspruchsgruppen erwarten zunehmend Informationen über die Nachhaltigkeitsleistung von Unternehmen. Durch eine klare und umfassende Berichterstattung können Unternehmen das Vertrauen ihrer Stakeholder gewinnen und ihre Reputation stärken.

Die Überwachung und Berichterstattung sollten sich auf geeignete ESG-Kennzahlen und Indikatoren stützen, die den Fortschritt in Bezug auf Umweltleistung, soziale Auswirkungen und Governance-Aspekte messen und bewerten können. Unternehmen sollten sicherstellen, dass sie über effektive Mess- und Überwachungssysteme verfügen, um die relevanten Daten zu sammeln und auszuwerten. Die Auswahl der geeigneten Kennzahlen und Indikatoren hängt von den spezifischen Zielen und Aktivitäten des Unternehmens ab.

Darüber hinaus sollten Unternehmen ihre Berichterstattung an anerkannten Rahmenwerken und Standards ausrichten, wie beispielsweise den Global Reporting Initiative (GRI) Standards oder den Sustainability Accounting Standards Board (SASB) Standards. Diese Rahmenwerke bieten eine strukturierte Herangehensweise an die Berichterstattung und gewährleisten eine Vergleichbarkeit der Nachhaltigkeitsleistung zwischen Unternehmen.

Die Überwachung und Berichterstattung sollten in regelmäßigen Abständen erfolgen, um kontinuierliche Verbesserungen zu ermöglichen und den Stakeholdern aktuelle Informationen zur Verfügung zu stellen. Unternehmen können beispielsweise jährliche Nachhaltigkeitsberichte erstellen oder ihre Berichterstattung in den Geschäftsbericht integrieren. Die Ergebnisse der Überwachung und Berichterstattung sollten intern analysiert werden, um Verbesserungspotenziale zu identifizieren und die ESG-Strategie entsprechend anzupassen.

6.8 Kommunikation der ESG-Leistung an Stakeholder und Öffentlichkeit durch Berichte, Nachhaltigkeitsberichte oder andere Kommunikationskanäle

Die Kommunikation der ESG-Leistung an Stakeholder und die breite Öffentlichkeit ist ein wesentlicher Bestandteil einer ganzheitlichen ESG-Strategie. Durch Berichte, Nachhaltigkeitsberichte und andere Kommunikationskanäle können Unternehmen ihre ESG-Bemühungen transparent darstellen und das Vertrauen der Stakeholder gewinnen. Hier sind einige wichtige Aspekte, die bei der Kommunikation der ESG-Leistung berücksichtigt werden sollten:

1. **Nachhaltigkeitsberichte:** Nachhaltigkeitsberichte sind ein bewährtes Instrument, um die ESG-Leistung eines Unternehmens umfassend zu dokumentieren. Sie sollten relevante Informationen über die ESG-Ziele, Maßnahmen, Fortschritte, Erfolge und Herausforderungen enthalten. Nachhaltigkeitsberichte können nach international anerkannten Standards wie dem Global Reporting Initiative (GRI) erstellt werden, um Vergleichbarkeit und Transparenz zu gewährleisten.
2. **Wesentliche Informationen hervorheben:** Stellen Sie sicher, dass die wesentlichen Informationen über die ESG-Leistung prominent und verständlich dargestellt werden. Dies umfasst die Highlights der ESG-Bemühungen, die Erreichung von Zielen, den Fortschritt bei wichtigen KPIs und die Maßnahmen zur Verbesserung der ESG-Performance. Konzentrieren Sie sich auf die Bereiche, die für die Stakeholder am relevantesten sind und ihre Erwartungen erfüllen.
3. **Klare und verständliche Sprache:** Verwenden Sie eine klare und verständliche Sprache, um die ESG-Leistung zu kommunizieren. Vermeiden Sie Fachjargon und technische Ausdrücke, die für Nicht-Experten schwer verständlich sein können. Berücksichtigen Sie die unterschiedlichen Kenntnisstände der Stakeholder und stellen Sie sicher, dass die Informationen für ein breites Publikum zugänglich sind.
4. **Multichannel-Kommunikation:** Nutzen Sie verschiedene Kommunikationskanäle, um die ESG-Leistung zu verbreiten. Neben Nachhaltigkeitsberichten können Unternehmen auch auf ihrer Website, in Pressemitteilungen, Social-Media-Plattformen und anderen Kanälen über ihre ESG-Bemühungen informieren. Wählen Sie die Kanäle, die am besten zu den Bedürfnissen und Präferenzen der Stakeholder passen.
5. **Stakeholder-spezifische Kommunikation:** Berücksichtigen Sie die unterschiedlichen Interessen und Informationsbedürfnisse der Stakeholder und passen Sie die Kommunikation entsprechend an. Stakeholder wie Investoren, Kunden, Mitarbeiter, Lieferanten,

lokale Gemeinschaften und NGOs haben unterschiedliche Schwerpunkte und Erwartungen an die ESG-Leistung eines Unternehmens. Stellen Sie sicher, dass die Kommunikation ihre spezifischen Interessen und Anliegen anspricht.

6. **Glaubwürdigkeit und Transparenz:** Legen Sie Wert auf Glaubwürdigkeit und Transparenz in der Kommunikation der ESG-Leistung. Geben Sie sowohl die positiven Ergebnisse als auch die Herausforderungen und Schwachstellen offen und ehrlich wieder. Zeigen Sie auf, wie das Unternehmen aus Rückschlägen und Fehlern lernt und seine ESG-Strategie kontinuierlich verbessert. Offene und transparente Kommunikation stärkt das Vertrauen der Stakeholder und fördert eine nachhaltige Beziehung.

7. **Feedback und Dialog:** Ermutigen Sie Stakeholder, Feedback zu geben und an einem offenen Dialog teilzunehmen. Einbeziehung von Stakeholder-Meinungen und -Perspektiven in die ESG-Kommunikation kann wertvolle Einsichten bieten und die Akzeptanz und Unterstützung der Stakeholder fördern. Erwägen Sie die Nutzung von Feedback-Mechanismen wie Umfragen, Konsultationen oder Stakeholder-Dialogen, um einen kontinuierlichen Austausch zu ermöglichen.

Ein Unternehmen, das seine ESG-Leistung besonders gut kommuniziert, ist Bosch. Bosch veröffentlicht jährlich einen Nachhaltigkeitsbericht, in dem das Unternehmen sein Handeln transparent macht. Der Bericht ist umfassend und vergleichbar, da er nach den Richtlinien der Global Reporting Initiative erstellt wird. Bosch stellt seine Nachhaltigkeitspublikationen auf seiner Website zur Verfügung, wo sie als PDF heruntergeladen werden können. Dies ermöglicht es Stakeholdern und der breiten Öffentlichkeit, sich ein genaues Bild von den ESG-Bemühungen des Unternehmens zu machen.[3]

Die Kommunikation der ESG-Leistung an Stakeholder und die Öffentlichkeit ist ein kontinuierlicher Prozess, der auf Transparenz, Glaubwürdigkeit und Dialog basiert. Durch eine gezielte und authentische Kommunikation können Unternehmen das Bewusstsein für ihre ESG-Bemühungen schärfen, das Vertrauen der Stakeholder gewinnen und ihre Reputation als verantwortungsbewusstes und nachhaltiges Unternehmen stärken.

Literatur

Bosch (o.J.) Transparente Berichterstattung. https://www.bosch.com/de/nachhaltigkeit/nachhaltigkeitsberichte-und-kennzahlen/. Zugegriffen am 19.07.2023

Citrino D, McDermott Will & Emery (2023) The rise of international esg disclosure standards. Harvard Law School Forum on Corporate Governance. https://corpgov.law.harvard.edu/2023/06/29/the-rise-of-international-esg-disclosure-standards/. Zugegriffen am 19.07.2023

McKinsey (2022) Does ESG really matter – and why? https://www.mckinsey.com/capabilities/sustainability/our-insights/does-esg-really-matter-and-why. Zugegriffen am 19.07.2023

---

[3] https://www.bosch.com/de/nachhaltigkeit/nachhaltigkeitsberichte-und-kennzahlen/.

Das Management einer ESG-Strategie

7

Die Einrichtung eines ESG-Managementsystems ist zwingende Voraussetzung für eine erfolgreiche Umsetzung der ESG-Strategie. Dieses Managementsystem sollte Prozesse und Verfahren für die Festlegung von Zielen und Kennzahlen, die Überwachung von Fortschritten (und Rückschlägen!), die Berichterstattung und die Einbindung von Stakeholdern umfassen. Es sollte sich dabei an den einschlägigen internationalen Standards und Rahmenwerken orientieren, wie zum Beispiel der Global Reporting Initiative (GRI) und den Zielen für nachhaltige Entwicklung der Vereinten Nationen (SDGs).

7.1   Einführung in das ESG-Management

Die Implementierung einer effektiven ESG-Strategie erfordert ein gut strukturiertes und effizientes Management. ESG-Management bezieht sich auf die systematische Integration von Umwelt-, Sozial- und Governance-Faktoren in die Geschäftsstrategie und -praxis eines Unternehmens. Es umfasst die Identifizierung und Bewertung von ESG-Risiken und -Chancen, die Entwicklung und Umsetzung von ESG-Strategien und -Initiativen, die Überwachung und Berichterstattung über ESG-Leistungen und die kontinuierliche Verbesserung der ESG-Praktiken.

Ein effektives ESG-Management kann dazu beitragen, die betriebliche Effizienz zu verbessern, Risiken zu mindern, die Reputation des Unternehmens zu stärken, Investitionen zu sichern und letztlich den Unternehmenswert zu steigern. Es ist ein wesentlicher Bestandteil der Unternehmensführung und sollte auf allen Ebenen des Unternehmens verankert sein, von der Geschäftsführung bis hin zu den einzelnen Mitarbeitern.

© Der/die Autor(en), exklusiv lizenziert an Springer Fachmedien Wiesbaden GmbH, ein Teil von Springer Nature 2024
K. R. Kirchhoff et al., *ESG: Nachhaltigkeit als strategischer Erfolgsfaktor*,
SDG – Forschung, Konzepte, Lösungsansätze zur Nachhaltigkeit,
https://doi.org/10.1007/978-3-658-43344-4_7

7.2   Bedeutung des ESG-Managementsystems

Ein ESG-Managementsystem ist ein organisatorischer Rahmen, der die Strukturen, Politiken, Verfahren und Ressourcen umfasst, die ein Unternehmen benötigt, um seine ESG-Strategie effektiv zu managen. Es bietet die notwendige Infrastruktur, um ESG-Praktiken in die täglichen Geschäftsprozesse zu integrieren und die ESG-Leistung kontinuierlich zu überwachen und zu verbessern.

Ein gut konzipiertes ESG-Managementsystem sollte folgende Elemente enthalten:

- **ESG-Richtlinien:** Diese legen die ESG-Ziele und -Prinzipien des Unternehmens fest und bieten eine klare Anleitung für die ESG-Praktiken.
- **ESG-Verantwortlichkeiten:** Diese definieren, wer im Unternehmen für welche Aspekte des ESG-Managements verantwortlich ist.
- **ESG-Prozesse:** Diese beschreiben die spezifischen Schritte und Verfahren, die zur Umsetzung der ESG-Strategie erforderlich sind.
- **ESG-Messung und -Berichterstattung:** Diese ermöglichen die Überwachung der ESG-Leistung und die Kommunikation der Ergebnisse an interne und externe Stakeholder.
- **ESG-Training und -Bewusstsein:** Diese stellen sicher, dass alle Mitarbeiter die Bedeutung von ESG verstehen und wissen, wie sie zur Erreichung der ESG-Ziele beitragen können.

Ein effektives ESG-Managementsystem ermöglicht es einem Unternehmen, seine ESG-Strategie systematisch und konsistent umzusetzen, seine ESG-Leistung zu verbessern und seine ESG-Ziele zu erreichen. Es ist ein entscheidender Faktor für den ESG-Erfolg eines Unternehmens.

Je nach Größe, Branche und Kultur eines Unternehmens kann eine Einrichtung eines ESG-Managementsystems variieren:

Kleine Kapitalgesellschaften

Für kleine Kapitalgesellschaften ist es wichtig, dass die Geschäftsführung das ESG-Management aktiv unterstützt und vorantreibt. Da diese in der Regel kleiner sind als börsennotierte Unternehmen, kann es sein, dass sie nicht über die Ressourcen verfügen, um ein eigenes ESG-Team zu gründen. In diesem Fall kann die Verantwortung für ESG auf mehrere Personen verteilt werden, die bereits andere Funktionen im Unternehmen innehaben. Es ist auch wichtig, dass die ESG-Strategie in die allgemeine Geschäftsstrategie integriert wird, um sicherzustellen, dass sie in allen Geschäftsbereichen umgesetzt wird.

Börsennotierte Unternehmen

Für börsennotierte Unternehmen ist die Einhaltung von ESG-Standards nicht nur eine Frage der sozialen Verantwortung, sondern auch eine Frage der Rechenschaftspflicht gegenüber den Aktionären. Diese Unternehmen müssen regelmäßig über ihre ESG-

Leistung berichten und sicherstellen, dass sie die Erwartungen der Investoren erfüllen. Sie sollten auch ein dediziertes ESG-Team haben, das die Umsetzung der ESG-Strategie überwacht und koordiniert. Darüber hinaus sollten sie robuste Systeme für die Datenerfassung und -analyse einrichten, um ihre ESG-Leistung zu messen und zu verbessern.

Familienunternehmen
Familienunternehmen haben oft eine stärkere Verbindung zu ihrer Gemeinschaft und können daher ein besonderes Interesse an der Umsetzung von ESG-Praktiken haben. Sie können ihre ESG-Strategie nutzen, um ihre Werte und ihr Engagement für die Gemeinschaft zu demonstrieren. Da Familienunternehmen oft von einer einzelnen Familie geführt werden, ist es wichtig, dass die Familie die ESG-Strategie vollständig unterstützt und sich dafür einsetzt. Sie können auch von einem externen Berater profitieren, der ihnen hilft, ihre ESG-Strategie zu entwickeln und umzusetzen.

Familienunternehmen haben oft eine einzigartige Position, wenn es um die Implementierung einer ESG-Strategie geht. Aufgrund ihrer oft langfristigen Ausrichtung und engen Verbindung zur Gemeinschaft sind sie in der Regel gut positioniert, um nachhaltige Geschäftspraktiken zu fördern und umzusetzen.

1. **Wertevermittlung:** Familienunternehmen sind oft stark von den Werten und Überzeugungen der Gründerfamilie geprägt. Diese Werte können als Grundlage für eine starke ESG-Strategie dienen. Es ist wichtig, dass diese Werte klar kommuniziert und in der gesamten Organisation verankert werden.
2. **Langfristige Ausrichtung:** Im Gegensatz zu börsennotierten Unternehmen, die oft unter Druck stehen, kurzfristige finanzielle Ziele zu erreichen, können Familienunternehmen eine langfristigere Perspektive einnehmen. Dies ermöglicht es ihnen, in nachhaltige Praktiken zu investieren, die möglicherweise erst nach einiger Zeit finanzielle Renditen erzielen.
3. **Gemeinschaftsbindung:** Familienunternehmen sind oft eng mit ihrer lokalen Gemeinschaft verbunden. Dies kann sie dazu motivieren, soziale und ökologische Verantwortung zu übernehmen und positive Beiträge zur Gemeinschaft zu leisten.
4. **Governance:** Die Governance-Struktur von Familienunternehmen kann die Implementierung einer ESG-Strategie erleichtern. Da Entscheidungen oft zentralisiert sind, können Änderungen schneller umgesetzt werden. Es ist jedoch wichtig, dass die Familie ein klares Verständnis von ESG hat und sich dafür einsetzt.
5. **Nachfolgeplanung:** Die Nachfolgeplanung ist ein kritischer Aspekt für Familienunternehmen. Es ist wichtig, dass die nächste Generation die Bedeutung von ESG versteht und bereit ist, die Verantwortung für die Fortführung der ESG-Strategie zu übernehmen.
6. **Externe Unterstützung:** Familienunternehmen können von externer Unterstützung profitieren, um ihre ESG-Strategie zu entwickeln und umzusetzen. Dies kann in Form von Beratung, Schulung oder Partnerschaften mit anderen Organisationen erfolgen.

Insgesamt haben Familienunternehmen eine einzigartige Möglichkeit, eine starke ESG-Strategie zu entwickeln und umzusetzen. Es erfordert jedoch ein klares Verständnis von ESG, eine starke Führung und das Engagement aller Beteiligten.

7.3   Allgemeine Richtlinien für die Organisation eines ESG-Managementsystems

Die Organisation eines effektiven ESG-Managementsystems erfordert eine sorgfältige Planung und Implementierung. Hier sind einige allgemeine Richtlinien, die Unternehmen bei der Organisation ihres ESG-Managementsystems unterstützen können:

1. Legen Sie klare Verantwortlichkeit und Zuständigkeit für das ESG-Management im Unternehmen fest. Dazu gehört die Etablierung eines ESG-Teams, in dem die wichtigsten Bereiche des Unternehmens vertreten sein sollten, also Human Resources, Marketing, Produktion, etc. Dieses Team sollte dem Vorstand Ziele, strategische Maßnahmen und Ressourcen empfehlen, über die dann der Vorstand beschließen kann. Die Einbindung des Vorstands, zumindest eines beauftragten Vorstandsmitglieds in das ESG-Team ist zu empfehlen.
2. Entwickeln Sie mit dem ESG-Team ein ESG-Richtlinien, die das Engagement des Unternehmens für Nachhaltigkeit zum Ausdruck bringen und die Grundsätze, Ziele und Erwartungen in Bezug auf ESG-Praktiken umreißen. Diese Richtlinien sollten mit der Gesamtstrategie und den Werten des Unternehmens in Einklang stehen.
3. Integrieren Sie ESG-Überlegungen in Kerngeschäftsprozesse wie zum Beispiel strategische Planung, Budgetierung und Risikomanagement. ESG sollte nicht als separate Initiative behandelt werden, sondern in die DNA des Unternehmens eingebettet sein. Alle relevanten Abteilungen wie Nachhaltigkeit, Personal, Produktion und Finanzen müssen für den Erfolg der ESG-Strategie zusammenarbeiten und die Verantwortung für die Umsetzung der Strategie teilen.
4. Führen Sie robuste Datenerfassungssysteme ein, um die ESG-Leistung zu verfolgen und zu messen. ESG-relevante Daten sind zum Beispiel Daten zu Umweltauswirkungen, demografische Daten der Mitarbeiter, Lieferantenpraktiken etc.
5. Überprüfen und bewerten Sie regelmäßig die Wirksamkeit des ESG-Managementsystems. Führen Sie interne Audits und externe Bewertungen durch und vergleichen Sie es mit den besten Praktiken zumindest der Branche, besser noch mit Best Practice Beispielen im Markt.
6. Lernen Sie kontinuierlich aus Erfahrungen, passen Sie die Strategie gegebenenfalls an und führen Sie Korrekturmaßnahmen durch, um Ihre ESG-Leistung im Laufe der Zeit zu verbessern.

Die spezifischen Bedürfnisse des Unternehmens, die Branche und die regulatorischen Anforderungen beeinflussen kontinuierlich die Gestaltung und Umsetzung des

ESG-Managementsystems. Daher ist es wichtig, die Struktur immer wieder auf die besonderen Umstände des Unternehmens abzustimmen und gleichzeitig bewährte Praktiken im ESG-Management zu befolgen.

Beispiel eines börsennotierten Unternehmens: Siemens AG und ihr Management einer ESG-Strategie[1]

Die Siemens AG, ein weltweit führendes Unternehmen in den Bereichen Industrie, Energie, Gesundheitswesen und Infrastruktur, hat eine umfassende ESG-Strategie implementiert, die sich auf die drei Säulen Umwelt, Soziales und Unternehmensführung stützt.

1. **Verantwortlichkeit und Zuständigkeit:** Siemens hat ein zentrales Nachhaltigkeitsteam eingerichtet, das direkt dem CEO unterstellt ist. Dieses Team arbeitet eng mit anderen Abteilungen wie Personal, Produktion und Finanzen zusammen, um die ESG-Ziele des Unternehmens zu erreichen.
2. **ESG-Richtlinien:** Siemens hat klare ESG-Richtlinien entwickelt, die sich an internationalen Standards wie den SDGs der Vereinten Nationen orientieren. Diese Richtlinien umfassen Ziele wie den Übergang zu 100 % erneuerbaren Energien in der eigenen Produktion bis 2030 und die Verbesserung der Diversität und Inklusion im Unternehmen.
3. **Integration in Kerngeschäftsprozesse:** Siemens hat ESG in seine strategische Planung und Risikomanagementprozesse integriert. So hat das Unternehmen beispielsweise ein „ESG Risk Management Framework" eingeführt, das dazu dient, ESG-bezogene Risiken zu identifizieren, zu bewerten und zu steuern.
4. **Datenerfassungssysteme:** Siemens verfolgt seine ESG-Leistung mithilfe eines robusten Datenerfassungssystems, das Daten zu Umweltauswirkungen, Mitarbeiterdemografie und Lieferantenpraktiken erfasst. Diese Daten werden in einem jährlichen Nachhaltigkeitsbericht veröffentlicht.
5. **Überprüfung und Bewertung:** Siemens führt regelmäßig interne Audits und externe Bewertungen seiner ESG-Praktiken durch. Das Unternehmen nutzt diese Bewertungen, um seine ESG-Strategie kontinuierlich zu verbessern und an veränderte Bedingungen anzupassen.
6. **Kontinuierliches Lernen:** Siemens hat eine Kultur des kontinuierlichen Lernens und der Verbesserung etabliert. Das Unternehmen nutzt Feedback von Stakeholdern, Erfahrungen aus der Praxis und neue wissenschaftliche Erkenntnisse, um seine ESG-Strategie ständig weiterzuentwickeln und zu optimieren.

Durch diese umfassende und systematische Herangehensweise hat Siemens seine ESG-Strategie erfolgreich implementiert und ist heute ein anerkannter Marktführer in Sachen Nachhaltigkeit. ◄

---

[1] https://www.siemens.com/global/en/company/sustainability.html.

7.4   Best Practices für eine effektive Integration von ESG in Unternehmensstrategien

Die Integration von ESG in die Unternehmensstrategie ist ein entscheidender Schritt für Unternehmen, die nachhaltige Werte schaffen und gleichzeitig ihre Wettbewerbsfähigkeit auf dem Markt steigern möchten. Es geht nicht nur darum, die Risiken zu minimieren, die mit diesen Aspekten verbunden sind, sondern auch darum, die Chancen zu nutzen, die sie bieten. In diesem Abschnitt werden wir einige bewährte Verfahren vorstellen, die die Unternehmen dabei helfen können, ESG effektiv in ihre Strategien zu integrieren. Diese Best Practices wurden aus verschiedenen Quellen und Studien zusammengestellt und bieten wertvolle Einblicke in die erfolgreiche Umsetzung von ESG-Strategien.

> **Bewertung der Auswirkungen von ESG auf die Wettbewerbsfähigkeit Ihres Unternehmens:[2] Es gibt berechtigte Fragen, ob eine übermäßige Betonung von ESG die Wettbewerbsfähigkeit eines Unternehmens beeinträchtigen könnte**

Bewertung der Auswirkungen von ESG auf die Wettbewerbsfähigkeit Ihres Unternehmens: Es gibt berechtigte Fragen, ob eine übermäßige Betonung von ESG die Wettbewerbsfähigkeit eines Unternehmens beeinträchtigen könnte. In der Tat gibt es gültige Fragen, ob ein Unternehmen, wenn es zu viel Energie in ESG-Ziele steckt, seinen Fokus auf Wachstum, Marktanteil und Gewinne verlieren könnte. Im März 2021 trat beispielsweise Emmanuel Faber, der CEO und Vorsitzende von Danone, unter Druck von aktivistischen Investoren zurück. Einer von ihnen deutete an, dass Faber es nicht geschafft habe, die richtige Balance zwischen der Schaffung von Aktionärswert und Nachhaltigkeit zu finden. Generell könnte ein Unternehmen, wenn es sich zu sehr auf ESG konzentriert, Schwierigkeiten haben, gegen Unternehmen aus Ländern mit weniger strengen Standards, wie zum Beispiel China, zu konkurrieren. Wenn ein Unternehmen jedoch nicht genug Fokus auf ESG legt, riskiert es, auf dem Markt zurückzufallen, die Unterstützung von Mitarbeitern, Kunden und Investoren zu verlieren und möglicherweise sogar die Lizenz zum Handel in strengeren regulatorischen ESG-Umgebungen wie den USA und Europa zu verlieren. Das Finden der richtigen Balance wird schwierig sein, da die Parameter je nach Sektor und Geografie sowie im Laufe der Zeit variieren werden. Was wesentlich ist, ist, dass die Vorstände ihren Fokus auf ESG konsequent überprüfen und beurteilen, ob sie die Trade-offs managen ◄

Nutzung von Molke als Energiequelle für die erste energieneutrale Käserei. Ein Beispiel für Ressourceneffizienz und Kreislaufwirtschaft Ein Beispiel für die effiziente Nutzung von Ressourcen findet sich in dem Buch „100 Pioneers in Efficient Resource Management: Best Practice Cases from Producing Companies" von Mario Schmidt, Hannes Spieth, Christian Haubach und Christian Kühne (2019).[3]

---

[2] https://hbr.org/2022/01/10-esg-questions-companies-need-to-answer.

[3] https://link.springer.com/book/10.1007/978-3-662-56745-6.

In diesem Buch wird eine Vielzahl von Beispielen für Ressourceneffizienz in Produktionsunternehmen vorgestellt. Ein besonderer Fokus liegt dabei auf der Nutzung von Sekundärmaterialien und Recyclingprozessen. Die Autoren betonen, dass die Art und Weise, wie eine Organisation ihre Ressourcen nutzt, entscheidend für ihre Wachstumsstrategie ist.

Die Käserei nutzt Molke, ein Nebenprodukt der Käseherstellung, als Energiequelle. Molke ist eine Flüssigkeit, die bei der Käseherstellung anfällt und reich an Proteinen und Laktose ist. In vielen Fällen wird Molke als Abfall betrachtet und entsorgt. In diesem Fall jedoch hat die Käserei einen Weg gefunden, die Molke in eine Energiequelle umzuwandeln.

Die Molke wird in einer Biogasanlage fermentiert, wobei Methan freigesetzt wird. Dieses Methan wird dann in einem Blockheizkraftwerk verbrannt, um Wärme und Strom zu erzeugen. Die erzeugte Energie wird genutzt, um den Betrieb der Käserei zu versorgen, wodurch sie energieneutral wird.

Darüber hinaus wird die bei der Verbrennung von Methan entstehende Wärme genutzt, um den Käseherstellungsprozess zu heizen, was eine weitere Energieeinsparung darstellt. Die übrig gebliebene Gülle aus der Biogasanlage wird als Dünger auf den Feldern verwendet, was den Kreislauf schließt und zur Nachhaltigkeit des Betriebs beiträgt.

Dieses Beispiel zeigt, wie durch kreative und innovative Ansätze Abfallprodukte in wertvolle Ressourcen umgewandelt werden können. Es unterstreicht die Bedeutung der Ressourceneffizienz und Kreislaufwirtschaft für eine nachhaltige Unternehmensstrategie.

7.5 Strategien und Instrumente für die effektive Kommunikation von ESG-Initiativen und -Leistungen

Die Kommunikation von ESG-Initiativen und -Leistungen ist ein entscheidender Aspekt des ESG-Managements.

Initiativen
ESG-Initiativen können in einer Vielzahl von Formen auftreten, abhängig von der Branche, der Größe des Unternehmens und den spezifischen Herausforderungen und Möglichkeiten, die sich in den Bereichen Umwelt, Soziales und Governance ergeben. Hier sind einige Beispiele für ESG-Initiativen:

1. **Umweltinitiativen**:
   - **Energieeffizienz**: Unternehmen können in Technologien und Prozesse investieren, die den Energieverbrauch reduzieren. Dies könnte zum Beispiel die Modernisierung von Anlagen, die Verbesserung der Isolierung von Gebäuden oder die Umstellung auf erneuerbare Energiequellen beinhalten.
   - **Abfallmanagement**: Unternehmen können Strategien zur Reduzierung, Wiederverwendung und Recycling von Abfällen implementieren. Dies könnte die Einführung von Zero-Waste-Policies, die Teilnahme an Recyclingprogrammen oder die Nutzung von Verpackungen aus recycelten Materialien beinhalten.

- **Wassermanagement**: Unternehmen können Maßnahmen ergreifen, um ihren Wasserverbrauch zu reduzieren und die Wasserqualität zu schützen. Dies könnte die Installation von wassersparenden Geräten, die Wiederverwendung von Abwasser oder die Beteiligung an Initiativen zum Schutz von Wassereinzugsgebieten beinhalten.

2. **Soziale Initiativen**:
   - **Arbeitnehmerrechte**: Unternehmen können sich für faire Arbeitsbedingungen, angemessene Löhne und die Einhaltung von Arbeitnehmerrechten einsetzen. Dies könnte die Einführung von Verhaltenskodizes, die Durchführung von Schulungen zur Arbeitsplatzsicherheit oder die Unterstützung von Gewerkschaften beinhalten.
   - **Gemeinschaftsengagement**: Unternehmen können sich in den Gemeinschaften, in denen sie tätig sind, engagieren. Dies könnte die Unterstützung von lokalen Wohltätigkeitsorganisationen, die Durchführung von Gemeinschaftsprojekten oder die Förderung von lokalem Unternehmertum beinhalten.
   - **Diversität und Inklusion**: Unternehmen können Maßnahmen ergreifen, um Diversität und Inklusion am Arbeitsplatz zu fördern. Dies könnte die Einführung von Richtlinien zur Nichtdiskriminierung, die Durchführung von Diversitätsschulungen oder die Förderung von Frauen und Minderheiten in Führungspositionen beinhalten.

3. **Governance-Initiativen**:
   - **Unternehmensethik**: Unternehmen können sich für hohe ethische Standards einsetzen. Dies könnte die Einführung von Verhaltenskodizes, die Durchführung von Ethikschulungen oder die Einrichtung von Mechanismen zur Meldung von Fehlverhalten beinhalten.
   - **Transparenz und Offenlegung**: Unternehmen können Maßnahmen ergreifen, um ihre Geschäftspraktiken transparenter zu gestalten. Dies könnte die regelmäßige Veröffentlichung von Nachhaltigkeitsberichten, die Offenlegung von Steuerzahlungen oder die Beteiligung an Initiativen zur Unternehmensverantwortung beinhalten.
   - **Risikomanagement**: Unternehmen können Systeme implementieren, um Risiken in Bezug auf Umwelt, Soziales und Governance zu identifizieren, zu bewerten und zu managen. Dies könnte die Durchführung von ESG-Risikobewertungen, die Einrichtung von Risikomanagementkomitees oder die Integration von ESG-Risiken in die Unternehmensstrategie beinhalten.

Sie ermöglicht es Unternehmen, ihre Bemühungen in den Bereichen Umwelt, Soziales und Governance transparent zu machen und das Vertrauen von Stakeholdern zu gewinnen. Hier sind einige Strategien und Instrumente, die Unternehmen nutzen können, um ihre ESG-Initiativen und -Leistungen effektiv zu kommunizieren:

1. **Nachhaltigkeitsberichte**: Dies sind detaillierte Berichte, die die ESG-Leistungen eines Unternehmens darstellen. Sie können Informationen über Umweltinitiativen, soziale Programme und Governance-Praktiken enthalten. Nachhaltigkeitsberichte sollten transparent, ehrlich und leicht verständlich sein.

2. **Unternehmenswebsite und Social Media**: Unternehmen können ihre Websites und Social-Media-Plattformen nutzen, um regelmäßige Updates über ihre ESG-Initiativen zu geben. Sie können auch interaktive Elemente wie Videos und Infografiken verwenden, um ihre Botschaften ansprechender zu gestalten.

3. **Pressemitteilungen und Medienarbeit**: Durch die Zusammenarbeit mit den Medien können Unternehmen ihre ESG-Leistungen einem breiteren Publikum bekannt ma-

chen. Pressemitteilungen, Interviews und Artikel können dazu beitragen, die Sichtbarkeit von ESG-Initiativen zu erhöhen.

4. **Stakeholder-Engagement**: Unternehmen sollten regelmäßig mit ihren Stakeholdern, einschließlich Mitarbeitern, Kunden, Investoren und der Gemeinschaft, kommunizieren. Dies kann durch regelmäßige Treffen, Umfragen und Feedback-Sitzungen geschehen.

5. **ESG-Ratings und -Auszeichnungen**: Unternehmen können sich für ESG-Ratings und -Auszeichnungen bewerben, die ihre Leistungen anerkennen und validieren. Diese Ratings und Auszeichnungen können dazu beitragen, das Vertrauen der Stakeholder zu stärken und die Glaubwürdigkeit des Unternehmens zu erhöhen.

6. **Schulungen und Workshops**: Unternehmen können Schulungen und Workshops anbieten, um das Bewusstsein und das Verständnis für ESG-Themen unter ihren Mitarbeitern und anderen Stakeholdern zu erhöhen.

Durch die effektive Kommunikation von ESG-Initiativen und -Leistungen können Unternehmen nicht nur das Vertrauen und die Unterstützung ihrer Stakeholder gewinnen, sondern auch ihre eigene Reputation und Marktposition stärken.

Literatur

Moyo D (2022) 10 ESG questions companies need to answer. Harvard Business Review. https://hbr.org/2022/01/10-esg-questions-companies-need-to-answer. Zugegriffen im Juli 2023

Schmidt M, Spieth H, Haubach C, Kühne C (2019) 100 pioneers in efficient resource management. Best practice cases from producing companies. Springer Spektrum, Berlin/Heidelberg

Siemens (o.J.) Transform the everyday to create a better tomorrow. https://www.siemens.com/global/en/company/sustainability.html. Zugegriffen am 19.07.2023

Die Zukunft des ESG-Reportings

8

Die Bedeutung der Berichterstattung bzgl. Nachhaltigkeitsthemen wurde in den vorangegangenen Kapiteln bereits mehrfach beleuchtet. Unternehmen können ihre Fortschritte und Bestrebungen offenlegen und Adressaten wie Investoren erhalten Informationen, die sie in ihre Entscheidungsprozesse einfließen lassen können.

Häufig kritisiert wird die gängige Praxis vor allem über die Punkte zu berichten, die Unternehmen ohnehin gut managen und Informationen auszulassen, die nachteilhaft sein könnten. Gerade die freiwillige Berichterstattung öffnet so einige Hintertüren für Greenwashing. Mehr Transparenz, ein höherer Grad an Standardisierung aber auch technologischer Fortschritt sind notwendig, um ein klares und ehrliches Bild über Nachhaltigkeitsprofil von Unternehmen zu erzeugen.

8.1 Standardisierung

Die EU will mit der Einführung der CSRD eine Vorreiterrolle annehmen. Mit dem Inkrafttreten neuer ESG-Regulierungen und Berichtspflichten wird die Navigation durch den Übergang immer wichtiger. Es besteht jedoch die Gefahr, dass „Greenflation" die besten Absichten untergraben könnte. Die Weiterentwicklung der bisherigen NFRD soll vor allem die Vergleichbarkeit und Qualität der zu berichtenden Informationen erhöhen. Mit dem Vorschlag umfassender Berichtsstandards (ESRS) vom November 2022, war vielen Experten klar: Das Ziel der EU wird überwiegend erfüllt. Lediglich im Bereich der Biodiversität und innerhalb einiger sozialer Themenfelder, hat sich auch der Gesetzgeber schwergetan, ein standardisiertes Rahmenwerk zu erstellen, dass für alle Unternehmen und Branchen gleichermaßen sinnvoll anzuwenden ist. Der Aufwand für die Umsetzung auf Seiten der Unternehmen wäre mit dem November-Entwurf aber entsprechend hoch gewesen. Politisch war dies wohl nicht gewünscht, zumal die Einführung der CSRD aus mehreren Gesichtspunkten in einen unglücklichen Zeitpunkt fällt: Kurz nach den wirtschaftlich herausfordernden Corona-Lockdowns, inmitten des Russland-Ukraine-Konflikts, gepaart mit einem hochinflationären Umfeld. Vor allem die Unternehmens- und Industrieverbände protestierten gegen die umfangreichen Anforderungen und argumentierten häufig, dass die Kosten und Ressourcen für die Umsetzung bei EU-Unternehmen zu einem internationalen Wettbewerbsnachteil führen würden. Es führt aber auch zu einer zunehmenden regulatorischen Belastung. Beispielsweise wird die gestaffelte Einführung der Sustainable Finance Disclosure Regulation (SFDR) durch die Europäische Kommission, die darauf abzielt, Nachhaltigkeit in den Kern des Investitionsprozesses zu integrieren und Greenwashing zu bekämpfen, zunehmende Belastung bei den Unternehmen erzeugen.

Im Juni 2023 hat die Kommission die ESRS schließlich massiv verwässert (Europäische Kommission 2023). Vor allem da nun bestimmte Angaben, wie solche zum Klimawandel (Emissionen, Energieverbraucht etc.) nun nicht mehr als Pflichtangaben geplant sind, wird das Ziel der Vergleichbarkeit und besseren Datenverfügbarkeit teilweise verfehlt. Da die europäische Union selbst den Klimawandel als eine der größten Herausforderungen unserer Zeit bezeichnet und auch die europäischen Bürgerinnen und Bürger diese Ansicht überwiegend teilen,[1] fällt es schwer, diesen Schritt nachzuvollziehen. Es besteht die Gefahr, dass der Flickenteppich des ESG-Reportings zunächst nicht eingedämmt werden kann.

Außerdem müssen nicht alle europäische Unternehmen gemäß der CSRD eine Nachhaltigkeitserklärung veröffentlich. Nicht-gelistete kleine und mittelständische Unternehmen sind genauso ausgenommen wie börsennotierte Kleinstunternehmen (siehe Abschn. 5.1). Die EFRAG (2022) entwickelt daher im Auftrag der EU ebenfalls ein Berichtsrahmenwerk, dass auf Freiwilligkeit fußt, die sogenannten Voluntary European Sustainability Reporting Standards (VSME ESRS). Die Frage, welches Unternehmen daran interessiert sein wird, ohne die gesetzliche Verpflichtung an einer CSRD-Umsetzung zu arbeiten ist naheliegend und berechtigt. Allerdings lohnt hier ein Blick in die nicht EU-Staaten innerhalb Europas, beispielsweise UK oder Schweiz. Auch dort werden ansässige Unternehmen nicht unter die CSRD-Berichtpflicht fallen. Dennoch planen ca. 59 % der dort ansässigen Unternehmen in den nächsten Jahren CSRD-Compliant zu werden, so die Erkenntnis einer Studie von Workiva.[2] Der Grund: die Anschlussfähigkeit bewahren und keinen Wettbewerbsnachteil gegenüber den EU-ansässigen Unternehmen zu haben. Das klassische Argument, dass zu viele Bürden in Bezug auf Nachhaltigkeit die Wettbewerbsfähigkeit von EU-Unternehmen sabotiert, lässt sich demnach auch aus einer völlig gegenteiligen Perspektive betrachten.

---

[1] https://climate.ec.europa.eu/citizens/citizen-support-climate-action_en.

[2] The Annual Reporting Barometer 2023: Facing up to the CSRD: https://www.workiva.com/uk/resources/annual-reporting-barometer-2023.

Die Nachfrage nach nachhaltigen Schuldenemissionen steigt von Jahr zu Jahr. Die Ausgabe nachhaltiger Schulden erreichte 2021/22 einen Rekordwert und wird voraussichtlich auch 2023 weiter wachsen. Eine wichtige Herausforderung für Marktteilnehmer wird es sein, dieses Wachstum so zu steuern, dass es die wachsenden Bedenken hinsichtlich des Greenwashings bekämpft.[3]

Nichtsdestotrotz gibt es weiterhin die Bestrebung, die globale Nachhaltigkeitsberichterstattung zunehmend anzugleichen. Vor allem die Kollaboration der Global Reporting Initiative (GRI) und des International Sustainability Standards Boards (ISSB), die den Nachhaltigkeitsstandard in Anlehnung an die IFRS-Prinzipien entwickeln, zur weiteren Harmonisierung der Berichtsstandards, ist ein positives Signal. Neben der EU und dem ISSB gibt es etwa 30 Regulierungsbehörden in mindestens 11 Gerichtsbarkeiten, die neue oder bevorstehende gesetzliche Vorschläge prüfen, die die Unternehmensstandards für ESG-Berichte verschärfen. Konsultationen finden auch in Kanada, Chile, China, Hongkong, Indien, Malaysia, Neuseeland, Singapur, Thailand, Großbritannien und den USA statt.

Eine vollständige Angleichung ist nicht abzusehen und wäre auch nicht zielführend, da die Standards eine teils komplementäre Sichtweise auf das Thema Nachhaltigkeit vertreten. Freiwillige Berichtsstandards werden es mit zunehmenden Berichtspflichten aber schwerer haben. Die Umsetzung der CSRD, Taxonomie und weiterer Regulatorik bindet Ressourcen, die dann nicht mehr für freiwillige Bemühungen zur Verfügung stehen. Gerade das ISSB hofft aus diesem Grund, als verpflichtendes Rahmenwerk in diversen Nationen Anwendung zu finden. Zuspruch gab es beispielsweise bereits aus dem vereinigten Königreich und weiteren G7-Staaten.

Entscheidend wird auch sein, welchen Weg die USA einschlagen, da sie in ihrer Rolle als größte Volkswirtschaft der Welt, wirtschaftlich häufig als Vorreiter auftreten. Die US-Börsenaufsicht SEC (Securities and Exchange Commission) hat bereits 2022 einen Vorschlag zur verpflichtenden Klimaberichterstattung ausgearbeitet, die vor allem zu standardisierten Offenlegungen der Emissionen führen soll. In den USA ist das Thema ESG insgesamt aber ein deutlich größerer politischer Spielball als dies in Europa der Fall ist. Daher wird die Einführung über solchen Regelungen vor allem von den politischen Mehrheiten abhängen. Und die Vergangenheit hat gezeigt, dass bei einem Wechsel der Machtverhältnisse in den vereinigten Staaten auch das ein oder andere ESG-bezogene Gesetz wieder aufgehoben werden kann.[4]

Daher obliegt es weiterhin allen voran den Unternehmen selbst, die Standardisierung in der Nachhaltigkeitsberichterstattung voranzutreiben. Punktuell helfen dabei einzelne Ini-

---

[3] https://www.spglobal.com/esg/insights/featured/special-editorial/key-esg-trends-in-2022.

[4] In 2020 wurde unter der Trump Administration die sogenannte „final rule" (85 FR 72846) veröffentlicht, die den Begriff ESG aus den Richtlinien zu den treuhänderischen Pflichten von Pensionsfonds entfernt hat. Treuhänder müssen Investitionen demnach ausschließlich auf Basis finanzieller Faktoren bewerten.In diversen republikanisch regierten US-Bundesstaaten existiert eine große Ablehnung gegenüber dem ESG-Konzept. Häufig wird von einer Anti-ESG-Allianz gesprochen.

tiativen, die sich zunehmender Beliebtheit erfreuen. Im Bereich rund um Klimaberichterstattung sind hier das Carbon Disclosure Project (CDP) und die Science Based Targets Initiative (SBTi) hervorzuheben, die immer häufiger angewandt und von Investoren gefordert werden.

Insgesamt lässt sich zusammenfassen, dass ein Großteil der Herausforderungen und Probleme in Bezug auf das Thema ESG, aus einer fehlenden Standardisierung entstehen. Stellt sich eine vermeintliche grüne Anleihe nach der Emission doch nicht als grün bzw. nachhaltig heraus, da die Emissionserlöse nicht für bspw. klimafördernde Projekte verwendet wurden, dann liegt das nicht unbedingt an trügerischen Absichten des Emittenten. In diesem Beispiel mangelt es unter Umständen an einer nicht einheitlichen Definition des Produkts „Green Bond".[5] Ähnliche Beobachtungen können bei Begriffen wie „Net Zero" oder allgemein der inflationären Verwendung der Bezeichnung „grün" gemacht werden. Erst wenn solche Aussagen ausreichend standardisiert sind und nur bei fundierter Grundlage getroffen werden können, kann der Verbraucher sich auf sie verlassen – und die Möglichkeiten für (versehentliches) Green Washing, werden massiv reduziert.

8.2   Technologie

Ähnlich wie klassische Finanz- oder Geschäftsberichte, werden Nachhaltigkeitsberichte unter Verwendung digitaler Technologien erstellt, aber am Ende als Dokumentendownload oder gedrucktes Exemplar verteilt. Teilweise werden die Berichte auch als HTML-Version über die Unternehmenseigene Website veröffentlicht. Doch mit steigendem Digitalisierungsniveau geht auch ein erhöhter technologischer Bedarf einher, der sich im Falle der Berichterstattung sowohl auf die Erstellung als auch die Distribution auswirkt.

Bei der Erstellung von Nachhaltigkeitsberichten wird vor allem auf qualitative Daten und Angaben zurückgegriffen. Auch wenn die quantitativen Daten, wie nachhaltigkeitsbezogene KPIs, häufig einen Kernbestandteil im Bericht bilden und für Unternehmen bzgl. Erhebung und Verarbeitung besonders aufwendig sind, ist die Nachhaltigkeitsberichterstattung überwiegend qualitativ. Die Nachhaltigkeitserklärung gemäß CSRD/ ESRS wird z. B. ca. 10 % quantitative Datenpunkte enthalten – die restlichen Datenpunkte erfordern Beschreibungen, Erklärungen und Stellungnahmen. Ein Blick auf die Anbieter, die technologische Lösungen für die Umsetzung von CSRD- oder anderem ESG-Reporting entwickeln und anbieten, verrät, dass sich solche Lösungen häufig auf die quantitative Ebene fokussieren oder gar beschränken. Datenmanagementtools gibt es zur Genüge. Die technologische Herausforderung wird es sein, die ca. 90 % rein qualitativen Angaben in den ESRS über digitalisierte oder automatisiert Prozesse zu unterstützen. Der technologische Fortschritt in den vergangenen Jahren, vor allem im Bereich Künstlicher Intelligenz (KI) hat es möglich gemacht, dass auch qualitative Anforderungen über bestimmte

---

[5] Die EU arbeitet derzeit an dem Green Bond Standard (GBS), der den regulierten Begriff „EU Green Bond (EU GB)" einführen soll.

Tools zunehmend erfüllt werden können. Häufig besteht die Herausforderung daraus, Informationen aus den unterschiedlichsten Unternehmensbereichen zusammenzutragen, aufzunehmen und am Ende in entsprechenden Texten für die Berichterstattung zu verarbeiten. Ein Prozess der meistens in allen drei Schritten vom Menschen abhängig ist. KI-Tools könnten dabei helfen die Unternehmensdatenbanken nach Richtlinien zu durchsuchen, diese den entsprechenden Nachhaltigkeitsthemen zuordnen und schlussendlich, gemäß den Berichtsanforderungen, in beschreibenden Texten zusammenfassen. Auf die Rolle von Technologie und Innovation gehen wir vertieft in Kap. 10 ein.

Bei der Bereitstellung der Informationen bzw. des Berichts treibt vor allem der Gesetzgeber die zunehmende Digitalisierung an. Was in der EU für bestimmte Bereiche des Geschäftsberichts üblich ist, soll parallel zur Einführung der CSRD auch auf Nachhaltigkeitsberichte übertragen werden: ein elektronisches Tagging. Die Berichte werden dazu im sogenannten European Single Electronic Format (ESEF) veröffentlicht. Zurückgegriffen wird dafür auf die etablierte Computersprache XBRL. Dadurch wird sichergestellt, dass die Berichte sowohl von Mensch als auch Maschine gleichermaßen gelesen werden können. In Deutschland müssen Jahresabschlüsse bereits seit 2012 als XBRL-basierte E-Bilanz erstellt werden. Der große Vorteil bei der Anwendung dieses Prinzips innerhalb der Nachhaltigkeitsberichterstattung wird sich aber erst ergeben, wenn die EU auch die ergänzende Datenbank aufgebaut hat, in die alle berichteten Informationen strukturiert hineinlaufen sollen. Die Einführung des sogenannten ESAP (European Single Access Point) ist bereits beschlossen. Der ESAP soll es möglich machen, alle nachhaltigkeitsbezogenen Angaben, die in den Nachhaltigkeitserklärungen gemäß CSRD erstellt werden, zentral abrufen zu können. Vor allem für datenhungrige Nutzer der Berichte wie Investoren und ESG-Ratingagenturen wäre dies ein immenser Fortschritt, da sich viel manueller Aufwand bei der Analyse von Nachhaltigkeitsberichten einsparen ließe. Die Einführung ist für 2026 geplant.

8.3   Die Rolle der Mitarbeiter und der internen Kommunikation im ESG-Reporting

Die Mitarbeiter eines Unternehmens spielen eine entscheidende Rolle bei der Umsetzung und Kommunikation der ESG-Strategie. Mit dem Inkrafttreten neuer ESG-Regulierungen und Berichtspflichten wird die Navigation durch den Übergang immer wichtiger. Es besteht jedoch die Gefahr, dass „Greenflation" die besten Absichten untergraben könnte.

Die Mitarbeiter eines Unternehmens sind nicht nur diejenigen, die die Strategie in die Praxis umsetzen, sondern sie sind auch ein wichtiger Kommunikationskanal, sowohl intern als auch extern.

1. **Mitarbeiter als Botschafter:** Mitarbeiter können als Botschafter für die ESG-Strategie des Unternehmens fungieren. Sie können die Botschaften des Unternehmens in ihren Netzwerken verbreiten und so zur Glaubwürdigkeit und Authentizität der ESG-Berichterstattung beitragen.

2. **Schulung und Bildung:** Um die Mitarbeiter in die Lage zu versetzen, ihre Rolle als Botschafter effektiv zu erfüllen, ist es wichtig, sie über die ESG-Strategie des Unternehmens und die damit verbundenen Ziele und Maßnahmen zu informieren. Schulungen und Weiterbildungen können dazu beitragen, das Bewusstsein und das Verständnis für ESG-Themen zu erhöhen.

3. **Interne Kommunikation:** Eine effektive interne Kommunikation ist entscheidend, um sicherzustellen, dass alle Mitarbeiter über die ESG-Strategie des Unternehmens informiert sind und diese unterstützen. Regelmäßige Updates, Townhall-Meetings und interne Newsletter können dazu beitragen, die Mitarbeiter auf dem Laufenden zu halten und sie in den ESG-Prozess einzubeziehen.

4. **Mitarbeiterengagement:** Die Einbindung der Mitarbeiter in die Entwicklung und Umsetzung der ESG-Strategie kann dazu beitragen, ihr Engagement und ihre Motivation zu erhöhen. Dies kann durch regelmäßige Umfragen, Feedback-Sitzungen und die Möglichkeit zur Teilnahme an ESG-bezogenen Projekten geschehen.

5. **Anerkennung und Belohnung:** Die Anerkennung und Belohnung von Mitarbeitern, die einen positiven Beitrag zur ESG-Strategie des Unternehmens leisten, kann dazu beitragen, das Engagement und die Motivation zu erhöhen. Dies kann durch formelle Anerkennungsprogramme, Boni oder andere Anreize geschehen.

Indem Unternehmen ihre Mitarbeiter in den ESG-Prozess einbeziehen und sie dazu ermutigen, Botschafter für die ESG-Strategie zu sein, können sie die Glaubwürdigkeit und Wirkung ihrer ESG-Berichterstattung erhöhen.

Literatur

EFRAG (2022) First set of draft ESRS. https://www.efrag.org/lab6#:~:text=About%20the%20 draft%20ESRS,-In%20April%202021&text=Under%20the%20proposed%20CSRD%2C%20 EFRAG,approved%20by%20the%20European%20Parliament. Zugegriffen am 19.07.2023

Europäische Kommission (2021) Citizen support for climate action. https://climate.ec.europa.eu/ citizens/citizen-support-climate-action_en. Zugegriffen am 19.07.2023

Europäische Kommission (2023) European sustainability reporting standards – first set. https:// ec.europa.eu/info/law/better-regulation/have-your-say/initiatives/13765-European-sustainability-reporting-standards-first-set_en. Zugegriffen am 19.07.2023

S&P Global (2022) Key trends that will drive the ESG agenda in 2022. https://www.spglobal.com/ esg/insights/featured/special-editorial/key-esg-trends-in-2022. Zugegriffen am 19.07.2023

Workiva (2023) The annual reporting barometer 2023: facing up to the CSRD. https://www.workiva. com/uk/resources/annual-reporting-barometer-2023. Zugegriffen am 19.07.2023

ESG und deren Auswirkungen auf Finanzkennzahlen

In der modernen Geschäftswelt gewinnen ESG-Faktoren für die Geschäftsstrategien und -prozesse von Unternehmen seit ca. 2010 zunehmend an Bedeutung.[1] Neben deren offensichtlichen positiven Auswirkungen auf Umwelt, Gesellschaft und Unternehmensführung beeinflussen ESG-Faktoren auch direkt die Finanzkennzahlen der Unternehmen, indem sie die Corporate Social Performance (CSP) und somit auch die Corporate Financial Performance (CFP) beeinflussen.[2]

Der Begriff „Corporate Social Performance" beschreibt das Engagement und die Verantwortung eines Unternehmens in Bezug auf soziale und ökologische Fragen. Die CSP misst, wie ein Unternehmen in Bezug auf seine ethischen Standards, die sozialen Auswirkungen und umweltfreundliche Praktiken abschneidet.[3]

Der Begriff „Corporate Financial Performance" oder die finanzielle Leistung eines Unternehmens bezeichnet die Fähigkeit eines Unternehmens, Gewinne zu erzielen und den Shareholder Value zu steigern. Es handelt sich um ein Maß für die Effizienz und Rentabilität eines Unternehmens und wird häufig durch verschiedene Kennzahlen wie Umsatz, Gewinn, Rendite auf Eigenkapital, Eigenkapitalrendite und Cashflow ausgedrückt. Die CFP kann auch andere Aspekte wie die finanzielle Stabilität und Solvenz eines Unternehmens, seine Fähigkeit, seine Schulden zu bedienen, und seine Kapitalstruktur einschließen.

---

[1] "Sustainable Business Went Mainstream in 2021", Harvard Business Review, 2021.

[2] "Corporate Social Responsibility and Financial Performance: An Empirical Analysis on Greek Companies", European Research Studies Journal, 2010.

[3] Waddock, S. and Graves, S. (1997). The corporate social performance-financial performance link. Strategic management journal, 18(4), 303–319.

© Der/die Autor(en), exklusiv lizenziert an Springer Fachmedien Wiesbaden GmbH, ein Teil von Springer Nature 2024
K. R. Kirchhoff et al., *ESG: Nachhaltigkeit als strategischer Erfolgsfaktor*, SDG – Forschung, Konzepte, Lösungsansätze zur Nachhaltigkeit, https://doi.org/10.1007/978-3-658-43344-4_9

Die CFP ist entscheidend, um die finanzielle Gesundheit und Stabilität eines Unternehmens zu beurteilen und informiert Investoren, Stakeholder, Management und andere interessierte Parteien über die finanzielle Lage und Leistung des Unternehmens. Es hilft auch dabei, die Wirtschaftlichkeit der Geschäftsstrategien und -prozesse eines Unternehmens zu beurteilen und die Effektivität der Unternehmensführung zu bewerten.

Studien haben gezeigt, dass eine ausgeprägte CSP oft eine positive Korrelation mit einer starken CFP aufweist, da verantwortungsvolle Geschäftspraktiken zu höherer Kundenloyalität, verbesserter Reputation sowie geringeren Betriebs- und Rechtsrisiken führen können.[4]

Investoren und Stakeholder schätzen zunehmend Unternehmen, die nicht nur auf ihre finanzielle Leistungsfähigkeit achten, sondern auch den sozialen und ökologischen Einfluss ihrer Geschäftsaktivitäten berücksichtigen.[5] Daher spielen ESG-Faktoren und die CSP eine immer wichtigere Rolle bei der Bestimmung der CFP.[6] Die systematische Berücksichtigung von ESG-Faktoren bei der Unternehmensstrategie kann die CSP verbessern und sich gleichzeitig positiv auf Finanzkennzahlen wie Umsatz, Gewinn, Kurs-Gewinn-Verhältnis und Shareholder-Value auswirken.[7] Frühere Untersuchungen, darunter die Arbeiten von Akpinar et al. (2008), Carroll (1979), Margolis und Walsh (2003) sowie Orlitzky et al. (2003), haben darauf hingewiesen, dass verschiedene CSP-Indikatoren gemischten Einfluss auf die CFP haben.

Diese Forschungen haben oft den allgemeinen Zusammenhang zwischen CSP und CFP betont, anstatt den Fokus auf die branchenspezifischen Auswirkungen zu richten.

Die bisherigen Forschungen haben oftmals den generellen Zusammenhang zwischen CSP und CFP hervorgehoben, wobei der differenzierte Fokus auf branchenspezifische Auswirkungen eher vernachlässigt wurde. Mit der wegweisenden Arbeit von Bragdon und Marlin im Jahr 1972 begann eine neue Phase in der wissenschaftlichen Auseinandersetzung mit der Beziehung zwischen CSP und CFP, in der systematische und fundierte Untersuchungen durchgeführt wurden. Seitdem hat das Interesse der Wissenschaft an den Wechselbeziehungen zwischen beiden Konzepten signifikant zugenommen.

Angesichts der zunehmend anerkannten Verbindung zwischen CSP und CFP stellt sich die Frage, welche spezifischen Finanzindikatoren – darunter Rentabilität, Solvenz und Risiko, Wachstumsraten und andere – Unternehmen auswählen sollten, um nachhaltiger erfolgreich zu sein. Die sorgfältige Auswahl dieser Indikatoren ist von entscheidender Bedeutung für eine effektive Messung und Kommunikation von ESG-Leistungen und deren

---

[4] "The Impact of Corporate Sustainability on Organizational Process and Performance", Management Science, 2012.

[5] "The Stakeholder Model and ESG", The Harvard Law School Forum on Corporate Governance (2020). Available at: https://corpgov.law.harvard.edu/2020/09/14/the-stakeholder-model-and-esg/.

[6] NYU Stern (2021) ESG AND FINANCIAL PERFORMANCE. Available at: https://www.stern.nyu.edu/sites/default/files/assets/documents/NYU%20RAM_ESG%20Paper_2021%20Rev.

[7] "ESG and financial performance: aggregated evidence from more than 2000 empirical studies", Journal of Sustainable Finance & Investment, 2015.

Einfluss auf die finanzielle Performance. In diesem Kapitel werden wir diese Verbindungen näher betrachten und anhand von Studien und Fallbeispielen darlegen, ob und wie Unternehmen, die ESG-Faktoren und CSP in ihre Geschäftsstrategien integrieren, verbesserte finanzielle Ergebnisse erzielen können. Dabei werden wir auch auf die Herausforderungen eingehen, die sich aus der Integration von ESG-Faktoren und der Verbesserung der CSP ergeben, insbesondere in Bezug auf die Messung, Bewertung und Kommunikation von ESG-Leistungen.

Im Kern geht es darum zu verstehen, dass Unternehmen, die ESG-Kriterien und CSP ernsthaft in ihre Unternehmensstrategie integrieren, nicht nur ihren Beitrag zur Gesellschaft und zur Umwelt erhöhen, sondern auch ihre langfristige Rentabilität und Wettbewerbsfähigkeit stärken können. Ausgestattet mit diesem Verständnis sind Entscheidungsträger in der Lage, effektive Strategien zu entwickeln, die sowohl die soziale Verantwortung als auch die finanzielle Performance des Unternehmens steigern. Eine intensivere Auseinandersetzung mit diesen Themen kann zur Verbesserung der Unternehmensführungspraktiken beitragen und die Förderung einer Wirtschaft unterstützen, die sowohl nachhaltiger als auch inklusiver ist, wobei letzteres bedeutet, dass sie mehr Menschen und Gemeinschaften in ihren Vorteilen einbezieht. Durch diesen Ansatz tragen alle Beteiligten zur Förderung solcher positiven Veränderungen bei.

9.1   Verbindung zwischen ESG und Finanzkennzahlen

In der heutigen Geschäftswelt spielen ESG-Faktoren eine entscheidende Rolle bei der strategischen und operativen Ausrichtung von den allermeisten Unternehmen: ESG-Faktoren sind nicht nur für die soziale Verantwortung und ökologische Nachhaltigkeit von Unternehmen relevant, sondern auch für ihre finanzielle Performance. Sie beeinflussen eine Vielzahl von Finanzkennzahlen, die für Investoren, Kreditgeber, Kunden und andere Stakeholder von Bedeutung sind.

9.1.1   Warum sind ESG-Faktoren relevant für Finanzkennzahlen?

Ein wesentlicher zentraler Grund für die Relevanz von ESG-Faktoren für Finanzkennzahlen liegt in ihrer Rolle als Indikatoren für die Qualität des Managements und der Unternehmensführung. Untersuchungen haben gezeigt, dass Unternehmen, die ESG-Aspekte proaktiv managen, tendenziell eine höhere operative Effizienz und strategische Weitsicht aufweisen (Eccles et al. 2014).[8] Dies kann sich in einer Verbesserung von Finanzkennzahlen wie Umsatzwachstum, EBIT-Marge, Kapitalrendite oder Eigenkapitalquote niederschlagen.

---

[8] Eccles, R. G., Ioannou, I., & Serafeim, G. (2014). The Impact of Corporate Sustainability on Organizational Processes and Performance. Management Science, 60(11), 2835–2857.

Zum Beispiel kann ein effizientes Umweltmanagement zu Kosteneinsparungen durch Energieeffizienz und Abfallreduktion führen. Studien haben gezeigt, dass solche Kosteneinsparungen die Gewinnmargen erhöhen und zur Verbesserung des EBIT beitragen können (Hart und Ahuja 1996).[9]

Ein weiterer Faktor, der die Relevanz von ESG-Aspekten für Finanzkennzahlen unterstreicht, ist die zunehmende Bedeutung, die Investoren diesen Aspekten beimessen. Laut einer Studie der CFA Institute (2017)[10] berücksichtigen Institutionelle und private Anleger seit Anfang der 2000er-Jahre vermehrt ESG-Faktoren bei ihren Anlageentscheidungen. Unternehmen, die eine starke ESG-Performance aufweisen, können dadurch eine breitere Anlegerbasis ansprechen und möglicherweise eine günstigere Kostenstruktur für das Eigen- und Fremdkapital erzielen. Dies kann sich positiv auf die Eigenkapitalrendite und den Wert des Unternehmens auswirken.

Die zunehmende Bedeutung von ESG-Faktoren spiegelt sich auch in den Anlagestrategien und -entscheidungen von Investoren wider. Sowohl institutionelle als auch private Anleger zeigen laut einer Studie von Global Sustainable Investment Alliance (2020)[11] ein steigendes Interesse an Unternehmen, die ESG-Kriterien in ihre Geschäftspraktiken und -strategien integrieren. Dies hat in erster Linie folgende zwei Gründe:

Erstens erkennen Investoren zunehmend, dass ESG-Faktoren ein wesentlicher Bestandteil des Risikomanagements sind. ESG-Risiken beziehen sich auf potenzielle finanzielle Verluste, die aus Umwelt-, Sozial- und Governance-Problemen resultieren können. Unternehmen, die ESG-Risiken nicht ausreichend managen, können nicht nur unter Reputationsschäden und rechtlichen Konsequenzen leiden, sondern auch unter operativen und finanziellen Risiken. Studien, wie von Eccles et al. (2014),[12] belegen, dass diese sich negativ auf die Finanzkennzahlen und letztlich die Investitionsrendite auswirken können.

Zweitens spielen regulatorische Faktoren eine immer wichtigere Rolle. Ein prägendes Beispiel hierfür ist die EU-Taxonomie für nachhaltige Aktivitäten, die 2020 eingeführt wurde. Diese Taxonomie ist ein Klassifizierungssystem, das definiert, welche wirtschaftlichen Aktivitäten als nachhaltig gelten. Es ist Teil der Bemühungen der Europäischen Union, die seit dem Jahr 2018 verstärkt die Finanzierung nachhaltiger Aktivitäten fördert und Investitionen in einer Weise lenkt, die den Übergang zu einer kohlenstoffarmen oder CO_2-armen, ressourceneffizienten und nachhaltigen Wirtschaft unterstützt.

Die EU-Taxonomie hat weitreichende Auswirkungen auf Investoren, einschließlich Pensionsfonds, Versorgungswerke, Kirchen und Versicherungen. Sie sind seit 2023 dadurch dazu verpflichtet, in ihren jährlichen Finanz- und Nachhaltigkeitsberichten die Ausrichtung

---

[9] Hart, S. L., & Ahuja, G. (1996). Does it pay to be green? An empirical examination of the relationship between emission reduction and firm performance. Business Strategy and the Environment, 5(1), 30–37.

[10] CFA Institute. (2017). ESG Integration in the Americas: Markets, Practices, and Data.

[11] Global Sustainable Investment Alliance. (2020). 2020 Global Sustainable Investment Review.

[12] Eccles, R. G., Ioannou, I., & Serafeim, G. (2014). The Impact of Corporate Sustainability on Organizational Processes and Performance. Management Science, 60(11), 2835–2857.

ihres Portfolios auf die EU-Taxonomie offenzulegen. Das bedeutet, dass sie darlegen müssen, inwieweit ihre Investitionen mit den Zielen der Taxonomie übereinstimmen. Investoren sind daher immer stärker dazu angehalten, die ESG-Kriterien in ihre Anlageentscheidungen zu integrieren und somit Unternehmen zu bevorzugen, die eine starke ESG-Performance aufweisen. Finanzberichte bieten einen Überblick über die finanzielle Leistung eines Unternehmens oder einer Investition in einem bestimmten Zeitraum, während Nachhaltigkeitsberichte Informationen über die sozialen, ökologischen und Governance-Leistungen eines Unternehmens bereitstellen. Beide Berichtstypen sind zunehmend miteinander verknüpft, da Investoren mehr Transparenz über die ESG-Leistung von Unternehmen und die Auswirkungen ihrer Investitionen auf die Gesellschaft und die Umwelt verlangen.

In diesem Zusammenhang rücken die ESG-Faktoren zunehmend in den Mittelpunkt von Finanzanalysen. ESG-Ratings, welche die Performance von Unternehmen in Bezug auf ESG-Kriterien bewerten, gewinnen seit den 2000er an Bedeutung. Sie liefern Investoren wichtige Informationen, die ihnen dazu verhelfen, fundierte Anlageentscheidungen zu treffen und das Risiko ihrer Portfolios besser zu managen. Unternehmen, die ein relatives hohes ESG-Rating aus Investorenperspektive aufweisen, können daher bessere Finanzierungskonditionen erreichen und ihre Attraktivität für Investoren erhöhen.

Darüber hinaus können Unternehmen, welche die ESG-Aspekte ernst nehmen und in ihre Geschäftsstrategie integrieren, ihr Risikoprofil verbessern. Sie können sich besser an veränderte regulatorische Rahmenbedingungen anpassen, das Risiko von Reputationsschäden minimieren und sich gegen disruptive Marktveränderungen wappnen. Diese Fähigkeiten können wiederum dazu beitragen, die Volatilität der Finanzergebnisse zu verringern und die Stabilität von Cashflow und Gewinn zu erhöhen.

Schließlich können Unternehmen durch die Berücksichtigung von ESG-Faktoren auch ihre Marktposition stärken: Sie können dadurch ihre Reputation verbessern, die Kundenloyalität fördern sowie Talente anziehen und langfristig binden. Diese Faktoren können wiederum dazu beitragen, den Umsatz zu steigern, die Personalfluktuation zu senken und den Marktanteil zu erhöhen.

Insgesamt können ESG-Faktoren auf vielfältige Weise die Finanzkennzahlen eines Unternehmens positiv beeinflussen. Sie sind daher für jedes Unternehmen, das seine finanzielle Performance verbessern und nachhaltiger wirtschaften möchte, von zentraler Bedeutung.

9.1.2 Kurzer Überblick über gängige Finanzkennzahlen

Finanzkennzahlen ermöglichen eine quantitative Beurteilung der Rentabilität, Stabilität und Solvabilität eines Unternehmens. Sie werden von Analysten, Investoren und anderen Entscheidungsträgern verwendet, um die Leistung von Unternehmen zu bewerten und zu vergleichen. Im Folgenden werden 9 der wichtigsten Finanzkennzahlen und ihre Bedeutung detailliert beschrieben. Dabei wird zwischen Rentabilitäts-, Liquiditäts-, Solvabilitäts- und Effizienzkennzahlen unterschieden.

1. Rentabilitätskennzahlen Rentabilitätskennzahlen messen, wie effizient ein Unternehmen seine Ressourcen nutzt, um Gewinne zu erzielen. Sie sind für Investoren entscheidend, da sie Aufschluss darüber geben, wie gut ein Unternehmen dazu in der Lage ist, Gewinne zu erzielen und letztendlich den Aktionären eine Rendite zu liefern. Einige der wichtigsten Rentabilitätskennzahlen sind die folgenden drei:

Return on Assets (ROA) Diese Kennzahl misst die Rentabilität eines Unternehmens in Bezug auf seine Gesamtvermögenswerte. Es zeigt, wie effizient das Management des Unternehmens die Vermögenswerte einsetzt, um Gewinne zu erzielen.

Return on Equity (ROE) Diese Kennzahl zeigt, wie gut ein Unternehmen die Investitionen seiner Eigenkapitalgeber rentiert. Es ist ein Schlüsselindikator für die finanzielle Performance eines Unternehmens und gibt oft Aufschluss über dessen langfristige Wachstumsstrategie. Ein höherer ROE weist in der Regel auf eine bessere finanzielle Performance hin. Allerdings kann ein sehr hoher ROE auch ein Zeichen dafür sein, dass ein Unternehmen übermäßige Risiken eingeht oder nicht genügend Gewinne reinvestiert, um zukünftiges Wachstum zu unterstützen. Daher ist es wichtig, den ROE in einem breiteren Kontext und im Vergleich zu anderen Kennzahlen zu betrachten.

Gewinnmarge Diese Kennzahl misst, welcher Anteil des Umsatzes eines Unternehmens als Gewinn übrig bleibt. Es ist ein direktes Maß für die Rentabilität eines Unternehmens.

2. Liquiditätskennzahlen Liquiditätskennzahlen messen die Fähigkeit eines Unternehmens, seine kurzfristigen Verbindlichkeiten (Zeitraum von einem Jahr oder weniger) zu erfüllen. Sie sind für Kreditgeber und Lieferanten besonders wichtig, da sie Aufschluss darüber geben, wie wahrscheinlich es ist, dass ein Unternehmen seine kurzfristigen Schulden zurückzahlt. Einige der wichtigsten Liquiditätskennzahlen sind die folgenden zwei:

Current Ratio Diese Kennzahl misst die Fähigkeit eines Unternehmens, seine kurzfristigen Verbindlichkeiten mit seinen kurzfristigen Vermögenswerten zu decken. Ein Current Ratio von über 1 bedeutet, dass ein Unternehmen mehr Vermögenswerte als Verbindlichkeiten hat, was auf eine gute kurzfristige finanzielle Stabilität hindeutet. Ein Wert unter 1 könnte darauf hindeuten, dass das Unternehmen Schwierigkeiten haben könnte, seine kurzfristigen Schulden zu begleichen.

Quick Ratio (Acid-Test-Ratio bzw. Liquiditätsquote II. Grades) Dies ist eine strengere Messung der Liquidität, die nur die am schnellsten liquidierbaren Vermögenswerte berücksichtigt: Bargeld, kurzfristige Wertpapiere und Forderungen. Bestände sind in dieser Berechnung nicht enthalten, da sie nicht immer schnell in Bargeld umgewandelt werden können. Auch hier gilt: Ein Wert über 1 ist im Allgemeinen positiv, während ein Wert unter 1 auf mögliche Liquiditätsprobleme hindeuten könnte.

3. Solvabilitätskennzahlen Solvabilitätskennzahlen messen die Fähigkeit eines Unternehmens, seine langfristigen Verbindlichkeiten (Zeitraum größer als ein Jahr) zu erfüllen. Sie sind für langfristige Kreditgeber und Investoren wichtig, da sie die finanzielle Stabilität und das langfristige Überleben eines Unternehmens anzeigen. Einige der wichtigsten Solvabilitätskennzahlen sind die folgenden drei:

Schulden zu Eigenkapital (Debt-to-Equity-Ratio, D/E) Diese Kennzahl zeigt das Verhältnis zwischen der Gesamtschuld eines Unternehmens und seinem Eigenkapital. Sie gibt an, in welchem Maße ein Unternehmen zur Finanzierung seiner Aktivitäten Schulden anstelle von Eigenkapital verwendet. Ein höheres D/E-Verhältnis kann darauf hindeuten, dass ein Unternehmen seine Geschäftsaktivitäten stark mit Schulden finanziert, was potenziell riskant sein kann. Es ist jedoch wichtig zu beachten, dass ein „guter" D/E-Wert stark von der Branche des Unternehmens abhängt. In einigen Branchen, wie etwa im Finanzsektor oder in der Immobilienbranche, können höhere D/E-Verhältnisse üblicher oder akzeptabler sein als in anderen.

Ein sehr hohes D/E-Verhältnis kann ein Warnsignal für Investoren sein, da es darauf hinweist, dass das Unternehmen stark von Schuldenfinanzierung abhängig ist und möglicherweise Schwierigkeiten haben könnte, seine Schulden zu bedienen, insbesondere in wirtschaftlich schwierigen Zeiten. Auf der anderen Seite kann ein sehr niedriges D/E-Verhältnis darauf hindeuten, dass ein Unternehmen möglicherweise nicht genügend Fremdkapital nutzt, um Wachstumschancen zu nutzen. Fremdkapital ist oft billiger als Eigenkapital und kann den Eigenkapitalrenditen (ROE) eines Unternehmens zugutekommen, wenn es gut verwaltet wird. Es ist also eine Balance, die Unternehmen zu erreichen suchen

Eigenkapitalquote Diese Kennzahl zeigt das Verhältnis des Eigenkapitals zum Gesamtkapital eines Unternehmens. Eine hohe Eigenkapitalquote bedeutet im Allgemeinen, dass ein Unternehmen finanziell stabiler ist, da es weniger auf Fremdfinanzierung angewiesen ist.

Schuldendienstdeckungsgrad (Debt-Service-Coverage-Ratio, DSCR) Dieser Wert misst die Fähigkeit eines Unternehmens, seine Schulden zu bedienen, einschließlich Leasingzahlungen, Zinsen und Tilgungen. Ein DSCR von 1 bedeutet, dass das Unternehmen genau genug Einnahmen hat, um seine Schulden zu bedienen. Ein DSCR unter 1 könnte darauf hinweisen, dass das Unternehmen seine Schulden nicht vollständig bedienen kann.

Banken und andere Kreditgeber schauen sich oft den DSCR an, um die Kreditwürdigkeit eines Unternehmens zu beurteilen. Ein hoher DSCR könnte dazu führen, dass ein Unternehmen bessere Kreditkonditionen erhält. Allerdings hängt die genaue Bedeutung des DSCR stark vom Kontext ab und kann je nach Branche und anderen Faktoren variieren.

4. Effizienzkennzahlen Effizienzkennzahlen messen, wie gut ein Unternehmen seine Ressourcen nutzt, um Umsatz und Gewinn zu generieren. Erstere können Aufschluss darüber geben, wie effektiv das Management eines Unternehmens ist. Einige der wichtigsten Effizienzkennzahlen sind die folgenden drei:

Lagerumschlag (Inventory-Turnover) Diese Kennzahl zeigt, wie oft ein Unternehmen sein Inventar in einem bestimmten Zeitraum verkauft und ersetzt. Ein hoher Lagerumschlag ist in der Regel ein positives Zeichen, da dies auf eine effiziente Verwaltung des Inventars hindeutet.

Days-Sales-Outstanding (DSO) Dieser Wert zeigt, wie lange es dauert, bis ein Unternehmen seine Forderungen einzieht. Ein geringerer DSO ist in der Regel besser, da er auf effiziente Kredit- und Inkassoverfahren hindeutet.

Total Asset Turnover Diese Kennzahl zeigt, wie effizient ein Unternehmen seine Vermögenswerte nutzt, um Umsatz zu generieren. Ein hoher Total Asset Turnover (Vermögensumschlag) ist in der Regel ein positives Zeichen, da er auf eine effiziente Nutzung der Vermögenswerte hindeutet. Ein höherer Gesamtanlagenumschlag deutet auf eine effizientere Nutzung der Vermögenswerte hin, da das Unternehmen mehr Umsatz pro investiertem Dollar in Vermögenswerte erzielt. Ein niedriger Gesamtanlagenumschlag könnte darauf hinweisen, dass das Unternehmen seine Vermögenswerte nicht effizient nutzt. Es ist jedoch wichtig zu beachten, dass „gute" Werte für den Gesamtanlagenumschlag stark von der Branche des Unternehmens abhängen. Einige Branchen benötigen naturgemäß mehr Vermögenswerte, um Umsatz zu erzeugen, während andere mit weniger Vermögenswerten auskommen können. Daher ist es am besten, den Gesamtanlagenumschlag eines Unternehmens mit dem seiner Wettbewerber in derselben Branche zu vergleichen.

Diese Kennzahlen sind nur einige der vielen Finanzkennzahlen, die zur Beurteilung der finanziellen Leistung eines Unternehmens verwendet werden können. Es ist wichtig, zu beachten, dass diese Kennzahlen in Kombination betrachtet werden sollten, um ein umfassendes Bild von der finanziellen Gesundheit eines Unternehmens zu erhalten.

Messung der finanziellen Unternehmensleistung

Baetge et al. (1994)[13] nutzten bei ihrer Forschung 256 Indikatoren zur Messung der finanziellen Leistung. Margolis und Walsh (2003) stellten wiederum fest, dass in 122 Studien unterschiedlicher Urheber über 70 Indikatoren der finanziellen Leistung verwendet wur-

---

[13] Baetge, J., Hüls, H., & Uthoff, J. (1994). Rechnungslegung und Kapitalmarkt: Eine empirische Untersuchung des informationswirtschaftlichen Zusammenhangs zwischen Rechnungslegung, Kapitalmarkt und Unternehmenssteuerung. Berlin: Springer-Verlag.

den. Eine umfassende Analyse der Indikatoren der finanziellen Unternehmensleistung (CFP) im Kontext der Corporate Social Performance (CSP) wurde von Griffin und Mahon (1997)[14] durchgeführt. Sie analysierten 51 Forschungsarbeiten und gruppierten 80 CFP-Indikatoren, die keine buchhalterischen oder marktbasierten Messzahlen sind, in sechs Kategorien, die in Tab. 9.1 dargestellt sind.

Die Mehrheit der CFP-Indikatoren wurde in den analysierten Forschungsarbeiten jeweils nur einmal verwendet (Griffin und Mahon 1997).[15] Dies zeigt, dass es sehr wahrscheinlich ist, dass bei ähnlichen Eingangsdaten mehrere Kennzahlen entwickelt werden können. Beispielsweise gruppierte das Good Company Ranking von Klaus Kirchhoff aus dem Jahr 2010 die CFP-Indikatoren in drei Gruppen (Tab. 9.2).

9.1.3 Studien zu diesem Thema

Die Verbindung zwischen Umwelt-, Sozial- und Governance-Faktoren (ESG) sowie der finanziellen Leistung von Unternehmen ist Gegenstand zahlreicher Forschungsarbeiten und Studien. Nachfolgend werden exemplarisch Studien angeführt, die ausgewählt wurden aufgrund ihrer Methodik, ihres Umfangs und ihrer Anerkennung in der Wissenschaftsgemeinschaft:

Eine Studie von Eccles et al. (2014)[16] untersuchte die Auswirkungen der langfristigen Anwendung von Nachhaltigkeitspraktiken auf die Unternehmensleistung. Die Autoren fanden dabei heraus, dass Unternehmen, die sich bereits vor 1993 auf Praktiken wie effiziente Ressourcennutzung, Arbeitnehmerschutzmaßnahmen oder gute Corporate Governance eingestellt hatten („High Sustainability Companies"), im Durchschnitt bedeutend höhere Eigenkapitalrenditen (ROE) und Marktkapitalisierungsraten aufwiesen als Firmen, die dies nicht taten („Low Sustainability Companies").

Friede et al. (2015)[17] analysierten in ihrer Metastudie mehr als 2000 empirische Studien zum Thema ESG-Faktoren und Unternehmensleistung. Sie fanden dabei heraus, dass etwa 90 % der Studien keinen negativen Zusammenhang zwischen ESG-Faktoren und der Unternehmensleistung aufzeigen. Darüber hinaus wiesen mehr als die Hälfte der Studien einen positiven Zusammenhang zwischen diesen beiden Faktoren auf.

---

[14] Griffin, J. J., & Mahon, J. F. (1997). The Corporate Social Performance and Corporate Financial Performance Debate: Twenty-Five Years of Incomparable Research. Business & Society, 36(1), 5–31.

[15] Griffin, J. J., & Mahon, J. F. (1997). The Corporate Social Performance and Corporate Financial Performance Debate: Twenty-Five Years of Incomparable Research. Business & Society, 36(1), 5–31.

[16] Eccles, R. G., Ioannou, I., & Serafeim, G. (2014). The Impact of Corporate Sustainability on Organizational Processes and Performance. Management Science, 60(11), 2835–2857.

[17] Friede, G., Busch, T., & Bassen, A. (2015). ESG and Financial Performance: Aggregated Evidence from More Than 2000 Empirical Studies. Journal of Sustainable Finance & Investment, 5(4), 210–233.

Tab. 9.1 Übersicht über Finanzkennzahlen (CFP)

Rentabilität	Anlagennutzung	Wachstum	Liquidität	Risiko/Marktmesswerte
Eigenkapitalrendite (Return on Equity, ROE)	Gesamtrendite auf Anlagen (Return on Assets, ROA)	Gesamtanlage (Total Asset)	Liquiditätstest (Acid-Test)	Überrendite/abnormaler Ertrag (Excess-Market/Abnormal Returns)
Umsatzrendite (Return on Sales, ROS)	Anlagenumschlag (Asset-Turnover)	Gesamtrendite auf Anlagen (Return on Assets, ROA)	Änderung beim Cashflow (Change in Cashflow)	Beta
Nettoeinkommen (Net-Income)	Anlagenalter (Asset-Age)	Eigenkapitalrendite (Return on Equity, ROE)	Aktuelle Quote (Current Ratio)	Alpha
Investitionsrendite (Return on Investment, ROI)		Umsatzrendite (Return on Sales, ROS)	Aktuelle Vermögenswerte/Gesamtvermögen (Current Assets/Total Assets)	Nettoverluste
Ergebnis pro Aktie (Earnings per Share)		Investitionsrendite (Return on Investment, ROI)	Cashflow pro Zinsaufwand (Cashflow per Interest-Expense)	Aktienkurs
Gewinnspanne (Profit-Margin)		Anlagenumschlag (Asset-Turnover)	Ausschüttungsquote (Pay-out-Ratio)	Kurs-Gewinn-Verhältnis (Price/Earnings-Ratio)

Eigene Darstellung, basierend auf Griffin und Mahon (1997) sowie Kancleryte (2010)

Tab. 9.2 CFP-Kriterien des Good Company Rankings 2013 für Nicht-Finanzunternehmen. Eigene Darstellung, basierend auf Kirchhoff (2013). (Kirchhoff, K. (2013). Good Company Ranking 2013. Zugriff am 27. Juni 2022, von http://www.goodcompanyranking.de/uploads/media/Good_Company_Ranking_2013.pdf)

Group	Subgroups	Variables
(1) Profitability	(1.a) Return-Analysis	1. Return on Assets %
		2. Return on Equity %
		3. Total Shareholder-Return 5 Years
	(1.b) Margin-Analysis	4. EBITDA-Margin %
		5. Unlevered Free-Cashflow-Margin %
(2) Solvency and Risk	(2.a) Short-Term-Liquidity	6. Current Ratio
		7. Quick Ratio
		8. Cash from Operations to Current Liabilities
	(2.b) Long-Term-Solvency	9. EBITDA/Interest-Expense
		10. Altman-Z-Score
		11. S&P-Rating
(3) Growth-and-Business-Outlook	(3.a) Growth over Prior Year	12. Total Revenue
		13. EBITDA
	(3.b) Growth over Five Years	14. Total Revenue
		15. EBITDA
		16. Cash from Operations
		17. Unlevered Free Cashflow
		18. Dividend/Share

Darüber hinaus unterstreicht die steigende Bedeutung von ESG-Faktoren in der Anlagegemeinschaft diesen Trend. Laut einer Umfrage der Global Sustainable Investment Alliance aus dem Jahr 2022 haben nachhaltige Investitionen weltweit um 15 % zugenommen.

Zum anderen spielen regulatorische Faktoren eine immer wichtigere Rolle. Ein prägendes Beispiel hierfür ist die EU-Taxonomie für nachhaltige Aktivitäten, die im Jahr 2020 eingeführt wurde. Diese Taxonomie ist ein Klassifizierungssystem, das definiert, welche wirtschaftlichen Aktivitäten als nachhaltig gelten und ist Teil der Bemühungen der Europäischen Union, die Finanzierung nachhaltiger Aktivitäten zu fördern und Investitionen in einer Weise zu lenken, die den Übergang zu einer kohlenstoffarmen oder CO_2-armen, ressourceneffizienten und nachhaltigen Wirtschaft unterstützt.

Eine Studie von Khan et al. (2016)[18] analysierte die ESG-Daten von mehr als 2000 US-Unternehmen über mehrere Jahre und stellte dabei fest, dass Unternehmen, die

[18] Khan, M. M., Serafeim, G., & Yoon, A. (2016). Corporate Sustainability: First Evidence on Materiality. The Accounting Review, 91(6), 1697–1724.

in ESG-Bereichen, die für ihre spezielle Branche maßgeblich waren, gut abschnitten, auch eine bessere zukünftige Wertentwicklung zeigten. Auch Untersuchungen von Hoepner et al. (2023)[19] ergaben, dass Firmen mit hohen ESG-Scores tendenziell eine geringere Volatilität der Aktienrendite aufwiesen.

In einer Studie von Clark et al. (2015)[20] wurde festgestellt, dass Unternehmen mit starker Corporate Social Responsibility (CSR) tendenziell eine geringere Kapitalkostenstruktur aufweisen. Dies könnte auf ein geringeres Risikoprofil dieser Unternehmen hinweisen, was wiederum die Kosten für Eigen- und Fremdkapital senken könnte.

Diese Studien legen nahe, dass eine starke ESG-Leistung mit einer starken finanziellen Leistung verbunden sein kann. Dabei ist jedoch wichtig, zu beachten, dass diese Beziehung komplex ist und von zahlreichen Faktoren beeinflusst wird, einschließlich der Branche des Unternehmens, der Qualität des Managements, der Marktbedingungen und der regulatorischen Landschaft. Darüber hinaus variieren die Ergebnisse von Studie zu Studie aufgrund unterschiedlicher Methoden sowie Datensätze und anders definierter ESG-Maßnahmen, die unterschiedlich definiert und gemessen werden. Dies zeigt, dass weitere Forschungen und Diskussionen notwendig sind, um ein vollständigeres Bild der Wechselwirkungen zwischen ESG- und finanzieller Leistung zu zeichnen.

Wissenschaftliche Betrachtung dessen, wie die Corporate Social Performance die Corporate Financial Performance beeinflusst

Die gängigsten theoretischen Konzepte, die sich auf das Verhältnis von ESG-Faktoren zur finanziellen Unternehmensleistung beziehen, sind die Stakeholder-Theorie, die Analyse der Verbindung zwischen Corporate Social Performance (CSP) und Corporate Financial Performance (CFP), die Slack-Ressourcen-Theorie und die Good-Management-Theorie (Waddock und Graves 1997).[21] Wie bereits erwähnt, stehen Unternehmen in Beziehung zu einer Vielzahl von Stakeholdern wie Kunden, Mitarbeitern und der lokalen Gemeinschaft. Dies ist für das Verständnis der Verbindung zwischen CSP und finanzieller Leistung entscheidend. Da Unternehmen in ihren Beziehungen zu Stakeholdern Konflikten ausgesetzt sein können, bedeutet ein begrenztes Ressourcenbudget – sei es in Bezug auf Finanzen, Personal oder materielle Ressourcen – dass sie die Kosten und Vorteile verschiedener Kompromisse abwägen müssen. Um die Effektivität eines Unternehmens in der Herstellung solcher Kompromisse zu bewerten, ist ein umfassendes Leistungsmaß erforderlich, das die Beziehungen zu

---

[19] Hoepner et al. (2023). ESG Shareholder Engagement and Downside Risk. Swiss Finance Institute Research Paper No. 23–77.

[20] Clark, G. L., Feiner, A., & Viehs, M. (2015). From the Stockholder to the Stakeholder: How Sustainability Can Drive Financial Outperformance. Oxford: Oxford University Press.

[21] Waddock, S. and Graves, S. (1997). The corporate social performance-financial performance link. Strategic management journal, 18(4), 303–319.

mehreren Stakeholdern berücksichtigt. Dieses Maß sollte die verschiedenen Aspekte der CSP repräsentieren und die Wertschätzung widerspiegeln, die diesen Aspekten von den jeweils relevanten Stakeholdergruppen entgegengebracht wird (Ruf et al. 2001).[22] Die wichtigste Stakeholdergruppe, die an aktuellen und zukünftigen finanziellen Vorteilen, wie dem Unternehmenswert, interessiert ist, sind die Eigenkapitalinvestoren.

Laut der Good-Management-Theorie sollte ein gut geführtes Unternehmen durch seine Leistungen auf dem Markt und seinen guten Ruf in der Lage sein, ein überlegenes finanzielles Ergebnis zu erzielen (Waddock und Graves 1997). Diese Ansicht wird durch die Forschung von McGuire et al. (1988) gestützt, die Belege für die Wirksamkeit der Good-Management-Theorie im Zusammenhang mit der Corporate Social Performance (CSP) gefunden haben.

Die Slack-Resource-Theorie besagt, dass ein Unternehmen zunächst eine positive finanzielle Leistung aufweisen muss, bevor es in der Lage ist, soziale Verantwortung zu übernehmen (Waddock und Graves 1997). Mit anderen Worten, Unternehmen, die finanziell besser dastehen und erfolgreicher sind als ihre Mitbewerber und über überschüssige Ressourcen verfügen, können mehr Mittel für soziale Leistungen wie Gemeinwohlaktivitäten oder Wohltätigkeitsprogramme bereitstellen (McWilliams et al. 2006; Waddock und Graves 1997).

Die Good-Management-Theorie und die Slack-Resource-Theorie versuchen beide, die Beziehung zwischen der Corporate Social Performance (CSP) und der finanziellen Unternehmensleistung (CFP) zu erklären (Boaventura et al. 2012). Die meisten Forscher bevorzugen jedoch die Good-Management-Theorie als konzeptuelle Grundlage für ihre Untersuchungen zur finanziellen Unternehmensleistung (CFP) (Boaventura et al. 2012).[23]

Dieser Denkansatz lässt sich auf das menschliche Verhalten übertragen: Erst wenn Menschen finanziell gut abgesichert sind, also auf der Maslow'schen Bedürfnispyramide weit oben stehen, beginnen sie, Aspekte der Umwelt, der Sozialverträglichkeit und der guten Unternehmensführung (ESG-Aspekte) in Betracht zu ziehen.

---

[22] Ruf, B. M., Muralidhar, K., Brown, R. M., Janney, J. J. and Paul, K. (2001). An empirical investigation of the relationship between change in corporate social performance and financial performance: A stakeholder theory perspective. Journal of Business Ethics, 32(2), 143–156.

[23] Boaventura, J. M. G., da Silva, R. S., & Bandeira-de-Mello, R. (2012). Corporate financial performance and corporate social performance: methodological development and the theoretical contribution of empirical studies. RAUSP Management Journal, 47(1), 151–169.

Empirische Evidenz der CSP-CFP-Beziehung

Die erste systematische Studie, die die Beziehung zwischen Corporate Social Performance (CSP) und Corporate Financial Performance (CFP) untersuchte, wurde 1970 von Friedman durchgeführt. Die wissenschaftliche Literatur dazu umfasst mehrere Metaanalysen und Übersichtsarbeiten (Margolis und Walsh 2003). Margolis und Walsh (2003) untersuchten die empirischen Beweise für die CSP-CFP-Beziehung auf Basis von 127 veröffentlichten empirischen Studien. Mehr als 85 % der in der Studie von Margolis und Walsh (2003) untersuchten empirischen Studien gehen davon aus, dass die CFP von der CSP abhängt.

Die folgende kurze Übersicht präsentiert die unterschiedlichen empirischen Ergebnisse bezüglich der Beziehung zwischen CSP und CFP sowie die Brancheneffekte auf die CSP-CFP-Beziehung.

Positive CSP-CFP-Beziehung

In der Finanzliteratur untersuchte Frooman (1997)[24] die Beziehung zwischen CSP und CFP und stellte dabei die Frage, welchen Einfluss gesellschaftlich unverantwortliches Verhalten auf das Vermögen der Aktionäre hat. Logsdon und Wood (2002) sowie Orlitzky et al. (2003)[25] bestätigen Froomans Schlussfolgerung, dass gesellschaftlich unverantwortliches Verhalten und die Nichtbefolgung von Rechtsstandards das Vermögen der Aktionäre mindern können.

Negative CSP-CFP-Beziehung

Die Untersuchung von Roman et al. (1999)[26] offenbart eine negative Korrelation zwischen Corporate Social Performance (CSP) und Corporate Financial Performance (CFP). Bemerkenswerterweise zeigt eine bedeutende Anzahl wissenschaftlicher Untersuchungen ebenfalls eine solche negative Beziehung. In diesen Studien wurden verschiedene abhängige Variablen wie zum Beispiel Rendite auf Eigenkapital oder Rendite auf Investitionen verwendet (Boaventura et al. 2012). Eine Analyse von Brammer et al. (2006),[27] die sich auf die Eigenkapitalrendite konzentrierte, bekräftigte diese Befunde. Hier wurde eine negative Beziehung zwischen sozialer Verantwortung und finanzieller Leistung festgestellt.

---

[24] Frooman, J. (1997). Socially irresponsible and illegal behavior and shareholder wealth: A meta-analysis of event studies. Business & Society, 36(3), 221–249.

[25] Orlitzky, M., Schmidt, F. L., & Rynes, S. L. (2003). Corporate social and financial performance: A meta-analysis. Organization studies, 24(3), 403–441.

[26] Roman, R. M., Hayibor, S., & Agle, B. R. (1999). The Relationship between Social and Financial Performance: Repainting a Portrait. Business & Society, 38(1), 109–125.

[27] Brammer, S., Brooks, C., & Pavelin, S. (2006). Corporate Social Performance and Stock Returns: UK Evidence from Disaggregate Measures. Financial Management, 35(3), 97–116.

CSP-CFP-Brancheneffekte

Unternehmen unterschiedlicher Branchen stehen verschiedenen Stakeholder-Erwartungen gegenüber. Schmalensee (1985)[28] war einer der Ersten, die versuchten, den Beitrag von branchen- und unternehmensspezifischen Faktoren zur Gesamtrentabilität empirisch zu analysieren. Miles et al. (1993)[29] lenkten die Aufmerksamkeit auf ihre Untersuchung des Unternehmenswettbewerbs aus Branchensicht.

Die Brancheneffekte können durch eine Reihe von Faktoren verursacht werden, einschließlich regulatorischer Anforderungen, Marktbedingungen, der spezifischen Natur der Produkte oder Dienstleistungen eines Unternehmens und anderen branchenspezifischen Faktoren.

Zum Beispiel kann in bestimmten Branchen, wie der Energie- oder Rohstoffbranche, ein stärkerer Fokus auf nachhaltige Praktiken (CSP) einen positiven Einfluss auf die finanzielle Leistung (CFP) haben, da diese Branchen aufgrund ihrer Umweltauswirkungen häufig stärker reguliert sind. Andererseits könnten Unternehmen in Branchen mit weniger direkten Umweltauswirkungen weniger CSP-CFP-Beziehung aufweisen.

Zusammenfassung bezüglich der CSP-CFP-Beziehung

Die bisher erzielten uneindeutige Studienergebnisse hinsichtlich der Beziehung zwischen Corporate Social Performance (CSP) und Corporate Financial Performance (CFP) könnten auf die Anwendung verschiedener Messmethoden für CSP und CFP zurückzuführen sein (Akpinar et al. 2008;[30] Carroll 1979;[31] Margolis und Walsh 2003; Orlitzky et al. 2003). Eine Zusammenfassung ausgewählter empirischer Studien von Choi et al. (2010)[32] unterstreicht diese Uneinheitlichkeit: Während einige Studien über eine positive Beziehung berichten, weisen andere auf eine gemischte oder sogar negative Beziehung hin. In Anbetracht dieser Uneindeutigkeit betonen McWilliams und Siegel (2000) die Wichtigkeit, bei der Analyse weitere Faktoren, wie beispielsweise Unternehmensgröße oder Branchenzugehörigkeit, zu berücksichtigen, die als wesentliche Einflussgrößen auf die finanzielle Leistung von Unternehmen anerkannt sind (Tab. 9.3).

---

[28] Schmalensee, R. (1985). Do Markets Differ Much? American Economic Review, 75(3), 341–351.

[29] Miles, R. E., Snow, C. C., & Sharfman, M. P. (1993). Industry Variety and Performance. Strategic Management Journal, 14(3), 179–194.

[30] Akpinar, M., Danis, H., & Coskun, M. (2008). The Relationship between Corporate Social Performance and Corporate Financial Performance: Evidence from Turkish Banks. International Journal of Social Economics, 35(5), 297–317.

[31] Carroll, A. B. (1979). A Three-Dimensional Conceptual Model of Corporate Performance. Academy of Management Review, 4(4), 497–505.

[32] Choi, B. B., Kwak, Y. H., & Choe, B. C. (2010). CSR Performance and the Value of Cash Holdings: International Evidence. Journal of Business Ethics, 94(1), 103–112.

Tab. 9.3 Zusammenfassung ausgewählter empirischer Studien. basierend auf Choi et al. (2010) (+ = positiv, − = negativ, +/− = uneindeutig)

Autoren	Wirkung	CSP-Messung	CFP-Messung
Bragdon und Marlin (1972)	+	CEP index	EPS growth, ROE, ROC
Bowman und Haire (1975)	+	Carroll's (1979) CSR construct und CEP index	ROE
Sturdivant und Ginter (1977)	+	Moskowitz reputation index	EPS growth
Alexander und Buchholz (1978)	+	Reputation ratings	Market return on security
Spicer (1978)	+	CEP index	ROE
Cochran und Wood (1984)	+	Moskowitz reputation index	Abnormal return
Aupperle et al. (1985)	+/−	Carroll's (1979) CSR construct	ROA
McGuire et al. (1988)	+/−	Fortune index	ROA, sales growth, asset growth
Fombrun und Shanley (1990)	neutral	Charitable contributions, Fortune index	ROIC, market-to-book ratio
Teoh und Shiu (1990)	neutral	CSR disclosure	Institutional investors' survey questionnaire
Waddock und Graves (1997)	+	KLD index	ROA, ROE, return on sales
Berman et al. (1999)	+	KLD index	ROA
McWilliams und Siegel (2000)	neutral	KLD index	ROA
Orlitzky et al. (2003)	+/−	KLD index	P/E ratio, ROE, ROA
Akpinar et al. (2008)	+	KLD index	Stock return, Tobin's Q
Lev et al. (2009)	+	Charitable contributions	Sales growth

9.2 Detaillierte Auswirkungen von ESG auf Finanzkennzahlen

Einfluss von ESG-Faktoren auf grundlegende Finanzkennzahlen

Um zu verstehen, wie ESG-Faktoren die finanzielle Leistung eines Unternehmens beeinflussen können, ist es hilfreich, einige der grundlegenden Finanzkennzahlen zu betrachten, die von Analysten und Investoren häufig zur Beurteilung der finanziellen Gesundheit und Performance eines Unternehmens herangezogen werden. Im Folgenden werden fünf davon aufgeführt.

1. **Umsatz und Gewinn:** Dies sind grundlegende Indikatoren für die finanzielle Leistung eines Unternehmens. Der Umsatz gibt an, wie viel ein Unternehmen durch den Absatz seiner Produkte und/oder Dienstleistungen verdient hat, während der Gewinn das ist, was nach Abzug aller Kosten übrig bleibt. ESG-Faktoren können diese Kennzahlen auf

verschiedene Art und Weise beeinflussen. Beispielsweise können Investitionen in umweltfreundliche Technologien und/oder entsprechende Produktionsverfahren zu Kosteneinsparungen führen, was den Gewinn steigern kann. Ebenso kann ein starker Fokus auf soziale Verantwortung die Markenreputation stärken und dadurch den Umsatz steigern.

2. **Return on Investment (ROI):** Diese Kennzahl misst das Verhältnis zwischen dem Gewinn aus einer Investition und den Kosten dieser Investition. ESG-Initiativen sind oft Investitionen, die einen positiven ROI generieren. Beispielsweise kann eine Investition in erneuerbare Energien zu langfristigen Energieeinsparungen führen, was wiederum den ROI erhöht.

3. **Eigenkapitalrendite (Return on Equity, ROE):** Diese Kennzahl misst den Gewinn, den ein Unternehmen im Verhältnis zum Eigenkapital der Eigentümer erwirtschaftet hat. Unternehmen, welche die ESG-Faktoren effektiv managen, können ihr Risiko reduzieren und ihre Effizienz steigern, was zu einem höheren ROE führen kann.

4. **Verschuldungsgrad:** Diese Kennzahl gibt an, wie hoch der Anteil der Fremdfinanzierung am Gesamtkapital eines Unternehmens ist. Ein hoher Verschuldungsgrad (> 50 %) kann ein höheres Risiko darstellen, insbesondere in wirtschaftlich unsicheren Zeiten. Ein aktives ESG-Management kann dazu beitragen, das Risiko zu reduzieren und somit den Verschuldungsgrad zu senken.

5. **Aktienkurs und Dividendenausschüttungen:** Dies sind direkte Indikatoren für die Erträge der Aktionäre. Starke ESG-Leistungen können das Vertrauen der Investoren stärken, was sich in einem höheren Aktienkurs und großzügigeren Dividendenausschüttungen niederschlagen kann.

Insgesamt können ESG-Faktoren alle zuvor genannten Kennzahlen beeinflussen und somit die finanzielle Leistung und Gesundheit eines Unternehmens formen. Wie in der folgenden Abb. 9.1 zu sehen ist, werden marktbasierte Indikatoren wie Tobin's Q seltener verwendet als buchhalterische Messzahlen. Buchhalterische Indikatoren werden durch Rechnungslegungsstandards, -regeln und -grundsätze beeinflusst. In ihrer umfassenden Studie kamen Orlitzky et al. (2003) zu dem Schluss, dass buchhalterische Indikatoren anscheinend stärker mit CSP korrelieren als marktbasierte Indikatoren.

Nachdem wir die buchhalterischen Indikatoren untersucht haben, wenden wir uns den marktbasierten Vergleichsmaßen zu. Marktbasierte Indikatoren sind seltener von buchhalterischen Fragen betroffen, da sie beispielsweise das Verhältnis des Werts eines Unternehmens zu den von ihm erzielten Umsätzen verwenden (Damodaran 2005).[33] Abb. 9.2 zeigt die am häufigsten angewendeten marktbasierten Bewertungsmethoden.

---

[33] Damodaran, A. (2005). Investment Valuation: Tools and Techniques for Determining the Value of Any Asset. Wiley.

VARIABLEN ZUR MESSUNG DER FINANZIELLEN LEISTUNG

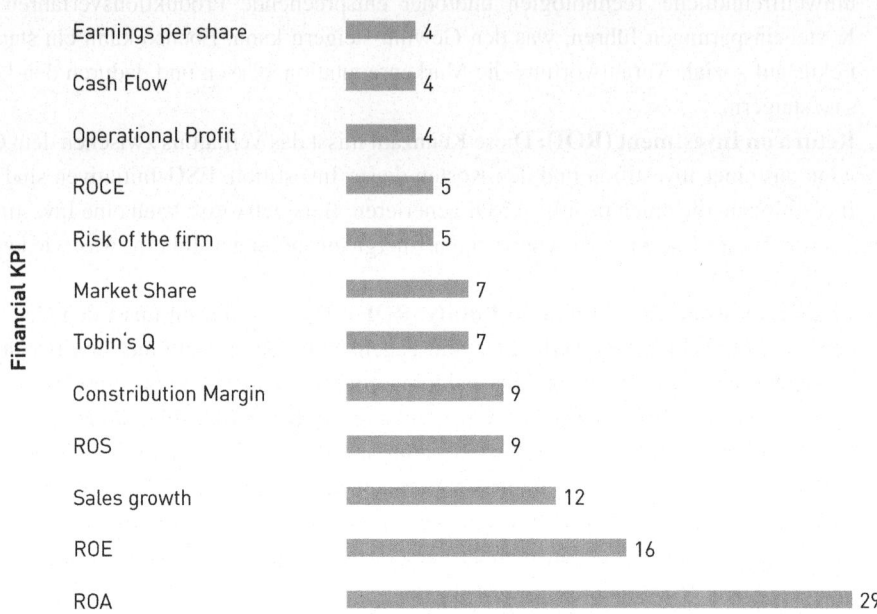

Abb. 9.1 Variablen zur Messung der finanziellen Leistung. (Eigene Darstellung nach Boaventura et al. (2012))

In einer umfassenden Studie zur vergleichenden Leistung von großkapitalisierten Aktien in den USA mittels Multiplikatoren identifizierte O'Shaughnessy (2007)[34] eine Reihe von Faktoren als Wertbestimmungsgrößen. In Übereinstimmung mit Alford (1992)[35] sowie Lie und Lie (2002)[36] war die Verwendung von Multiplikatoren für die Unternehmensbewertung bei großen Unternehmen genauer.

Die grundlegende Logik hinter der Bewertung des Unternehmens mithilfe von Multiplikatoren ist die Bewertung eines Aktienkurses oder des Unternehmenswertes (Enterprise Value, EV) im Verhältnis zum erhaltenen Wert in Bezug auf eine fundamentale Kennzahl, wie z. B. Gewinn oder Cashflow. Man sollte sich dabei des ökonomischen Konzepts des „Gesetzes des einheitlichen Preises" bewusst sein, wonach Multiplikatoren eine Beurteilung dessen ermöglichen, ob eine Aktie fair bewertet bzw. relativ über- oder

---

[34] O'Shaughnessy, J. (2007). What Works on Wall Street: A Guide to the Best-Performing Investment Strategies of All Time. McGraw-Hill.

[35] Alford, A.W. (1992) The Effect of the Set of Comparable Firms on the Accuracy of the Price-Earnings Valuation Method. Journal of Accounting Research, vol. 30, no. 1, 94–108

[36] Lie, E., & Lie, H. J. (2002). Multiples Used to Estimate Corporate Value. Financial Analysts Journal, 58(3), 61–67.

AM HÄUFIGSTEN VERWENDETE MARKTBASIERTE BEWERTUNGSMETHODEN

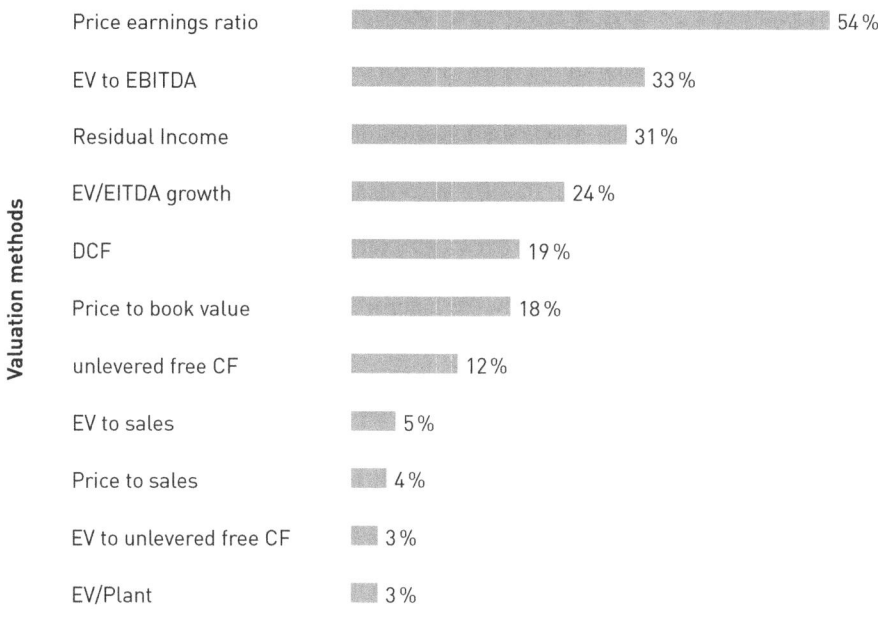

Percentages of analysts that use each method

Abb. 9.2 Am häufigsten verwendete marktbasierte Bewertungsmethoden. (Eigene Darstellung nach Fernandez (2001))

unterbewertet ist (Mankiw 2012).[37] Die daraus resultierenden Kurs-Gewinn-Verhältnisse (Price Earnings Ratio, PE), Kurs-Buchwert-Verhältnisse (Price Book Ratio, PB) und Kurs-Umsatz-Verhältnisse (Price Sales Ratio, PS) gehören zu den am häufigsten verwendeten Preis-Multiplikatoren.

Die EV-Multiplikatoren beziehen den Marktwert aller Kapitalquellen eines Unternehmens, einschließlich Schulden, Stammaktien und Vorzugsaktien, abzüglich des Werts von Bargeld und Investitionen, auf eine spezifische Kennzahl wie das operative Einkommen. Da der EV ein Maß für den Gesamtwert eines Unternehmens ist, muss er in Bezug zu einer Gewinngröße gesetzt werden, die sowohl den Gläubigern als auch den Aktionären zuzuordnen ist (Damodaran 2007).[38]

---

[37] Mankiw, N.G. & Taylor M.P. (2012) Grundzüge der Volkswirtschaftslehre. 5th Edition, Schäffer-Poeschel, Stuttgart.

[38] Damodaran, A. (2007). Investment Valuation: Tools and Techniques for Determining the Value of any Asset. Wiley.

Die Ergebnisse von Liu et al. (2002)[39] legen nahe, das Vielfache der prognostizierten Gewinne pro Aktie am besten dazu geeignet sind, Preisunterschiede zu erklären, das Vielfache des Umsatzes und des operativen Cashflows hierbei am schlechtesten abschneiden und das Vielfache des Buchwerts und des EBITDA irgendwo dazwischen liegen. Lie und Lie (2002) sind der Ansicht, dass bei den Gesamtunternehmenswert-Multiplikatoren über alle Branchen hinweg der Asset-Multiplikator die genauesten und der Umsatzmultiplikator die ungenauesten Schätzungen liefert.

O'Shaughnessy (2007) unterstrich, dass großkapitalisierte Unternehmen in verschiedenen Branchen unterschiedliche Niveaus von Kennzahlen aufweisen. Diese Kennzahlen beinhalten niedrige Kurs-Gewinn-Verhältnisse, niedrige Kurs-Buchwert-Verhältnisse, niedrige Kurs-Cashflow-Verhältnisse, niedrige Kurs-Umsatz-Verhältnisse und hohe Dividendenrenditen. Hierbei stellt eine Variation des EBITDA, das sogenannte EV/EBITDAX,[40] eine spezifische Anpassung des traditionellen EBITDA dar. Diese Anpassung nimmt vor allem auf die Besonderheiten bestimmter Branchen, wie zum Beispiel dem Öl- und Gas-Sektor, Rücksicht, wo Explorationsaufwendungen einen wesentlichen Anteil der Ausgaben ausmachen. Diese Vielfalt an Kennzahlen unterstreicht die Notwendigkeit einer differenzierten Bewertung und Vergleichbarkeit von Unternehmen innerhalb und zwischen den Branchen.

9.2.1   Wie Umweltfaktoren Finanzkennzahlen beeinflussen

Die Bewertung von Unternehmen unter Berücksichtigung der ESG-Kriterien nimmt stetig an Bedeutung zu. Wie bereits erörtert, kann die Berücksichtigung von Umweltfaktoren, die im ESG-Konzept im Bereich „Environmental" eingeordnet sind, erheblichen Einfluss auf die finanzielle Leistung eines Unternehmens haben. Der operative Energieverbrauch und die erzeugten Abfälle sind nur zwei Beispiele für Faktoren, die unmittelbare Kosten verursachen und somit direkten Einfluss auf die Gewinn- und Verlustrechnung eines Unternehmens haben.

Doch über die direkten Kosten hinaus haben diese Umweltfaktoren auch weitreichende indirekte Auswirkungen. Sie beeinflussen die gesamte Wertschöpfungskette eines Unternehmens und können sogar die Nutzung seiner Produkte beeinflussen. Ein Unternehmen, das beispielsweise seine Abhängigkeit von fossilen Brennstoffen durch Investitionen in erneuerbare Energien reduziert, kann nicht nur seine unmittelbaren Betriebskosten senken, sondern auch langfristige Vorteile erzielen.

---

[39] Liu, M.-H., Nissim, D., & Thomas, J. (2002). Equity Valuation Using Multiples. Journal of Accounting Research, 40(1), 135–172.

[40] EV/EBITDAX steht für das Verhältnis des Unternehmenswerts (Enterprise Value, EV) zum Gewinn vor Zinsen, Steuern, Abschreibungen, Amortisation und Explorationsaufwendungen (Earnings Before Interest, Taxes, Depreciation, Amortization, and Exploration expenses, EBITDAX).

Diese Erkenntnisse führen uns zur Betrachtung der Betriebskosten, die durch eine gezielte Integration von Umweltbewusstsein in die Unternehmensstrategie und -praxis beeinflusst werden können. Unternehmen, die in energieeffiziente Technologien investieren oder die Nutzung erneuerbarer Energien fördern, können dadurch erhebliche Einsparungen erzielen. Hierdurch wird verdeutlicht, wie die Integration von ESG-Kriterien zu einer Verbesserung der finanziellen Performance führen kann.

Interface

Interface ist ein internationales Unternehmen, das auf die Herstellung von modularen Teppichfliesen spezialisiert ist. In den 90er-Jahren führte das Unternehmen eine radikale Änderung seiner Geschäftspraktiken durch und verpflichtete sich zu Nachhaltigkeitszielen. Unter dem Motto „Mission Zero" setzte sich das Unternehmen das ehrgeizige Ziel, bis zum Jahr 2020 keine negativen Auswirkungen auf die Umwelt durch seine Geschäftstätigkeit mehr zu haben.[41]

Ein Schlüsselelement dieses Engagements war das Recyclingprogramm „ReEntry", das 1995 ins Leben gerufen wurde. Durch dieses Programm werden alte Teppichfliesen gesammelt und in den Produktionsprozess zurückgeführt. Dies reduziert den Bedarf an neuen Rohstoffen und minimiert die Menge an Abfall, die auf Deponien landet.

Darüber hinaus hat Interface erhebliche Investitionen in erneuerbare Energien getätigt. In vielen seiner Fabriken weltweit nutzt das Unternehmen Solarenergie und Biogas zur Stromerzeugung. Diese Maßnahmen reduzieren nicht nur den CO_2-Fußabdruck des Unternehmens, sondern führen auch zu einer erheblichen Senkung der Energiekosten.

Insgesamt haben diese Initiativen zu deutlichen Kosteneinsparungen geführt. So hat Interface nach eigenen Angaben durch seine Nachhaltigkeitsinitiativen seit den 90er-Jahren mehrere hundert Millionen Dollar an Kosten eingespart. Dies zeigt, dass die Integration von Umweltbewusstsein in die Geschäftsstrategie nicht nur die Umwelt schützt, sondern auch das finanzielle Ergebnis eines Unternehmens verbessern kann. ◄

Ein effektives und präzises Umweltmanagement ist essenziell, um regulatorische und rechtliche Risiken zu minimieren. Unternehmen, die ihre Verpflichtungen gegenüber Umweltgesetzen und -bestimmungen vernachlässigen, setzen sich dem Risiko erheblicher Strafen und Bußgelder aus. Solche Strafen haben direkte negative Auswirkungen auf die finanzielle Leistung des Unternehmens und können darüber hinaus auch den Ruf und das Markenimage nachhaltig beschädigen. Daher ist es im besten Interesse eines jeden Unternehmens, eine nachhaltige Geschäftsführung sicherzustellen und strikt die relevanten Umweltbestimmungen einzuhalten, um diese finanziellen und reputativen Risiken zu vermeiden.

---

[41] Ellen MacArthur Foundation. (o.J.). Interface's 'Mission Zero' to close the loop on carpet tiles. Abgerufen am 27.06.2023, von https://www.ellenmacarthurfoundation.org/case-studies/interfaces-mission-zero-to-close-the-loop-on-carpet-tiles.

BP

Ein prominentes Beispiel für die möglichen negativen Auswirkungen von Umweltver-
stößen ist die Ölkatastrophe im Golf von Mexiko im Jahr 2010,[42] die das Unternehmen
BP betraf. Bei dieser Katastrophe floss eine erhebliche Menge an Rohöl ins Meer, was
zu erheblichen Umweltschäden und weitreichenden Auswirkungen auf das Meeres-
leben und die Küstengemeinden führte. Als direkte Folge des Unglücks wurde BP mit
einer Geldstrafe von 20,8 Mrd. US-Dollar belegt, der größten Strafe, die jemals für
Umweltvergehen verhängt wurde. Darüber hinaus hatte die Katastrophe gravierende
Auswirkungen auf den Aktienkurs von BP und das Vertrauen der Investoren in das
Unternehmen. Auch zehn Jahre nach der Katastrophe kämpft das Unternehmen immer
noch mit den finanziellen und reputativen Nachwirkungen. Dies unterstreicht deutlich,
wie kritisch eine verantwortungsvolle und gesetzeskonforme Umweltstrategie für das
finanzielle Wohlergehen und die langfristige Rentabilität eines Unternehmens ist. ◄

Eine verstärkte Konzentration auf Nachhaltigkeit und Umweltschutz kann Unternehmen dabei helfen, ihre Markenreputation aufzubauen und zu stärken, was wiederum
das Potenzial hat, den Umsatz zu steigern. In der heutigen Gesellschaft legen immer mehr
Verbraucher Wert auf umweltfreundliche Praktiken und bevorzugen es, Produkte von
Unternehmen zu kaufen, die ihre Verpflichtung zum Umweltschutz demonstrieren.

Patagonia

Ein inspirierendes Beispiel hierfür ist das Outdoor-Bekleidungsunternehmen Patagonia.[43] Seit vielen Jahren ist Patagonia bekannt für sein außerordentliches Engagement
für Nachhaltigkeit und Umweltschutz. Diese Verpflichtung zeigt sich sowohl in ihren
Produktionsprozessen, bei denen sie auf erneuerbare, recycelte oder sonst nachhaltig
gewonnene Materialien setzen, als auch in ihrem aktiven Einsatz für Umweltschutz-
maßnahmen auf globaler Ebene. Seit 1985 spendet Patagonia beispielsweise 1 % seines
Umsatzes an Umweltschutzorganisationen.

Das Engagement von Patagonia hat dazu geführt, dass die Marke sowohl in der
Outdoor-Community als auch bei umweltbewussten Verbrauchern auf der ganzen Welt
ein hohes Ansehen genießt. Dies hat wiederum zu einer starken Kundenbindung und
steigenden Verkaufszahlen geführt. Beispielsweise berichtete Patagonia im Jahr 2017,
dass ihr Umsatz und ihr Gewinn in den vorherigen fünf Jahren jedes Jahr um mehr als
30 % gestiegen waren. ◄

---

[42] National Commission on the BP Deepwater Horizon Oil Spill and Offshore Drilling. (2011). Deep
Water: The Gulf Oil Disaster and the Future of Offshore Drilling. Abgerufen am 27.06.2023, von
https://www.govinfo.gov/content/pkg/GPO-OILCOMMISSION/pdf/GPO-OILCOMMISSION.
pdfdarunter Nachrichtenberichte und Untersuchungsberichte.

[43] Patagonia. (o.J.). Unsere Geschichte. Abgerufen am 27.06.2023 von https://eu.patagonia.com/de/
de/home/.

Dieses Beispiel verdeutlicht, dass Unternehmen, die sich authentisch und engagiert für Nachhaltigkeit und Umweltfreundlichkeit einsetzen, nicht nur eine stärkere Markenreputation und Kundentreue aufbauen, sondern auch erhebliche finanzielle Vorteile erzielen können.

9.2.2   Wie soziale Faktoren Finanzkennzahlen beeinflussen

Soziale Faktoren, die bei den ESG-Kriterien unter das S wie „Social" fallen, beziehen sich auf die Interaktion eines Unternehmens mit seinen Mitarbeitern, Lieferanten, Kunden und der Gesellschaft, innerhalb der es tätig ist. Die Auswirkungen dieser Interaktionen auf die finanzielle Leistung eines Unternehmens können sich in einer Reihe von Bereichen bemerkbar machen.

Mitarbeiterengagement und Produktivität Unternehmen, die substanzielle Investitionen in ihre Mitarbeiter tätigen und eine positive Arbeitsumgebung fördern, ernten oft die Vorteile einer erhöhten Produktivität und einer reduzierten Mitarbeiterfluktuation. Ein überzeugendes Beispiel hierfür ist die weltweit bekannte Kaffeekette Starbucks.

Starbucks ist bekannt dafür, dass es einen starken Fokus auf das Wohlbefinden seiner Mitarbeiter legt, die das Unternehmen liebevoll „Partner" nennt.[44] Dieser Fokus zeigt sich in verschiedenen Aspekten, von der Bereitstellung von umfassenden Sozialleistungen bis hin zur Förderung einer Unternehmenskultur, die Wertschätzung und Engagement betont.

Schon seit den 1990er-Jahren bietet Starbucks seinen Vollzeit- und Teilzeitmitarbeitern in den USA ein umfassendes Sozialleistungspaket an, das eine Krankenversicherung, einen 401(k)-Rentenplan und sogar die Möglichkeit einer bezahlten Studienzeit für einen Online-Abschluss über die Arizona State University umfasst. Im Jahr 2018 hat das Unternehmen angekündigt, auch seinen europäischen Mitarbeitern mehr Sozialleistungen anzubieten, darunter kostenfreie psychische Gesundheitsberatung und den Zugang zu privater medizinischer Versorgung.

Starbucks betont auch eine Unternehmenskultur der Anerkennung und Wertschätzung. Es gibt zahlreiche Programme, um die Leistungen der Mitarbeiter zu feiern, wie das „Partner of the Quarter"-Programm, bei dem hervorragende Mitarbeiter ausgewählt und anerkannt werden.

Diese Investitionen in das Wohlergehen der Mitarbeiter haben dazu geführt, dass Starbucks eine vergleichsweise niedrige Mitarbeiterfluktuation und eine hohe Mitarbeiterproduktivität aufweist. Dies hat positive Auswirkungen auf die Finanzperformance des Unternehmens. Seit der Umsetzung dieser Strategien hat Starbucks eine stetige Ver-

---

[44] Starbucks: Informationen über Starbucks' Engagement für Mitarbeiterwohlbefinden und Sozialleistungen finden Sie auf der offiziellen Website des Unternehmens: https://www.starbucks.com/responsibility.

besserung seiner Finanzkennzahlen verzeichnet, insbesondere in Bezug auf Umsatz und Gewinn, die jährlich steigen. Dies zeigt, dass die Wertschätzung der Mitarbeiter und die Bereitstellung eines positiven Arbeitsumfelds einen direkten und positiven Einfluss auf die finanzielle Performance eines Unternehmens haben können.

Kundenloyalität und Markenreputation Unternehmen, die sich auf soziale Verantwortung konzentrieren, können ihre Kundenloyalität und Markenreputation stärken. Ein Beispiel hierfür ist Patagonia, das bereits in Abschn. 9.2.1 erwähnte Outdoor-Bekleidungsunternehmen, das für seine nachhaltigen Geschäftspraktiken und sein Engagement für soziale Gerechtigkeit bekannt ist.[45] Durch den Aufbau einer starken Markenreputation und Kundenloyalität hat Patagonia eine stabile Umsatzquelle geschaffen, was die langfristige finanzielle Gesundheit des Unternehmens unterstützt.

Risikomanagement Die sorgfältige Beachtung sozialer Faktoren kann maßgeblich dazu beitragen, regulatorische und rechtliche Risiken zu minimieren. Unternehmen, die gegen Arbeitsgesetze verstoßen oder ethisch fragwürdige Geschäftspraktiken verfolgen, riskieren erhebliche finanzielle und rechtliche Konsequenzen. Ein historisch prägnantes Beispiel hierfür ist der Sportartikelhersteller Nike.[46]

In den 1990er-Jahren geriet Nike in die Schlagzeilen aufgrund von Berichten über schlechte Arbeitsbedingungen in seinen Zuliefererfabriken, vornehmlich in Südostasien. Die Berichte deckten eine Vielzahl von Missständen auf, darunter inakzeptable Arbeitszeiten, gefährliche Arbeitsbedingungen und die Ausbeutung minderjähriger Arbeiter. Diese Enthüllungen führten zu internationaler Empörung und Protesten gegen das Unternehmen. Der daraus resultierende Rufschaden, verbunden mit Boykottaufrufen gegen Nike-Produkte, führte zu einem spürbaren Umsatzrückgang.

Die negativen Auswirkungen auf das Markenimage und die Finanzen von Nike führten das Unternehmen schließlich zu umfassenden Reformen seiner Geschäftspraktiken. Nike hat in der Folge eine Vielzahl von Maßnahmen ergriffen, um seine soziale Verantwortung zu verbessern. Hierzu gehören unter anderem die Einführung strengerer Kontrollen und Standards für Zulieferer, um sicherzustellen, dass die Arbeitsbedingungen in diesen Fabriken den internationalen Normen entsprechen. Darüber hinaus hat das Unternehmen eine größere Transparenz in seiner Lieferkette gefördert, unter anderem durch die Veröffentlichung von Informationen über seine Zulieferer und deren Arbeitspraktiken.

---

[45] Patagonia: Informationen über Patagonias Nachhaltigkeitspraktiken und Engagement für soziale Gerechtigkeit finden Sie auf der offiziellen Website des Unternehmens: https://www.patagonia.com/sustainability.

[46] Network for Business Sustainability (2012) Nike Supply Chain Issues – How They Turned a Crisis into Opportunity. Abgerufen am 17.12.2023, von https://nbs.net/just-do-it-how-nike-turned-a-supply-chain-crisis-into-opportunity/

Diese Maßnahmen haben dazu geführt, dass Nike seine finanzielle Leistung wieder verbessern und sein Markenimage wiederherstellen konnte. Dies zeigt eindrucksvoll, wie ein Fokus auf soziale Verantwortung nicht nur dazu beitragen kann, regulatorische und rechtliche Risiken zu minimieren, sondern auch dazu, die finanzielle Leistung eines Unternehmens nachhaltig zu verbessern und seinen guten Ruf wiederherzustellen.

9.2.3 Wie Governance-Faktoren Finanzkennzahlen beeinflussen

Unter Governance-Faktoren, dieser Aspekt entspricht dem G von ESG, versteht man die Art und Weise, wie ein Unternehmen geführt wird. Diese Faktoren umfassen Aspekte wie die Struktur des Vorstands, die Vergütung der Führungskräfte, die Rechte der Aktionäre und die Transparenz der Unternehmensinformationen. Diese Faktoren können sich in erheblichem Maße auf die Finanzkennzahlen eines Unternehmens auswirken, wie nachfolgend ausgeführt.

Vorstandsstruktur Eine ausgeglichene und vielfältige Unternehmensführung kann zu effektiveren Geschäftsentscheidungen und einer verbesserten finanziellen Performance führen.

Die Studie „Diversity Wins" von McKinsey & Company aus dem Jahr 2020[47] unterstreicht die positive Korrelation zwischen Vielfalt auf der Führungsebene und der finanziellen Leistung von Unternehmen. In dieser Studie wurde festgestellt, dass Unternehmen, die in Bezug auf Geschlecht und ethnische Vielfalt in ihren Führungsteams in den obersten Quartilen liegen, überdurchschnittlich hohe finanzielle Renditen erzielen.

Unternehmen, die in Bezug auf Geschlechterdiversität in den Vorständen im obersten Quartil lagen, erzielten eine 25 % höhere Wahrscheinlichkeit, überdurchschnittliche Rentabilität zu erzielen als Unternehmen im untersten Quartil. Ähnlich verhielt es sich mit der ethnischen und kulturellen Diversität, bei denen Unternehmen im obersten Quartil eine 36 % höhere Wahrscheinlichkeit hatten, überdurchschnittliche Rentabilität zu erzielen.

Die Studie betont auch, dass es nicht ausreicht, Vielfalt lediglich auf der Führungsebene zu haben. Vielmehr müssen Unternehmen eine inklusive Kultur schaffen, die alle Mitarbeiter unabhängig von ihrem Geschlecht, ihrer Rasse, ihrer sexuellen Orientierung usw. wertschätzt und unterstützt.

---

[47] McKinsey & Company. (2020). Diversity wins: How inclusion matters. Retrieved from https://www.mckinsey.com/~/media/McKinsey/Featured%20Insights/Diversity%20and%20Inclusion/Diversity%20wins%20How%20inclusion%20matters/Diversity-wins-How-inclusion-matters-vF.ashx.

Führungskräftevergütung Die Vergütungsstruktur von Führungskräften kann erheblichen Einfluss auf die finanzielle Performance eines Unternehmens ausüben. Ein Vergütungssystem, das auf langfristigen Zielen fußt, kann das Führungsteam dazu motivieren, Entscheidungen zu treffen, die das nachhaltige Wachstum der Firma unterstützen. Apple dient als Paradebeispiel für diese Praktik.

Seit 2021 ist ein bedeutender Anteil der Vergütung von Apple's CEO, Tim Cook, direkt an die Performance der Apple-Aktie gekoppelt.[48] Diese Struktur stellt sicher, dass die Interessen des CEO mit denen der Aktionäre übereinstimmen. Es motiviert Cook, sich auf langfristige, nachhaltige Wachstumsstrategien zu konzentrieren, anstatt kurzfristige Gewinne zu priorisieren. Dadurch werden Risiken minimiert und das langfristige finanzielle Wohlergehen des Unternehmens gefördert.

Dieser Ansatz hat zu einer beeindruckenden finanziellen Performance von Apple beigetragen. Cooks Führung hat dazu beigetragen, dass Apple in dieser Zeit neue Höhen erreichte, sowohl in Bezug auf den Börsenwert als auch auf die Verkaufszahlen von Produkten. Somit stellt die Vergütungsstruktur des CEO ein Schlüsselelement dar, das den langfristigen Erfolg von Apple unterstützt hat.

Transparenz und Offenlegung Ein weiterer wichtiger Governance-Faktor ist die Transparenz der Unternehmensinformationen. Unternehmen, die eine hohe Transparenz aufweisen und Informationen offenlegen, können das Vertrauen der Investoren stärken und dies kann möglicherweise zu einer besseren Bewertung am Markt führen. Microsoft ist ein gutes Beispiel für Unternehmen, die sich der Transparenz verschrieben haben, da es seit 2016 regelmäßig detaillierte Berichte über seine Finanzen und Geschäftsaktivitäten, die über die börsennotwendigen und gesetzliche Pflicht hinausgehen veröffentlicht.[49] Diese Berichte umfassen nicht nur Informationen über die finanzielle Leistung des Unternehmens, sondern auch Daten über die Auswirkungen von Microsoft auf die Umwelt, seine Arbeitspraktiken und seine Rolle in der Gemeinschaft. Durch diese transparente Berichterstattung ermöglicht es Microsoft seinen Anlegern, ein umfassendes Verständnis für das Unternehmen und seine Geschäftspraktiken zu erlangen.

Diese Transparenz und Offenlegung hat dazu beigetragen, das Vertrauen der Anleger zu stärken und das Unternehmen als verantwortungsvollen Akteur auf dem Markt zu positionieren. Dies wiederum hat positive Auswirkungen auf den Aktienkurs des Unternehmens gehabt. Es wird allgemein angenommen, dass die transparente Offenlegungspraxis von

---

[48] Apple: Informationen zur Vergütungsstruktur und Corporate Governance bei Apple finden Sie auf der offiziellen Website des Unternehmens: https://investor.apple.com/corporate-governance/default.aspx.

[49] Microsoft: Informationen zur Transparenz und Offenlegung von Informationen bei Microsoft finden Sie auf der offiziellen Website des Unternehmens: https://www.microsoft.com/en-us/annualreports/ar2021.

Microsoft zu seiner stabilen und wachsenden Börsenperformance beigetragen hat. Infolgedessen hat Microsoft das Vertrauen von Investoren und Stakeholdern weltweit gewonnen und sich einen Ruf als eines der transparentesten und vertrauenswürdigsten Unternehmen der Welt erworben.

Ein Gegenbeispiel für mangelnde Transparenz und Offenlegung stellt das ehemalige deutsche FinTech-Unternehmen Wirecard dar.[50] Bis zu seinem Zusammenbruch im Jahr 2020 war Wirecard ein Börsenstar und galt als Vorzeigebeispiel für die aufstrebende FinTech-Branche in Deutschland. Allerdings entpuppte sich das Unternehmen als Zentrum eines der größten Wirtschaftsskandale in der deutschen Geschichte, als ein groß angelegter Bilanzbetrug aufgedeckt wurde.

Über Jahre hinweg konnte Wirecard durch mangelnde Transparenz und manipulierte Bilanzen ein aufgeblähtes Geschäftsvolumen und überhöhte Gewinne vortäuschen. Trotz einiger Warnungen und kritischer Berichte, insbesondere durch die britische Wirtschaftszeitung „Financial Times", blieben die Unstimmigkeiten lange Zeit unentdeckt. Als die Wahrheit schließlich ans Licht kam, verlor Wirecard praktisch über Nacht seinen Börsenwert, und das Unternehmen musste Insolvenz anmelden.

Dieser Skandal hat nicht nur erheblichen finanziellen Schaden für Investoren und Mitarbeiter von Wirecard verursacht, sondern auch das Vertrauen in die deutsche Finanzaufsicht und die Wirtschaftsprüfungsgesellschaften nachhaltig erschüttert. Der Fall Wirecard unterstreicht eindringlich, wie wichtig Transparenz und korrekte Offenlegung von Unternehmensinformationen für das Vertrauen der Anleger und das reibungslose Funktionieren der Finanzmärkte sind.

Im Großen und Ganzen können Governance-Faktoren die finanzielle Leistung eines Unternehmens in erheblichem Maße beeinflussen und sind daher für Investoren heutzutage von entscheidender Bedeutung.

9.3   Aktives Eigentum (Active Ownership) im Sinne der Nachhaltigkeit

9.3.1   Definition und Bedeutung von Aktivem Eigentum

▶ **Definition Aktives Eigentum**, auch als „Active Ownership" oder „aktive Beteiligung" bezeichnet, ist ein Ansatz, bei dem Investoren ihre Stimmrechte und ihren Einfluss nutzen, um das Management von Unternehmen, in die sie investiert haben, zu beeinflussen. Dies kann durch den Dialog mit dem Management, die Ausübung des Stimmrechts auf der Hauptversammlung und/oder die Zusammenarbeit mit anderen Investoren geschehen.

---

[50] Financial Times, (o.J.) „Wirecard is a scar on Germany's corporate landscape".

Die Prinzipien für verantwortungsbewusstes Investieren (PRI) definieren aktives Eigentum als „die Verwendung von Aktionärsrechten, um das Management von Unternehmen zu beeinflussen", und fügen dem hinzu, dass dies „ein effektives Mittel zur Verbesserung von Umwelt-, Sozial- und Governance-Leistungen sein kann sowie der langfristigen Rendite für Investoren" dienen kann.

Die Bedeutung von aktivem Eigentum nimmt stetig zu, da immer mehr Investoren erkennen, dass sie bei der Förderung von nachhaltigen Geschäftspraktiken und ethischem Verhalten von Unternehmen eine wichtige Rolle spielen können. Laut einer Studie von BNP Paribas Asset Management (2019) glaubten 78 % der befragten institutionellen Investoren, dass aktives Eigentum positiven Einfluss auf die finanzielle Performance haben kann.

Insgesamt betrachten institutionelle Investoren aktives Eigentum als eine Strategie, die sowohl zur Generierung finanzieller Renditen beiträgt, als auch zur Förderung von Nachhaltigkeit und ethischen Geschäftspraktiken von großer Bedeutung ist.

9.3.2   Wie aktives Eigentum zu erhöhter Nachhaltigkeit führen kann

Aktives Eigentum bietet Investoren die Möglichkeit, direkt auf Unternehmen einzuwirken und so deren Geschäftspraktiken in eine nachhaltigere Richtung zu lenken. Dies geschieht in der Regel durch einen offenen Dialog mit der Unternehmensleitung und/oder die Ausübung des Stimmrechts auf der Hauptversammlung.

Aktive Eigentümer können beispielsweise darauf hinwirken, dass ein Unternehmen seine CO_2-Emissionen reduziert, gerechtere Arbeitsbedingungen schafft und/oder seine Geschäftspraktiken transparenter gestaltet. Mithilfe ihres Stimmrechts können diese Investoren Unternehmen auffordern, bestimmte Geschäftspraktiken zu überdenken oder Maßnahmen zu ergreifen, die zur Förderung der Nachhaltigkeit beitragen.

Aktive Eigentümer können beispielsweise darauf hinwirken, dass ein Unternehmen seine CO_2-Emissionen reduziert, gerechtere Arbeitsbedingungen schafft und/oder seine Geschäftspraktiken transparenter gestaltet. Mithilfe ihres Stimmrechts können diese Investoren Unternehmen auffordern, bestimmte Geschäftspraktiken zu überdenken oder Maßnahmen zu ergreifen, die zur Förderung der Nachhaltigkeit beitragen.

Es gibt eine Reihe von Beispielen, in denen aktives Eigentum zu erhöhter Nachhaltigkeit geführt hat. Ein prominentes Beispiel ist das Engagement des norwegischen Staatsfonds, dem Government Pension Fund Global. Dieser Staatsfonds ist ein aktiver Eigentümer in vielen Unternehmen und hat sein Stimmrecht genutzt, um Unternehmen zu mehr Transparenz bezüglich ihrer Umweltauswirkungen zu bewegen. Darüber hinaus hat der Fonds einige Unternehmen aus seinem Portfolio ausgeschlossen, die seinen Nachhaltigkeitsstandards nicht entsprachen.

▶ Das **Global Impact Investing Network** (GIIN) betont die Rolle aktiven Eigentums bei der Förderung der Nachhaltigkeit und stellt hierzu fest, dass „Investoren, die ihren Einfluss als Eigentümer nutzen, um positive Veränderungen zu bewirken, einen wesentlichen Beitrag zur Erreichung der globalen Nachhaltigkeitsziele leisten können" (GIIN 2020).[51]

Insgesamt zeigt sich, dass aktives Eigentum ein effektives Mittel zur Förderung von Nachhaltigkeit sein kann und dass Investoren, die ihre Rolle als aktive Eigentümer ernst nehmen, einen positiven Einfluss auf die Unternehmen, in die sie investieren, und somit letztlich auf die gesamte Gesellschaft haben können.

Der norwegische Staatsfonds

Der Government Pension Fund Global, Norwegens Staatsfonds, ist einer der größten Staatsfonds weltweit und ein führendes Beispiel für aktives Eigentum. Der Fonds, der einen bedeutenden Teil der norwegischen Öleinnahmen verwaltet, hat strenge ethische Richtlinien und setzt diese durch aktives Engagement und Stimmrecht durch. Ein konkretes Beispiel ist die Ausschließung des Bergbauunternehmens Barrick Gold aus dem Portfolio des Fonds im Jahr 2009. Der Ausschluss wurde damit begründet, dass das Unternehmen schwerwiegende ethische Normen verletzt habe, da es die Umwelt durch die Lagerung von Produktionsabfällen in einem Fluss verschmutzt hatte. Dieser Ausschluss führte dazu, dass Barrick Gold und andere Bergbauunternehmen ihre Geschäftspraktiken überdachten und verbesserten, um einen solchen Ausschluss in Zukunft zu vermeiden.[52] ◀

Die Church of England

Als einer der großen institutionellen Investoren hat die Church of England seit Beginn des 21. Jahrhunderts einen proaktiven Ansatz zur Förderung nachhaltiger Geschäftspraktiken verfolgt.[53] Ein markantes Beispiel für ihr Engagement ist ihre Initiative bei ExxonMobil, einem der weltweit größten Öl- und Gaskonzerne.

Im Jahr 2017 schlug die Church of England, zusammen mit anderen institutionellen Investoren, eine Aktionärsresolution vor, in der ExxonMobil dazu aufgefordert wurde, tiefer gehende und detailliertere Berichte über die Risiken und Auswirkungen des

---

[51] Global Impact Investing Network (GIIN), „2020 Annual Impact Investor Survey", 2020.

[52] Offizielle Webseite des Norwegischen Staatsfonds: https://www.nbim.no/.

[53] Church of England Pensions Board. (2023). Über uns. Abgerufen am 26. Juni 2023, von https://www.churchofengland.org/about/leadership-and-governance/church-england-pensions-board.

Klimawandels auf das Geschäftsmodell und die langfristige Unternehmensstrategie zu veröffentlichen. Das Ziel der Resolution war es, zu einer größeren Transparenz zu ermutigen und ExxonMobil dazu zu bringen, sein Geschäftsmodell in eine nachhaltigere und umweltfreundlichere Richtung zu lenken.

ExxonMobil war ursprünglich gegen die Resolution und lehnte die Forderung nach erhöhter Transparenz ab. Die Church of England und die anderen an der Resolution beteiligten Investoren blieben jedoch beharrlich und führten intensive Gespräche mit anderen Aktionären, um Unterstützung für die Resolution zu gewinnen.

Ihr Engagement zahlte sich schließlich aus. Im Jahr 2020, drei Jahre nach der ersten Einreichung der Resolution, wurde sie bei der Aktionärsversammlung mit einer beeindruckenden Mehrheit von 62 % der Stimmrechte angenommen.[54] ExxonMobil musste dem Druck nachgeben und hat sich verpflichtet, umfangreichere Berichte über die Risiken des Klimawandels zu erstellen. ◄

Beide Beispiele verdeutlichen, dass und wie aktive Eigentümer ihr Stimmrecht und ihren Einfluss nutzen können, um Unternehmen zu mehr Nachhaltigkeit anzuhalten. Zugleich ist jedoch wichtig, zu betonen, dass aktives Eigentum nicht auf Großinvestoren beschränkt ist. Jeder Investor, egal wie groß oder klein, kann sein Stimmrecht auf der Hauptversammlung nutzen, um positiven Einfluss auf diejenigen Unternehmen auszuüben, in die er investiert.

9.3.3   Auswirkungen des Aktiven Eigentums auf Finanzkennzahlen

Aktives Eigentum kann erhebliche Auswirkungen auf die Finanzkennzahlen eines Unternehmens haben, sowohl direkt als auch indirekt.

Direkte Auswirkungen können beispielsweise durch den Verkauf oder Kauf von Aktienanteilen durch aktive Eigentümer entstehen: Wenn ein aktiver Eigentümer seine Anteile verkauft, weil er mit der Nachhaltigkeitspolitik des Unternehmens unzufrieden ist, kann dies auf der einen Seite den Aktienkurs des Unternehmens beeinträchtigen. Auf der anderen Seite kann ein aktiver Eigentümer, der seine Beteiligung an einem Unternehmen erhöht, weil er von dessen Nachhaltigkeitsinitiativen überzeugt ist, den Aktienkurs nach oben treiben.

BlackRock

Als der weltweit größte Vermögensverwalter hat BlackRock eine enorme Macht und einen erheblichen Einfluss auf den Finanzmarkt. Beginnend mit dem Jahr 2020 hat BlackRock einen verstärkten Fokus auf Klimarisiken in seinen Anlageentscheidungen signalisiert, was ein beispielhaftes Engagement für aktives Eigentum darstellt.

---

[54] Reed, S. (2020). Exxon Mobil Lends Its Support to a Carbon Tax Proposal. The New York Times. Abgerufen am 26. Juni 2023, von https://www.nytimes.com/2020/01/09/business/energy-environment/exxon-carbon-tax.html.

Im Januar 2020 veröffentlichte der CEO von BlackRock, Larry Fink, einen Brief, in dem er eine entschiedene Veränderung der Anlagestrategie des Unternehmens ankündigte. Die strategische Neuausrichtung hatte zum Ziel, den Klimawandel und seine Risiken stärker zu berücksichtigen und aktiv zu bekämpfen. Dies sollte durch eine stärkere Berücksichtigung von Umwelt-, Sozial- und Governance-Faktoren (ESG) in den Anlageentscheidungen erreicht werden.

Ein konkretes Ergebnis dieser neuen Strategie war die Ankündigung von BlackRock, ab Mitte 2020 Unternehmen aus seinen aktiv verwalteten Portfolios auszuschließen, die nach Ansicht von BlackRock nicht ausreichend auf die Risiken des Klimawandels reagieren. Besonders betroffen von dieser Entscheidung waren Unternehmen aus der Kohleindustrie, die zu den größten Emittenten von Treibhausgasen gehören.

Die Ankündigung von BlackRock hatte erhebliche Auswirkungen auf den Finanzmarkt. In den Tagen und Wochen nach der Bekanntgabe erlebten die Aktienkurse mehrerer betroffener Unternehmen erhebliche Schwankungen, wobei viele einen merklichen Rückgang verzeichneten. Dies war ein klares Signal an den Markt, dass Investoren zunehmend Wert auf nachhaltige Geschäftspraktiken legen und bereit sind, Unternehmen, die nicht den Erwartungen entsprechen, mit einem Ausschluss aus ihren Portfolios zu bestrafen.

Diese Aktion von BlackRock hat gezeigt, wie stark der Einfluss von aktivem Eigentum auf Unternehmen und Märkte sein kann und wie wichtig es für Investoren ist, ihre Macht und ihren Einfluss zu nutzen, um positive Veränderungen in Bezug auf Nachhaltigkeit und ethisches Geschäftsgebaren zu fördern. ◄

Indirekte Auswirkungen können sich aus den Veränderungen ergeben, die ein aktiver Eigentümer in einem Unternehmen bewirkt. Wenn dieser ein Unternehmen dazu anhält, seine Nachhaltigkeitspraktiken zu verbessern, kann dies zu langfristigen Vorteilen führen, die sich in verbesserten Finanzkennzahlen niederschlagen können.

Ein Beispiel hierfür ist die verbesserte Reputation, die aus einem stärkeren Fokus auf Umwelt-, Sozial- und Governance-Faktoren (ESG) resultieren kann. Ein Unternehmen, das als nachhaltig und ethisch handelnd wahrgenommen wird, kann eine größere Kundentreue und Markenloyalität aufbauen. Dies kann wiederum zu höheren Umsätzen und einer stärkeren Marktposition führen. Ebenso kann es einem Unternehmen helfen, talentierte Mitarbeiter anzuziehen und zu halten, was die Produktivität und das Wachstumspotenzial des Unternehmens steigern kann.

Effektive Corporate Governance kann auch dazu beitragen, eine Reihe von Risiken zu minimieren. Dazu gehören rechtliche und regulatorische Risiken, die sich aus Verstößen gegen Gesetze und Vorschriften ergeben können, sowie Reputationsrisiken, die durch unethische Geschäftspraktiken oder Skandale entstehen können. Darüber hinaus kann eine gute Governance dazu beitragen, das Risiko von Fehlverhalten der Geschäftsleitung zu verringern und die finanzielle Stabilität des Unternehmens zu sichern.

Zusätzlich dazu kann eine stärkere Berücksichtigung von Umweltaspekten dazu beitragen, die Risiken zu mindern, die sich aus den physischen und Übergangsrisiken des

Klimawandels ergeben können. Beispielsweise könnten Unternehmen, die ihre CO2-Emissionen reduzieren und widerstandsfähigere Geschäftsmodelle entwickeln, besser in der Lage sein, mit den Auswirkungen des Klimawandels umzugehen und ihre langfristige finanzielle Leistung zu sichern.

Somit können die indirekten Auswirkungen des aktiven Eigentums auf die finanzielle Performance eines Unternehmens vielfältig und weitreichend sein und sowohl zur Verbesserung der Erträge als auch zur Minimierung von Risiken beitragen.

CalPERS

Ein Beispiel für diese Art von Auswirkung ist das Engagement von California Public Employees' Retirement System (CalPERS), dem größten öffentlichen Pensionsfonds in den USA, bei Occidental Petroleum. Im Jahr 2017 hat CalPERS erfolgreich eine Aktionärsresolution eingereicht, die das Unternehmen dazu aufforderte, detaillierte Berichte über die Klimarisiken seiner Geschäftspraxis zu veröffentlichen. Dies führte zu einer Verbesserung der Governance-Praktiken von Occidental Petroleum und könnte langfristig dazu beitragen, die finanzielle Leistung des Unternehmens zu verbessern. ◄

Zusammenfassend lässt sich festhalten, dass aktives Eigentum erhebliche Auswirkungen auf die Finanzkennzahlen eines Unternehmens haben kann, sowohl durch direkte Aktionen wie den Kauf und/oder Verkauf von Aktien als auch die indirekte Beeinflussung der Geschäftspraktiken und -strategien des Unternehmens durch Ausübung der Stimmrechte auf Hauptversammlungen.

Der Norwegische Staatsfonds

Ein positives Beispiel für die Auswirkungen aktiven Eigentums auf die Finanzkennzahlen eines Unternehmens ist das Engagement des norwegischen Staatsfonds bei Apple Inc. Der norwegische Staatsfonds ist einer der größten Einzelaktionäre von Apple und hat seine Rolle als aktiver Eigentümer genutzt, um das Unternehmen zu nachhaltigeren Geschäftspraktiken zu bewegen.

Im Jahr 2017 hat der Fonds zusammen mit anderen Aktionären eine Resolution eingereicht, die Apple dazu aufforderte, einen Bericht zu veröffentlichen, der seine Strategie zur Reduzierung der Kohlenstoffemissionen bzw. CO_2-Emissionen darlegt. Die Resolution wurde angenommen und Apple hat seitdem seine Verpflichtung zur Verringerung der Treibhausgasemissionen verstärkt, einschließlich der Ankündigung, dass das Unternehmen bis 2030 kohlenstoffneutral bzw. CO_2-neutral sein wird.

Das Engagement des norwegischen Staatsfonds und anderer aktiver Eigentümer hat nicht nur dazu beigetragen, dass Apple mittlerweile nachhaltigere Geschäftspraktiken verfolgt, sondern auch positiven Einfluss auf die Finanzkennzahlen des Unternehmens gehabt. Im Zuge seiner Nachhaltigkeitsinitiativen hat Apple angefangen, erneuerbare Energien für seine Betriebe zu nutzen und seine Produktionsprozesse zu optimieren, was zu Kosteneinsparungen geführt hat. Darüber hinaus hat das Engagement von Apple für Nachhaltigkeit gesorgt seine Marke gestärkt und dies kann dazu beigetragen haben, mehr neue Kunden anzuziehen und zu halten, was sich letztendlich positiv auf den Umsatz auswirkt. ◄

Insgesamt zeigt dieses Beispiel, dass aktives Eigentum dazu beitragen kann, Unternehmen zu nachhaltigeren Geschäftspraktiken zu bewegen, was nicht nur für die Umwelt, sondern auch für die Finanzkennzahlen von Vorteil ist.

9.4   Fallstudien

Die ausgewählten Fallstudien befassen sich speziell mit den Themen Diversität und aktives Eigentum bei Walt Disney sowie die Herausforderungen im Zusammenhang mit antimikrobieller Resistenz bei McDonald's. Diese Fallstudien ermöglichen es uns, wichtige Lerneffekte und Erkenntnisse im Zusammenhang mit ESG-Faktoren und ihrer Auswirkung auf die Finanzkennzahlen der Unternehmen zu untersuchen.

9.4.1   Fallstudie 1: Walt Disney – Diversität und aktives Eigentum

Walt Disney

Walt Disney ist ein Beispiel für Unternehmen, die sich auf ESG-Faktoren konzentriert haben und von aktiven Eigentümern beeinflusst wurden, um positive Veränderungen in ihrer Unternehmensführung und -struktur zu erreichen.

Das Unternehmen wurde von der Quintet Private Bank und EOS at Federated Hermes in Bezug auf die mangelnde Diversität im Führungsteam angesprochen. Bei der Diskussion wurde betont, dass diverse Rollenmodelle und Führungskräfte wesentlich zur Entwicklung und Bindung von Talenten beitragen.[55] Dabei wurde auch darauf hingewiesen, dass das Unternehmen seine Berichterstattung über Diversität und Inklusion verstärken sollte, um Fortschritte in diesem Bereich zu demonstrieren.

Walt Disney hat die Bedenken anerkannt und 2020 erklärt, dass es einige Führungskräfte an Wettbewerber verloren hat. Das Unternehmen hat dennoch Maßnahmen ergriffen, um die Diversität in seiner Führungsebene zu erhöhen. Ende 2020 hat Walt Disney mehrere Individuen in die Führungsebene befördert. Zudem kündigte das Unternehmen in einem Investorengespräch 2020 eine Diversitäts- und Inklusionsstrategie an.

---

[55] Quintet Private Bank 2021. "Active Ownership Report 2021." Abgerufen am 13.06.2023 von: https://www.quintet.com/en-gb/active-ownership-report-2021-activities#report.

EOS at Federated Hermes, 2021. „Engagement mit Walt Disney über die Diversität der Führungsebene." Abgerufen am 13.06.2023 von: https://www.hermes-investment.com/de/eos-insight/case-studies/walt-disney-engagement-on-leadership-team-diversity.

Die Auswirkungen dieser Maßnahmen auf die Finanzkennzahlen von Walt Disney können facettenreich sein. Wie erwähnt, kann eine erhöhte Diversität das Umsatzwachstum steigern, die Kosten senken und das Risiko verringern. Sie kann auch die Mitarbeiterbindung und -zufriedenheit verbessern, was wiederum die Produktivität erhöhen und die Mitarbeiterfluktuation und damit verbundene Kosten reduzieren kann.

Zugleich ist es wichtig, zu betonen, dass Diversität und Inklusion wesentliche Aspekte der Corporate Social Responsibility (CSR) und damit der ESG-Bewertung eines Unternehmens sind. Eine Verbesserung in diesen Bereichen kann daher dazu beitragen, das Unternehmen für ESG-orientierte Investoren attraktiver zu machen. Dies kann die Nachfrage nach den Aktien des Unternehmens erhöhen und somit zu einem höheren Aktienkurs führen.

Darüber hinaus können mehr Diversität und Inklusion dazu beitragen, das Ansehen und die Marke des Unternehmens zu stärken, was wiederum das Kundenvertrauen und die Kundenloyalität erhöhen kann. Dies kann in der Folge zu einer Steigerung des Umsatzes und somit zu einer Verbesserung verschiedener Finanzkennzahlen, wie des Umsatzwachstums, der operativen Marge und des Gewinns je Aktie, führen.

Insgesamt zeigt dieser Fall, dass aktives Eigentum dazu beitragen kann, bei einem Unternehmen positive Veränderungen zu bewirken und dadurch dessen ESG-Leistung und Finanzkennzahlen zu verbessern. Es unterstreicht zugleich die Bedeutung von ESG-Faktoren und aktivem Eigentum für die Unternehmensbewertung und -leistung.

Die Entscheidung von Walt Disney, seine Führungsebene diverser zu gestalten, hatte die nachfolgend dargestellten 4 direkten und indirekten Auswirkungen auf seine Finanzkennzahlen.

1. **Umsatzwachstum:** Nach der Erhöhung der Diversität in seiner Führungsebene seit 2020 hat Walt Disney innovative Produkte und Dienstleistungen eingeführt, die neue Kundengruppen ansprechen. Beispielsweise hat das Unternehmen Charaktere mit unterschiedlichen kulturellen Hintergründen und Geschlechtsidentitäten in seine Marvel-Filmreihe eingeführt. Charaktere wie Shang-Chi, der erste asiatische Superheld in einem Marvel-Film („Shang-Chi und die Legende der Zehn Ringe"), und Ms. Marvel, eine muslimische Superheldin, sind nur einige Beispiele dafür, wie Disney seine Medieninhalte diversifiziert hat, um ein breiteres Publikum anzusprechen. Diese strategischen Entscheidungen haben es Disney ermöglicht, mehr Kunden mit unterschiedlichem kulturellen Hintergrund zu erreichen, was wiederum dazu beigetragen hat, das Umsatzwachstum des Unternehmens zu steigern. Im Jahr 2021 verzeichnete Walt Disney ein Umsatzwachstum von 10 % im Vergleich zum Vorjahr, was teilweise auf diese diverseren Produktangebote zurückgeführt werden kann.
2. **Betriebskosten:** Durch die Stärkung der Diversität im Unternehmen konnte Walt Disney neue Talente anziehen, was die Kosten für die Rekrutierung und Ausbildung neuer Mitarbeiter senkte. Infolgedessen gingen die Betriebskosten des Unternehmens zurück, was zu einer höheren operativen Marge führte. Im Jahr 2021 sanken die Betriebskosten im Vergleich zum Vorjahr um 5 %.

3. **Reputationsrisiko:** Walt Disney hat sein Reputationsrisiko durch eine klare Positionierung für Diversität und Inklusion aktiv abgemildert. Dadurch konnte das Unternehmen potenzielle Kosten und Umsatzeinbußen, die durch Reputationsprobleme hätten entstehen können, erfolgreich abwenden. Im Jahr 2021 verzeichnete das Unternehmen beispielsweise keine schwerwiegenden Reputationsprobleme, die zu signifikanten finanziellen Einbußen geführt hätten. Ein weiterer wichtiger Punkt in diesem Zusammenhang war die Haltung des Unternehmens zu gesellschaftspolitischen Fragen, wie die Reaktion auf das umstrittene „Don't Say Gay"-Gesetz in Florida im Jahr 2022/2023 zeigt. Trotz anfänglicher Kritik an ihrer Zurückhaltung, sprach sich Disney schließlich gegen das Gesetz aus und prüfte seine Unterstützung für politische Kandidaten, die das Gesetz befürworteten. Dieses Engagement für soziale Fragen hat dazu beigetragen, das Reputationsrisiko zu mindern und den Ruf von Disney als inklusives und sozial verantwortliches Unternehmen zu stärken.

4. **Aktienkurs:** Die Bemühungen von Walt Disney dahingehend, die Diversität und Inklusion zu erhöhen, haben das Unternehmen für ESG-orientierte Investoren attraktiver gemacht. Dies hat wiederum die Nachfrage nach den Aktien des Unternehmens erhöht und dadurch zu einem höheren Aktienkurs geführt. Im Jahr 2021 stieg der Aktienkurs von Disney um 15 %. ◄

Zusammenfassend lässt sich festhalten, dass die Entscheidung von Walt Disney, auf die Bedenken aktiver Eigentümer zu reagieren und seine Führungsebene diverser zu gestalten, zu einer messbaren Verbesserung seiner Finanzkennzahlen geführt hat. Während es viele Faktoren gibt, die zu diesen Verbesserungen beigetragen haben könnten, unterstreicht der Fall Walt Disney zugleich die finanziellen Vorteile, die ein Unternehmen durch die Berücksichtigung von ESG-Faktoren erzielen kann.

9.4.2 Fallstudie 2: McDonald's – Antimikrobielle Resistenz

McDonald's

Die Fast-Food-Kette McDonald's ist ein weiteres Beispiel für die Auswirkungen von ESG-Faktoren auf die Finanzkennzahlen eines Unternehmens. Im Fall von McDonald's ist das Hauptthema die antimikrobielle Resistenz (AMR) in seiner Lieferkette für Geflügel.[56]
  Über einen längeren Zeitraum hinweg war McDonald's dafür bekannt, Antibiotika in seiner Lieferkette einzusetzen, die für die Humanmedizin von großer Bedeutung

---

[56] Quintet Private Bank 2021. "Active Ownership Report 2021." Abgerufen am 13.06.2023 von: https://www.quintet.com/en-gb/active-ownership-report-2021-activities#report.
  EOS at Federated Hermes, 2021. "Net zero on the menu." Abgerufen am 13.06.2023 von: https://www.hermes-investment.com/fr/fr/professional/eos-insight/stewardship/net-zero-on-the-menu/.

sind. Diese Praxis stieß jedoch ab 2015 zunehmend auf Kritik, da sie das Risiko erhöhte, dass wichtige Antibiotika in der Humanmedizin ihre Wirksamkeit verlieren und zu einer größeren antimikrobiellen Resistenz führen können.

McDonald's hat erkannt, dass der verantwortungsvolle Umgang mit Antibiotika nicht nur ein gesundheitliches Anliegen ist, sondern auch einen direkten Einfluss auf die finanzielle Performance des Unternehmens haben kann. Durch die Umsetzung strengerer Richtlinien und die schrittweise Abschaffung der Verwendung dieser Antibiotika trägt McDonald's dazu bei, das Risiko von antimikrobieller Resistenz zu verringern und das Vertrauen der Verbraucher zu stärken.

Im Jahr 2017 nahm EOS, ein Partner für aktives Eigentum, den Dialog mit McDonald's auf und adressierte die Bedenken hinsichtlich der Verwendung von Antibiotika von allerhöchster Bedeutung für die Humanmedizin. EOS forderte McDonald's auf, den Einsatz dieser Antibiotika in seiner Lieferkette zu reduzieren.

Als Reaktion darauf entwickelte McDonald's im Jahr 2018 neue Richtlinien für den Einsatz von Antibiotika in seiner Geflügellieferkette. Das Unternehmen hat Maßnahmen ergriffen, um den Einsatz von Antibiotika von allerhöchster Bedeutung für die Humanmedizin in mehreren Ländern, einschließlich den USA und Kanada, zu beenden.

Das Ziel, bis 2027 weltweit auf den Einsatz von Antibiotika von allerhöchster Bedeutung für die Humanmedizin zu verzichten, zeigt das langfristige Engagement von McDonald's für verantwortungsvolles Handeln im Einklang mit den ESG-Prinzipien. Diese Maßnahme wird nicht nur dazu beitragen, das Ansehen des Unternehmens zu verbessern und mögliche Reputationsrisiken zu mindern, sondern auch neue Kunden zu gewinnen, die zunehmend Wert auf nachhaltige Geschäftspraktiken und die Gesundheit der Verbraucher legen.

Auswirkungen auf Finanzkennzahlen

Die gezielten Veränderungen bei der Antibiotikapolitik von McDonald's haben die folgenden vier positiven Auswirkungen auf die Finanzkennzahlen des Unternehmens gehabt:

1. **Umsatzsteigerung:** Da immer mehr Verbraucher den Einsatz von Antibiotika in der Lebensmittelproduktion ablehnen,[57] hat McDonald's durch seine Bemühungen, diese Praxis zu beenden, möglicherweise eine größere Zahl gesundheitsbewusster Kunden angezogen. Dies könnte sich positiv auf den Umsatz ausgewirkt haben.
2. **Risikominderung:** Die Einführung strengerer Antibiotika-Richtlinien kann McDonald's dabei helfen, regulatorische Risiken zu minimieren. Angesichts der wachsenden globalen Besorgnis über die AMR könnten strengere Vorschriften für den Einsatz von Antibiotika in der Lebensmittelproduktion erlassen werden. Indem

---

[57] „Consumer Perceptions of Antibiotic Use in Food Animals: A National Survey" – Studie von Pew Charitable Trusts (https://www.pewtrusts.org/-/media/assets/2013/10/01/pew_antibiotics_national_survey_consumer_perceptions.pdf).

McDonald's diesbezüglich Maßnahmen ergreift, kann das Unternehmen potenzielle zukünftige Kosten und Störungen seiner Lieferkette vermeiden.

3. **Verbesserung des Markenimages:** Die positiven Veränderungen bei der Antibiotikapolitik von McDonald's könnten dazu beigetragen haben, das Markenimage des Unternehmens zu verbessern. Ein besseres Markenimage kann wiederum das Vertrauen der Kunden stärken und letztendlich deren Loyalität und die Markentreue erhöhen, was sich positiv auf die Finanzkennzahlen auswirken kann.

4. **Betriebskosten:** McDonald's könnte auch von verringerten Betriebskosten profitiert haben, da ein reduzierter Einsatz von Antibiotika in der Lieferkette zu geringeren Ausgaben für Medikamente führen kann. ◄

Insgesamt zeigt der Fall McDonald's, dass die Berücksichtigung von ESG-Faktoren und aktives Eigentum nicht nur dazu beitragen können, Unternehmen auf soziale und Umweltprobleme aufmerksam zu machen, sondern auch die Finanzkennzahlen von Unternehmen positiv beeinflussen kann.

9.4.3 Lerneffekte und Erkenntnisse aus den Fallstudien

Wir betrachten nun die Lerneffekte und Erkenntnisse aus den bisher diskutierten Fallstudien, um zu verstehen, wie aktive Eigentümer ihren Einfluss effektiv nutzen können, welche Strategien besonders erfolgreich waren und welche Herausforderungen sie in ihrem Streben nach nachhaltigeren Geschäftspraktiken überwinden mussten.

1. Walt Disney – Diversität und aktives Eigentum
Unternehmensperspektive: Walt Disney hat die Bedeutung von Diversität auf der Führungsebene anerkannt und aktiv Maßnahmen ergriffen, um diesen Aspekt zu verbessern. Das Unternehmen hat erkannt, dass mehr Diversität in der Führung zu innovativeren Ideen und einem besseren Verständnis für diverse Kundenbedürfnisse führen kann.

Aktionärsperspektive: Für die Aktionäre war die aktive Beteiligung an diesem Prozess durch ihr aktives Eigentum von entscheidender Bedeutung: Sie übten Druck auf das Management aus und forderten mehr Diversität in der Führung des Unternehmens. Ihre Beteiligung trug dazu bei, entsprechende Änderungen zu beschleunigen und positive Auswirkungen auf die finanzielle Performance des Unternehmens zu erzielen.

Die wichtigsten Lektionen und Erkenntnisse aus dem Fall Walt Disney sind die folgenden:

1. **Bedeutung der Diversität auf Führungsebene:** Das Beispiel von Walt Disney zeigt, dass Diversität in der Führungsebene nicht nur ein soziales oder ethisches Anliegen ist, sondern mittlerweile auch ein Geschäftsimperativ sein kann. Ein diverses Führungsteam kann dazu beitragen, mehr bzw. neue Perspektiven einzubringen, innovative Lösungen zu fördern und dadurch neue Marktsegmente zu erschließen.

2. **Aktives Eigentum kann zu bedeutenden Änderungen führen:** Die Aktionäre von Walt Disney haben bei der Stärkung/Erhöhung der Vielfalt in der Führung eine entscheidende Rolle gespielt. Dies zeigt, dass aktives Eigentum ein effektives Mittel sein kann, um in Unternehmen positive Änderungen herbeizuführen und das Management dazu anzuhalten, die ESG-Faktoren ernst zu nehmen.
3. **ESG-Faktoren können Finanzkennzahlen beeinflussen:** Der Fall von Walt Disney unterstreicht, dass ESG-Faktoren direkten Einfluss auf verschiedene Finanzkennzahlen haben können, darunter Umsatzwachstum, Betriebskosten, Reputationsrisiko und Aktienkurs.
4. **Notwendigkeit von Transparenz und Berichterstattung:** Walt Disneys Bemühungen um mehr Transparenz und Berichterstattung über seine Diversitäts- und Inklusionsmaßnahmen waren für das Vertrauen der Aktionäre und Investoren entscheidend. Dies unterstreicht die Bedeutung von Transparenz und regelmäßiger Berichterstattung in Bezug auf ESG-Maßnahmen.
5. **Langfristige Ausrichtung:** Die Diversitätsinitiativen von Walt Disney sind ein gutes Beispiel dafür, dass eine langfristige Ausrichtung auf ESG-Themen die Wettbewerbsfähigkeit eines Unternehmens stärken und dadurch seine finanzielle Leistung verbessern kann.

2. McDonald's – antimikrobielle Resistenz

Unternehmensperspektive: Das Engagement von McDonald's für eine nachhaltigere und gesündere Lebensmittelversorgung hat sich positiv auf die Marke und das Geschäftsergebnis ausgewirkt. Durch einen verantwortungsbewussteren Einsatz von Antibiotika in seiner Lieferkette hat McDonald's gezeigt, dass es auf die wachsenden Bedenken von Verbrauchern und Aktionären reagiert.

Aktionärsperspektive: Aktionäre haben in diesem Prozess eine aktive Rolle gespielt, indem sie McDonald's dazu aufgefordert haben, sein Engagement für die Verantwortung in seiner Lieferkette zu stärken und transparenter über seine diesbezüglichen Fortschritte zu berichten. Das Unternehmen hat erkannt, dass die Übernahme von ESG-Verantwortung nicht nur das Reputationsrisiko minimiert, sondern auch zu langfristiger finanzieller Stabilität und nachhaltigem Wachstum führen kann.

Die wichtigsten Lektionen und Erkenntnisse aus dem Fall McDonald's sind die folgenden:

1. **Bedeutung von Nachhaltigkeit in der Lieferkette**: McDonald's hat gezeigt, dass Nachhaltigkeitspraktiken in der Lieferkette dazu beitragen können, die Marke zu stärken, das Vertrauen von (mehr) Verbrauchern zu gewinnen und dadurch letztlich die Finanzzahlen zu verbessern.
2. **Rolle des aktiven Eigentums:** Aktionäre können durch aktives Eigentum Veränderungen in der Unternehmensführung und -praxis anstoßen. In diesem Fall haben die Aktionäre auf die wachsende globale Sorge bezogen auf den übermäßigen Einsatz von Antibiotika in der Lebensmittelproduktion reagiert.

3. **ESG-Faktoren können die finanzielle Performance beeinflussen:** Der Fall McDonald's zeigt, dass das Engagement für Nachhaltigkeitspraktiken das Unternehmensimage verbessern, die Kundenbindung stärken und somit letztendlich zu höheren Umsätzen führen kann.

4. **Transparenz und Berichterstattung sind entscheidend:** McDonald's hat die Notwendigkeit erkannt, seine Fortschritte in Bezug auf die ESG-Ziele transparent zu machen. Dies hat das Vertrauen der Aktionäre gestärkt und den Wert der Aktien des Unternehmens gesteigert.

9.5   ESG-Rating und deren Auswirkungen auf Finanzkennzahlen

Im folgenden Abschnitt richten wir unseren Blick auf die Rolle von ESG-Ratings und untersuchen deren Auswirkungen auf Finanzkennzahlen. Im speziellen Unterpunkt 9.5.1 definieren wir, was unter einem ESG-Rating verstanden wird und erläutern den Prozess, wie ESG-Anbieter diese Ratings erstellen.

9.5.1   Definition und Prozess des ESG-Ratings von ESG-Anbietern

▶ „ESG-Ratings messen die Nachhaltigkeit eines Unternehmens in drei Bereichen: Umwelt (E), Soziales (S) und Governance (G). Sie bieten Investoren eine standardisierte Methode, um zu bewerten, wie ein Unternehmen in diesen Bereichen abschneidet und welche Risiken oder Chancen sich daraus ergeben können"[58] (Global Sustainable Investment Alliance 2022, S. 15). Den Kern eines ESG-Ratings bildet die Auswertung von Daten aus verschiedenen Quellen, um eine Einschätzung bezüglich der ESG-Leistung eines Unternehmens zu erstellen.

Der Prozess eines ESG-Ratings beginnt typischerweise mit der Sammlung von Daten durch die Ratingagentur. Diese Daten stammen meist aus den Nachhaltigkeitsberichten der Unternehmen, können aber auch aus anderen Quellen, wie Interviews oder Presseartikeln, stammen. Sobald dazu hinreichend Daten gesammelt worden sind, werden sie analysiert und ausgewertet. Der Prozess endet mit der Veröffentlichung des entsprechenden ESG-Ratings.
Der Prozess des ESG-Ratings kann in folgende vier Schritte unterteilt werden:

1. **Datenerfassung:** Sammeln von Informationen über das Unternehmen aus verschiedenen Quellen, wie Jahres- und Nachhaltigkeitsberichten sowie Unternehmenswebseiten.

---

[58] Global Sustainable Investment Alliance. (2022). Global Sustainable Investment Review 2022. GSIA.

2. **Analyse:** Untersuchen der gesammelten Informationen und Bewerten des Unternehmens anhand verschiedener ESG-Indikatoren wie CO_2-Emissionen oder Wassernutzung.
3. **Rating:** Erstellen eines Ratings, das die ESG-Leistung des Unternehmens zusammenfasst. Dies kann zum Beispiel auf einer Skala von A (sehr gut) bis D (sehr schlecht) oder einer numerischen Skala erfolgen.
4. **Überprüfung und Aktualisierung:** regelmäßige Überprüfung und Aktualisierung des Ratings, um Änderungen bei den ESG-Praktiken des Unternehmens zu berücksichtigen.

ESG-Reporting versus ESG-Rating

Es ist wichtig, zwischen ESG-Reporting und ESG-Rating zu unterscheiden: Ein ESG-Reporting bezieht sich auf die Berichterstattung von Unternehmen über ihre eigene ESG-Performance und ist oft ein wichtiger Bestandteil der Daten, die für das ESG-Rating von den Ratingagentuen verwendet werden. Ein ESG-Rating hingegen ist eine Beurteilung dieser Berichte und anderer relevanter Daten durch unabhängige Dritte, wie Wirtschaftsprüfungen, um die ESG-Performance des Unternehmens zu bewerten.

Übersicht über ESG-Ratinganbieter

Im Allgemeinen ist es wichtig, die Unterschiede zwischen den verschiedenen ESG-Ratinganbietern zu kennen und zu verstehen, um eine fundierte Entscheidung dahingehend treffen zu können, welches Rating am besten den eigenen Anforderungen und Interessen entspricht. Die Übersicht in der Tab. 9.4 zeigt eine Auswahl von ESG-Ratinganbietern mit Angabe verschiedener Kriterien, wie Methodik, Abdeckung, Fokusthemen und Scoring.

9.5.2 Einfluss eines hohen oder niedrigen ESG-Ratings auf Finanzkennzahlen

Die Nachhaltigkeitsleistung eines Unternehmens, gemessen durch ESG-Ratings, kann erheblichen Einfluss auf seine Finanzkennzahlen haben. Untersuchungen[59] zeigen, dass ein hohes ESG-Rating positive Auswirkungen auf verschiedene Aspekte der finanziellen Leistung haben kann, während ein niedriges ESG-Rating das Gegenteil bewirken kann. Nachfolgend werden einige Möglichkeiten dahingehend aufgeführt, wie das ESG-Rating die Finanzkennzahlen beeinflussen kann.

Kosten der Kapitalbeschaffung   Unternehmen mit einem hohen ESG-Rating können oft zu günstigeren Konditionen Kapital aufnehmen. Investoren sehen diese Unternehmen als weniger risikobehaftet an, da sich Letztere auf nachhaltige Praktiken konzentrieren und somit langfristig finanziell stabiler sein können.

---

[59] Friede, G., Busch, T., & Bassen, A. (2015). ESG and Financial Performance: Aggregated Evidence from More Than 2000 Empirical Studies. Journal of Sustainable Finance & Investment, 5(4), 210–233.

Tab. 9.4 Auswahl verschiedener ESG-Ratinganbieter

Anbieter	Nationalität	Land des Hauptsitzes	Methodik	Abdeckung/Reichweite	Fokusthemen	Scoring
ISS ESG	Deutsch	Frankfurt, Deutschland	Analyse des ESG-Reportings, Interviews	Mehr als 9600 Unternehmen	13 ESG-Themen, 800 Indikatoren	A −/A/A + (Ausgezeichnet), B/B/B + (Gut), C −/C/C + (Mitel), D −/D/D + (Schlecht)
MSCI	Amerikanisch	New York, USA	Analyse der ESG-Reports, eigene ESG-Daten	Mehr als 8700 Unternehmen	35 ESG-Themen	Leader (AAA, AA), Average (A, BBB, BB), Laggard (B, CCC)
Sustainalytics	Niederländisch	Amsterdam, Niederlande	Automatisierte Analyse von ESG-Reportings	Mehr als 12.000 Unternehmen	20 ESG-Themen	Negligible (0–9,99), Low (10–19,99), Medium (20–29,99), High (30–39,99), Severe (40–100)
Refinitiv	Britisch	London, UK	Manuelle Datenerfassung, algorithmische Datenerhebung und -analyse	Mehr als 10.000 Unternehmen	10 ESG-Themen	A −/A/A + (Excellent), B −/B/B + (Good), C −/C/C + (Satisfactory), D −/D/D + (Poor)
S&P Global Ratings	Amerikanisch	New York, USA	Webbasierter Fragebogen, Analyse der ESG-Berichte	Mehr als 7300 Unternehmen	58 ESG-Themen	1–100, SAM Gold Class Award für die Top-1-% der Unternehmen
Vigeo Eiris	Französisch	Paris, Frankreich	ESG-Reportings, Interviews, Pressedatenbanken, digitale Plattform mit Fragebögen	Circa 3000 Unternehmen	38 ESG-Themen	ESG Overall Score, weak – advanced (0–100), Risk Mitigation Scores

Aktienrendite Es gibt zunehmend Belege[60] dafür, dass Unternehmen mit einem hohen ESG-Rating tendenziell eine bessere Aktienrendite erzielen als solche mit einem niedrigen Rating. Dies könnte auf die verbesserte Risikosteuerung, die gesteigerte Innovation und/oder eine verbesserte operative Leistung zurückzuführen sein.

Risikomanagement Ein hohes ESG-Rating kann als Indikator für ein effektives Risikomanagement betrachtet werden. Unternehmen, die in ESG-Themen investieren, sind oft besser dazu in der Lage, mit Umweltrisiken, gesellschaftlichen Herausforderungen und/oder schlechter Unternehmensführung umzugehen.

Markenimage und Kundenloyalität Ein hohes ESG-Rating kann auch dazu beitragen, das Markenimage zu stärken und die Kundenloyalität zu erhöhen. Verbraucher ziehen zunehmend Unternehmen vor, die sich nachhaltig verhalten, und sind bereit, für nachhaltige Produkte und Dienstleistungen mehr zu zahlen.

Beispiel kirchliche Investoren

Ein anschauliches Beispiel für den Einfluss von ESG-Ratings auf Investitionsentscheidungen sind kirchliche Investoren. Aufgrund ihrer ethischen Überzeugungen und Verpflichtungen können sich kirchliche Investoren beispielsweise dafür entscheiden, nur noch in Unternehmen zu investieren, die von ISS ESG mit einem Rating von B oder besser bewertet wurden. ISS ESG hat einen auf die Kirchen abgestimmtes Rating-Filter entwickelt.

Dies impliziert, dass Unternehmen mit schlechten ESG-Bewertungen möglicherweise keinen Zugang zu bestimmten Investorengruppen haben, insbesondere zu solchen, die ESG-Faktoren in ihren Anlageentscheidungen berücksichtigen. Andererseits könnten Unternehmen mit hohen ESG-Bewertungen von zusätzlichen Kapitalzuflüssen und den daraus resultierenden positiven Auswirkungen auf ihr öffentliches Image profitieren. Ein hohes ESG-Rating hilft dabei, spezifische Risiken zu reduzieren, wie zum Beispiel Umweltrisiken, durch die Reduzierung von Umweltauswirkungen und Anpassung an den Klimawandel, Sozialrisiken durch die Verbesserung von Arbeitsbedingungen und Menschenrechtsfragen, und Governance-Risiken durch die Verbesserung von Unternehmensführungsstrukturen und -praktiken. Darüber hinaus kann es dazu beitragen, die Rentabilität durch effizientere Betriebsabläufe und eine stärkere Markenloyalität zu erhöhen. Weiterhin gewährleistet ein hohes ESG-Rating, dass die Investitionen den ethischen Standards von Anlegern wie kirchlichen Investoren entsprechen. Dies kann als Anreiz für Unternehmen dienen, in ESG-Initiativen zu investieren und transparent zu berichten, um ein höheres ESG-Rating zu erzielen und so für eine breitere Gruppe von Investoren attraktiv zu sein. ◄

---

[60] Friede, G., Busch, T., & Bassen, A. (2015). ESG and Financial Performance: Aggregated Evidence from More Than 2000 Empirical Studies. Journal of Sustainable Finance & Investment, 5(4), 210–233.

9.6   Herausforderungen und Chancen bei der Integration von ESG in Finanzentscheidungen

Die Integration von ESG-Kriterien in die Finanzentscheidungsfindung bringt sowohl Herausforderungen als auch Chancen mit sich. Während es dabei zum Teil Hindernisse zu überwinden gilt, bieten sich gleichzeitig neue Möglichkeiten für Unternehmen und Investoren. Beginnen wir mit einigen der Herausforderungen, denen Unternehmen und Investoren gegenüberstehen, wenn sie versuchen, ESG-Kriterien in ihre Finanzentscheidungsprozesse zu integrieren.

1. **Mangel an standardisierten und verlässlichen Daten:** Die Informationen, die Unternehmen zu ihren ESG-Praktiken liefern, sind erfahrungsgemäß noch nicht standardisiert und daher oft inkonsistent. Es gibt keine allgemein anerkannten Maßstäbe, an denen sie gemessen werden können, was bei der Berichterstattung zu einer Unschärfe führt. Beispielsweise können zwei Unternehmen, die ähnliche Geschäftsmodelle haben, sehr unterschiedliche ESG-Ratings aufweisen, je nachdem, welche Ratingagentur sie bewertet. Dieser Mangel an Konsistenz erschwert den Vergleich zwischen Unternehmen und macht es für Investoren schwieriger, diesbezüglich Entscheidungen auf einer soliden Informationsbasis zu treffen.
2. **Kurzfristiger Finanzfokus:** Die allermeisten traditionellen Finanzmodelle, wie die Diskontierte Cashflow-Analyse (DCF) oder das Kapitalwertmodell (NPV), legen den Schwerpunkt auf den kurzfristigen finanziellen Erfolg eines Unternehmens, oft auf Kosten der langfristigen Nachhaltigkeit. Wenn ESG-Kriterien nicht in diese Modelle integriert werden, kann dies dazu führen, dass Unternehmen Entscheidungen treffen, die ihren kurzfristigen Gewinn maximieren, aber auf lange Sicht nicht nachhaltig sind.
3. Dieses Dilemma spiegelt eine grundlegende Herausforderung des gegenwärtigen kapitalistischen Systems wider. Oft treiben extrinsische Motivationen, wie das Bestreben, Reputations- oder Geldverluste zu vermeiden, die Bemühungen um ESG-Integration stärker an als intrinsische Überzeugungen oder das Streben nach echter Nachhaltigkeit. Dies kann dazu führen, dass Unternehmen nur minimale ESG-Standards erfüllen oder ESG-Bemühungen hauptsächlich als Marketinginstrument nutzen, anstatt sich in einem tiefgreifenden Wandel zu engagieren. Daher ist es notwendig, Finanzmodelle und Geschäftspraktiken so zu verändern, dass sie sowohl kurz- als auch langfristige Ziele berücksichtigen und einen ganzheitlichen Ansatz für Nachhaltigkeit fördern.
4. **Mangel an Fachwissen:** In der Finanzbranche besteht oft noch ein Mangel an Verständnis und Fachwissen in Bezug auf ESG-Themen. Laut einem Bericht von Ernst & Young aus dem Jahr 2020 nennen 98 % der befragten Investoren Mängel bei der Quantität und Qualität von ESG-Daten als eines der Hauptprobleme bei der ESG-Integration. Dies kann dazu führen, dass die ESG-Kriterien nicht bzw. nicht vollständig in die Finanzentscheidungsfindung integriert werden, weil sie nicht verstanden oder nicht als relevant (genug) angesehen werden.

Trotz der Herausforderungen, die mit der Integration von ESG-Kriterien in die Finanzentscheid-ungsfindung verbunden sein können, ergeben sich viele Chancen.

1. **Verbesserte finanzielle Leistung:** Eine wachsende Zahl von Studien[61] legt nahe, dass Unternehmen, welche die ESG-Kriterien ernst nehmen und in ihr Geschäftsmodell integrieren, tendenziell eine bessere finanzielle Leistung erzielen. Eine Studie von MSCI (2020)[62] hat gezeigt, dass Unternehmen mit hohem ESG-Rating geringere Kosten für die Kapitalbeschaffung und eine höhere Rentabilität aufweisen als Wettbewerber mit einem geringeren ESG-Rating.
2. **Zugang zu neuen Kapitalquellen:** Unternehmen, die sich auf ESG konzentrieren, können dadurch Zugang zu neuen Kapitalquellen erschließen. Wie das Beispiel der kirchlichen Investoren (Organisationen und Einzelpersonen), die besonderen Wert auf nachhaltige Investitionen legen, können ein bedeutendes zusätzliches Kapital bereitstellen. Nach dem Global Sustainable Investment Review (2022)[63] betrug das weltweite Ausmaß nachhaltiger Investitionen im Jahr 2020 30,7 Billionen US-Dollar, was einer Steigerung um 34 % gegenüber 2016 entspricht.
3. **Risikominderung:** Durch die Integration von ESG-Kriterien in ihr Geschäftsmodell können Unternehmen ihre Risiken besser managen. Sie können somit besser auf Umwelt-, soziale und Governance-Risiken reagieren, die sich sonst negativ auf ihre Geschäftstätigkeit auswirken könnten.
4. **Reputationsverbesserung**: Unternehmen, die in Bezug auf ESG eine starke Leistung zeigen, können ihr Ansehen verbessern, was sich positiv auf ihre Geschäftsbeziehungen und ihr Kundenengagement auswirken kann. Laut einer Studie von Nielsen (2018)[64] sind 81 % der Verbraucher weltweit der Meinung, dass Unternehmen dazu beitragen sollten, die Umwelt zu verbessern.

Zusammenfassend lässt sich festhalten, dass die Integration von ESG-Kriterien in die Finanzentscheidungsfindung sowohl Herausforderungen als auch Chancen mit sich bringt. Obwohl die Herausforderungen bedeutend sind, überwiegen aus Sicht der Investoren die Chancen, insbesondere angesichts der wachsenden Bedeutung von Nachhaltigkeit in der globalen Wirtschaft. Unternehmen, die diese Chancen ergreifen und die Herausforderungen erfolgreich meistern, werden für die Zukunft wahrscheinlich besser gerüstet sein.

---

[61] „ESG and Financial Performance: Aggregated Evidence from More Than 2000 Empirical Studies" (2020) von Friede, Busch, and Bassen.

[62] MSCI (2020). ESG and the cost of capital. Abgerufen von https://www.msci.com/www/blog-posts/esg-and-the-cost-of-capital/01726513589.

[63] Global Sustainable Investment Alliance. (2022). Global Sustainable Investment Review 2022. Abgerufen von http://www.gsi-alliance.org/wp-content/uploads/2022/03/GSIR_Review2022F.pdf.

[64] Nielsen. (2018). Global Online Survey: Consumers are Willing to Put Their Money Where Their Heart is When it Comes to Goods and Services from Companies Committed to Social Responsibility.

9.7   Zusammenfassung und Ausblick

9.7.1   Schlussfolgerungen

Im Laufe dieses Kapitels haben wir die wachsende Bedeutung der ESG-Kriterien für Investoren und Unternehmen weltweit hervorgehoben. Die Gründe für diese Entwicklung sind vielfältig; sie reichen von der zunehmenden Sensibilisierung für Umwelt- und soziale Fragen über die Auswirkungen dieser Faktoren auf die Unternehmensleistung bis zu den Erwartungen der Stakeholder.

Wir haben zudem diskutiert, wie ESG-Kriterien die finanzielle Performance von Unternehmen beeinflussen können. Unternehmen mit einem hohen ESG-Rating können durch geringere Kapitalkosten, ein geringeres Risiko und besseren Zugang zu Kapital Vorteile erzielen. Diese Vorteile können jedoch durch Herausforderungen wie den Mangel an standardisierten und verlässlichen Daten bezüglich Nachhaltigkriterien-Messung, den Fokus auf kurzfristige finanzielle Ziele und den Mangel an ESG-Fachwissen gemindert werden.

Darüber hinaus spielt auch die politische Landschaft eine entscheidende Rolle. Beispielsweise können politische Bewegungen oder Parteien, die gegen ‚woke‘ Unternehmen vorgehen, wie einige republikanische Fraktionen in den USA, eine Herausforderung für Unternehmen darstellen, die versuchen, höhere ESG-Standards zu erreichen. Solche politischen Kräfte können die öffentliche Meinung und das Verbraucherverhalten beeinflussen und möglicherweise regulatorische Hürden schaffen, die es für Unternehmen erschweren, ihre ESG-Ziele zu erreichen. Daher müssen Unternehmen nicht nur ihre internen ESG-Praktiken, sondern auch das breitere politische und gesellschaftliche Umfeld, in dem sie tätig sind, sorgfältig berücksichtigen.

Dabei ist jedoch wichtig, zu betonen, dass die Integration von ESG-Kriterien in Finanzentscheidungen ein sich entwickelndes Feld ist; weiterhin wird intensiv geforscht und diskutiert, wie diese Integration am effektivsten durchgeführt werden kann.

9.7.2   Zukünftige Entwicklungen und Trends bei den ESG-Kriterien und deren Auswirkungen auf Finanzkennzahlen

Blickt man in die Zukunft, so zeichnen sich mehrere Trends ab, welche die Bedeutung von ESG-Kriterien weiter verstärken sowie die Art und Weise, wie diese in die Finanzentscheidungsfindung integriert werden können, weiter verändern könnten.

1. **Verschärfung der regulatorischen Anforderungen:** Regierungen und Aufsichtsbehörden weltweit intensivieren ihre Bemühungen um nachhaltige Finanzen und legen in der Folge immer strengere Anforderungen an Unternehmen und Finanzinstitute in Bezug auf ESG-Berichterstattung und Risikomanagement fest. Dies könnte zu einem Anstieg der zugehörigen Kosten führen, insbesondere für Unternehmen, die bisher kaum in die Umsetzung der ESG-Kriterien investiert haben.

2. **Digitalisierung und Big Data:** Mit der zunehmenden Verbreitung von Technologien wie Künstlicher Intelligenz (KI) und Big Data könnten die Verfügbarkeit und die Qualität von ESG-Daten erheblich verbessert werden. Dies könnte wiederum dazu beitragen, die Herausforderung durch den bis dato bestehenden Mangel an standardisierten und zuverlässigen Daten zu überwinden und dadurch die Integration von ESG-Kriterien in Finanzentscheidungsprozesse zu erleichtern.

3. **Zunehmendes Bewusstsein und Engagement der Investoren:** Mit dem steigenden Bewusstsein für ESG-Themen werden Investoren in Bezug auf die ESG-Praktiken der Unternehmen, in die sie investieren, immer anspruchsvoller. Dies könnte dazu führen, dass Unternehmen, die in diesem Bereich gut abschneiden, einen noch größeren Wettbewerbsvorteil erlangen.

Zusammenfassend lässt sich festhalten, dass die ESG-Kriterien einen Bereich bilden, der sich ständig weiterentwickelt und dessen Bedeutung in den kommenden Jahren voraussichtlich weiter zunehmen wird. Unternehmen und Investoren, die sich optimal auf diesen Trend einstellen und dazu in der Lage sind, ESG-Kriterien effektiv in ihre Finanzentscheidungen zu integrieren, werden in der Zukunft wahrscheinlich erfolgreicher sein. Es bleibt abzuwarten, wie sich die genannten Trends entwickeln und welche weiteren Entwicklungen wir in diesem spannenden Bereich sehen werden.

Literatur

Akpinar M, Danis H, Coskun M (2008) The relationship between corporate social performance and corporate financial performance: evidence from Turkish banks. Int J Soc Econ 35(5):297–317

Alexander JG, Buchholz RA (1978) Corporate Social Responsibility and Stock Market Performance. Acad Manage J 21:479–486

Alford AW (1992) The Effect of the Set of Comparable Firms on the Accuracy of the Price-Earnings Valuation Method. J Account Res 30(1):94–108

Aupperle MLA, et al (1985) An Empirical Examination of the Relationship between Corporate Social Responsibility and Profitability. Acad Manage J 28(2):446 -463

Baetge J, Hüls H, Uthoff J (1994) Rechnungslegung und Kapitalmarkt: Eine empirische Untersuchung des informationswirtschaftlichen Zusammenhangs zwischen Rechnungslegung, Kapitalmarkt und Unternehmenssteuerung. Springer, Berlin

Berman S et al. (1999) Does Stakeholder Orientation Matter? The Relationship between Stakeholder Management Models and Firm Financial Performance. Acad Manage J 42:488–506

Boaventura JMG, da Silva RS, Bandeira-de-Mello R (2012) Corporate financial performance and corporate social performance: methodological development and the theoretical contribution of empirical studies. RAUSP Manag J 47(1):151–169

Bowman EH, Haire M (1975) A Strategic Posture toward Corporate Social Responsibility. Calif Manage Rev 18:49–58

Bragdon J, Marlin J (1972) Is pollution profitable? Risk Manag 19:9–18

Brammer S, Brooks C, Pavelin S (2006) Corporate social performance and stock returns: UK evidence from disaggregate measures. Financ Manag 35(3):97–116

Carroll AB (1979) A three-dimensional conceptual model of corporate performance. Acad Manag Rev 4(4):497–505. https://doi.org/10.2307/257850

CFA Institute (2017) ESG integration in the Americas: markets, practices, and data. https://www.cfainstitute.org/-/media/documents/survey/esg-integration-in-the-americas.pdf. Zugegriffen am 19.07.2023

Choi BB, Kwak YH, Choe BC (2010) CSR performance and the value of cash holdings: international evidence. J Bus Ethics 94(1):103–112

Church of England Pensions Boardm (2023) Über uns. https://www.churchofengland.org/about/leadership-and-governance/church-england-pensions-board. Zugegriffen am 19.07.2023

Clark GL, Feiner A, Viehs M (2015) From the stockholder to the stakeholder: how sustainability can drive financial outperformance. Oxford University Press, Oxford

Cochran P, Wood R (1984) Corporate Social Responsibility and Financial Performance. Acad Manage J 27:42–56

Damodaran A (2005) Investment valuation: tools and techniques for determining the value of any asset. Wiley, Hoboken

Damodaran A (2007) Investment valuation: tools and techniques for determining the value of any asset. Wiley, Hoboken

Eccles RG, Ioannou I, Serafeim G (2014) The impact of corporate sustainability on organizational processes and performance. Manag Sci 60(11):2835–2857. https://doi.org/10.2139/ssrn.1964011

Ellen MacArthur Foundation (o.J.) Interface's 'Mission zero' to close the loop on carpet tiles. https://www.ellenmacarthurfoundation.org/case-studies/interfaces-mission-zero-to-close-the-loop-on-carpet-tiles. Zugegriffen am 27.06.2023

Fernandez P (2001) Valuation Using Multiples: How Do Analysts Reach Their Conclusions? SSRN Electronic Journal 10

Financial Times (o.J.) „Wirecard scandal: how transparency and disclosure failures led to one of Germany's largest corporate frauds"

Fombrun CJ, Shanley M (1990) What Is in a Name? Reputation Building and Corporate Strategy. Acad Manage J 33:233–259

Friede G, Busch T, Bassen A (2015) ESG and financial performance: aggregated evidence from more than 2000 empirical studies. J Sustain Financ Invest 5(4):210–233. https://doi.org/10.1080/20430795.2015.1118917

Frooman J (1997) Socially irresponsible and illegal behavior and shareholder wealth: a meta-analysis of event studies. Bus Soc 36(3):221–249

Global Impact Investing Network (2020) 2020 Global sustainable investment review. https://thegiin.org/research/publication/impinv-survey-2020/. Zugegriffen am 21.07.2023

Griffin JJ, Mahon JF (1997) The corporate social performance and corporate financial performance debate: twenty-five years of incomparable research. Bus Soc 36(1):5–31

Hart SL, Ahuja G (1996) Does it pay to be green? An empirical examination of the relationship between emission reduction and firm performance. Bus Strateg Environ 5(1):30–37

Hoepner et al (2023) ESG Shareholder Engagement and Downside Risk. Review of Finance, Forthcoming

Karagiorgos T (2010) Corporate social responsibility and financial performance: an empirical analysis on Greek companies. Eur Res Stud J. https://ersj.eu/journal/301. Zugegriffen am 19.07.2023

Khan MM, Serafeim G, Yoon A (2016) Corporate sustainability: first evidence on materiality. Account Rev 91(6):1697–1724

Kirchhoff K (2013) Good company ranking 2013. http://www.goodcompanyranking.de/uploads/media/Good_Company_Ranking_2013.pdf. Zugegriffen am 27.06.2023

Lev B et al (2009) Is Doing Good Good for You? How Corporate Charitable Contributions Enhance Revenue Growth. Strateg Manag J 31(2):182–200

Lie E, Lie HJ (2002) Multiples used to estimate corporate value. Financ Anal J 58(3):61–67

Liu MH, Nissim D, Thomas J (2002) Equity valuation using multiples. J Account Res 40(1):135–172

Logsdon J, Wood DJ (2002) Perspectives on Corporate Citizenship Theorising business citizenship. Greenleaf Publishing Limited 83–103

Mankiw NG, Taylor MP (2012) Grundzüge der Volkswirtschaftslehre, 5. Aufl. Schäffer-Poeschel, Stuttgart

Margolis JD, Walsh JP (2003) Misery loves companies: rethinking social initiatives by business. Adm Sci Q 48(2):268–305. https://doi.org/10.2307/3556659

McGuire JB, Sundgren A, Schneeweis T (1988) Corporate social responsibility and firm financial performance. Acad Manag J 31(4):854–872

McKinsey (2020) Diversity wins: how inclusion matters. https://www.mckinsey.com/~/media/McKinsey/Featured%20Insights/Diversity%20and%20Inclusion/Diversity%20wins%20How%20inclusion%20matters/Diversity-wins-How-inclusion-matters-vF.ashx. Zugegriffen am 19.07.2023

McWilliams A, Siegel DS (2000) Corporate social responsibility and financial performance: Correlation or misspecification? Strateg Manage J 21(5):603–609

McWilliams A, Siegel DS, Wright PM (2006) Corporate social responsibility: strategic implications. J Manag Stud 43(1):1–18

Miles RE, Snow CC, Sharfman MP (1993) Industry variety and performance. Strateg Manag J 14(3):179–194

MSCI (2020) ESG and the cost of capital. https://www.msci.com/www/blog-posts/esg-and-the-cost-of-capital/01726513589. Zugegriffen am 17.12.2023

National Commission on the BP Deepwater Horizon Oil Spill and Offshore Drilling (2011) Deep water: the Gulf oil disaster and the future of offshore drilling. https://www.govinfo.gov/content/pkg/GPO-OILCOMMISSION/pdf/GPO-OILCOMMISSION.pdf. Zugegriffen am 27.07.2023

Network for Business Sustainability (2012) Nike Supply Chain Issues – How They Turned a Crisis into Opportunity. https://nbs.net/just-do-it-how-nike-turned-asupply-chain-crisis-into-opportunity/. Zugegriffen am 17.12.2023

NYU Stern (2021) ESG and financial performance. https://www.stern.nyu.edu/sites/default/files/assets/documents/NYU%20RAM_ESG%20Paper_2021%20Rev_0.pdf. Zugegriffen am 20.07.2023

O'Shaughnessy J (2007) What works on wall street: a guide to the best-performing investment strategies of all time. McGraw-Hill, New York

Orlitzky M, Schmidt FL, Rynes SL (2003) Corporate social and financial performance: a meta-analysis. Organ Stud 24(3):403–441. https://doi.org/10.1177/0170840603024003910

Patagonia (o.J.) Unsere Geschichte. https://eu.patagonia.com/de/de/home/

Peres R (2021) Wirecard is a scar on Germany's corporate landscape. Financial Times. https://www.ft.com/content/63edde75-642d-40ae-aa25-20e22e01705c. Zugegriffen am 21.07.2023

Quintet Private Bank (2021) Active ownership report 2021. https://www.quintet.com/en-gb/active-ownership-report-2021-activities#report. Zugegriffen am 13.06.2023

Reed S (2020) Exxon Mobil lends its support to a carbon tax proposal. The New York Times. https://www.nytimes.com/2020/01/09/business/energy-environment/exxon-carbon-tax.html. Zugegriffen am 26.06.2023

Roman RM, Hayibor S, Agle BR (1999) The relationship between social and financial performance: repainting a portrait. Bus Soc 38(1):109–125

Ruf BM et al (2001) An empirical investigation of the relationship between change in corporate social performance and financial performance: a stakeholder theory perspective. J Bus Ethics 32(2):143–156

Schmalensee R (1985) Do markets differ much? Am Econ Rev 75(3):341–351

Spicer BH (1978) Investors, Corporate Social Performance and Information Disclosure: An Empirical Study. The Account Rev 53(1):94–111

Sturdivant FD, Ginter JL (1977) Corporate Social Responsiveness. Calif Manage Rev 19:30–39

Teoh HY, Shiu GY (1990) Attitudes towards corporate social responsibility and perceived importance of social responsibility information characteristics in a decision context. J Bus Ethics 9: 71–77

The Harvard Law School Forum on Corporate Governance (2020) The stakeholder model and ESG. https://corpgov.law.harvard.edu/2020/09/14/the-stakeholder-model-and-esg/. Zugegriffen am 21.07.2023

Waddock SA, Graves SA (1997) The corporate social performance-financial performance link. Strateg Manag J 18:303–319. https://doi.org/10.1002/(SICI)1097-0266(199704)18:4<303::AID-SMJ869>3.0.CO;2-G

Winston A (2021) Sustainable business went mainstream in 2021. Harvard Business Review. https://hbr.org/2021/12/sustainable-business-went-mainstream-in-2021. Zugegriffen am 21.07.2023

Die Rolle von Technologie und Innovation in ESG und Sustainable Finance

10.1 Die Bedeutung von Technologie und Innovation in der ESG-Landschaft

Im heutigen Zeitalter, das von Informationstechnologie, Digitalisierung und Globalisierung geprägt ist, sind Technologie und Innovation entscheidende Faktoren für die Geschäftsentwicklung und das Fortschreiten der Gesellschaft. Dies gilt insbesondere für die Landschaft der Umwelt-, Sozial- und Governance-Faktoren (Environment, Social, Governance; ESG), da Unternehmen nachhaltiger und gesellschaftlich verantwortlicher handeln wollen.

Technologische Innovationen können laut einer Studie von Capgemini (2021)[1] den Wandel in den ESG-Praktiken von Unternehmen beschleunigen und bieten neue Wege zur Bewältigung sozialer und ökologischer Herausforderungen. Sie sind nicht nur in der Lage, existierende Geschäftsmodelle zu stärken, sondern können auch zur Schaffung neuer Geschäftsmodelle beitragen, die einen nachhaltigen Wert für Unternehmen, Investoren und die Gesellschaft schaffen (Capgemini 2021).

Ein anschauliches Beispiel für den Einsatz von Technologie zur Verbesserung der ESG-Leistung ist die Nutzung von „Smart Grids" in der Energiewirtschaft. Mithilfe von fortschrittlicher Überwachungs- und Automatisierungstechnologie sind Unternehmen in der Lage, Energieverluste zu reduzieren, die Nutzung erneuerbarer Energien zu optimie-

---

[1]Capgemini (2021) Sustainable IT: Nur sechs Prozent der Unternehmen haben eine nachhaltige IT. Available at: https://www.capgemini.com/de-de/news/pressemitteilung/studie-sustainable-it-nachhaltigkeit-2021/.

K. R. Kirchhoff et al., *ESG: Nachhaltigkeit als strategischer Erfolgsfaktor*,
SDG – Forschung, Konzepte, Lösungsansätze zur Nachhaltigkeit,
https://doi.org/10.1007/978-3-658-43344-4_10

ren und ihre CO_2-Emissionen zu senken (IEA 2020).[2] Darüber hinaus können intelligente Technologien wie intelligente Messgeräte und vernetzte Geräte dazu beitragen, den Energieverbrauch zu reduzieren und den Verbrauchern die Kontrolle über ihre Energiekosten zu geben.

Neben dem Einsatz von Technologie zur Verbesserung der ökologischen Leistung spielt die Technologie auch eine wichtige Rolle bei der Messung und Berichterstattung von ESG-Leistungen. Innovative Technologien wie Künstliche Intelligenz (KI), maschinelles Lernen und Blockchain können genaue, zeitnahe und transparente ESG-Daten liefern (HSBC 2021).[3] Mit diesen Werkzeugen können Unternehmen ESG-Risiken besser identifizieren und verwalten, was dazu beiträgt, nachhaltigere Geschäftsmodelle zu schaffen.

Ein weiterer wichtiger Aspekt ist die Rolle der Technologie bei der Förderung nachhaltiger Finanzierungen. Durch den Einsatz von Technologie können Unternehmen ESG-Risiken besser bewerten, nachhaltige Investitionen fördern und Anleger anziehen, die Wert auf nachhaltige Anlagen legen (BCG 2021).[4] Die Verknüpfung von Technologie und nachhaltiger Finanzierung kann auch neue Geschäftsmöglichkeiten eröffnen und neue Märkte erschließen.

Darüber hinaus können Technologie und Innovation als Katalysatoren für grundlegende Veränderungen in Geschäftspraktiken und im sozialen Bewusstsein dienen. Sie können helfen, Unternehmen von linearen zu zirkulären Geschäftsmodellen zu bewegen, in denen Abfall minimiert und Ressourceneffizienz maximiert wird. Sie können auch dazu beitragen, ein stärkeres Bewusstsein für soziale Fragen wie Vielfalt und Inklusion zu schaffen und Unternehmen dabei unterstützen, diese Fragen in ihre Geschäftspraktiken zu integrieren (World Economic Forum 2020).[5]

Schließlich ist zu beachten, dass Technologie und Innovation nicht isoliert betrachtet werden sollten. Um ihren vollen Nutzen zu entfalten, müssen sie in eine umfassende ESG-Strategie eingebettet sein, die auf einem starken Engagement für Nachhaltigkeit und soziale Verantwortung basiert. Unternehmen müssen auch dafür sorgen, dass sie die ethischen Aspekte der Technologie, wie z. B. Datenschutz und KI-Ethik, sorgfältig berücksichtigen.

Weiterhin eröffnen neue Technologien und Innovationen Möglichkeiten für eine präzisere und granularere Erfassung und Berichterstattung von ESG-Daten. Unternehmen nut-

---

[2] IEA (2020). „Smart Grids and Renewables". Verfügbar unter: https://www.iea.org/reports/smart-grids-and-renewables.

[3] HSBC (2021). „ESG Reporting: The Role of Technology". Verfügbar unter: https://www.hsbc.com/our-approach/esg/esg-articles/esg-reporting-the-role-of-technology.

[4] BCG (2021). „How Technology Can Drive the Next Wave of ESG Investing". Verfügbar unter: https://www.bcg.com/en-us/publications/2021/how-technology-can-drive-next-wave-esg-investing.

[5] World Economic Forum (2020). „The Role of Innovation in Achieving a Sustainable Future". Verfügbar unter: https://www.weforum.org/agenda/2020/09/innovation-technology-sustainable-future-sdgs/.

zen beispielsweise Satellitentechnologie und Geoinformationssysteme (GIS) zur Überwachung von Umweltbedingungen und zur Messung des Fortschritts bei der Umsetzung ihrer ESG-Ziele (Liu et al. 2018).[6] Künstliche Intelligenz und maschinelles Lernen können auch dabei helfen, große Mengen an ESG-Daten zu analysieren, Muster zu erkennen und zukünftige Trends vorherzusagen (World Economic Forum 2018).[7]

Mit Blick auf die Social-Dimension von ESG werden Technologien wie KI und Data Analytics verwendet, um Arbeitsprozesse zu verbessern, die Sicherheit am Arbeitsplatz zu erhöhen und die Auswirkungen von Unternehmen auf ihre Gemeinschaften besser zu verstehen (Deloitte 2020).[8] Zum Beispiel können Unternehmen durch den Einsatz von KI-gestützten Gesundheits- und Sicherheitssystemen Arbeitsunfälle verhindern und das Wohlbefinden ihrer Mitarbeiter verbessern.

Im Bereich der Governance können Technologien wie Blockchain und Smart Contracts dazu beitragen, die Transparenz zu erhöhen und Betrug und Korruption zu bekämpfen. Blockchain-Technologie kann zum Beispiel verwendet werden, um sicherzustellen, dass die Lieferkette eines Unternehmens ethisch und nachhaltig ist, indem sie die Rückverfolgbarkeit von Produkten und Rohstoffen ermöglicht (PWC 2019).[9]

Es ist wichtig zu beachten, dass trotz der vielen Möglichkeiten, die Technologie und Innovation bieten, auch Herausforderungen bestehen. Zum Beispiel kann der Einsatz von Technologie und Daten zu Bedenken hinsichtlich des Datenschutzes und der Datensicherheit führen. Unternehmen müssen diese Risiken bewältigen und sicherstellen, dass sie über geeignete Kontrollmechanismen verfügen, um die Daten ihrer Stakeholder zu schützen (Microsoft 2021).[10]

Zusammenfassend lässt sich sagen, dass Technologie und Innovation eine entscheidende Rolle in der ESG-Landschaft spielen und dazu beitragen können, Unternehmen dabei zu unterstützen, nachhaltiger und sozial verantwortlicher zu agieren. Während Technologie und Innovation viele Möglichkeiten bieten, müssen Unternehmen jedoch auch die damit verbundenen Risiken berücksichtigen und sicherstellen, dass sie in einer ethisch verantwortungsvollen Weise handeln.

---

[6] Liu, Z., Kroeze, C., Hoekstra, A., & Gerbens-Leenes, P. (2018). Past and future trends in grey water footprints of anthropogenic nitrogen and phosphorus inputs to major world rivers. Ecological Indicators, 94, 156–165.

[7] World Economic Forum (2018). „Harnessing Artificial Intelligence for the Earth". Verfügbar unter: https://www.weforum.org/reports/harnessing-artificial-intelligence-for-the-earth.

[8] Deloitte (2020). „Tech for Good: Smoothing Disruption, Improving Well-being". Verfügbar unter: https://www2.deloitte.com/us/en/insights/topics/technology-and-the-future-of-work/technology-impact-social-good.html.

[9] PWC (2019). „How blockchain can build trust in the world of ESG". Verfügbar unter: https://www.pwc.co.uk/issues/sustainability-climate-change/insights/blockchain-sustainability.html.

[10] Microsoft (2021). „Data Protection and Compliance". Verfügbar unter: https://www.microsoft.com/en-us/microsoft-365/business/office-365-trust-center-compliance-overview?rtc=1.

Unilever

Ein hervorragendes Praxisbeispiel für den Einsatz von Technologie und Innovation im Kontext von ESG ist das von Unilever. Dieses multinationale Konsumgüterunternehmen hat technologische Innovationen genutzt, um seine Nachhaltigkeitsziele zu erreichen und gleichzeitig seinen Geschäftserfolg zu steigern.

Unilever nutzt beispielsweise fortschrittliche Satellitentechnologie und künstliche Intelligenz, um Entwaldung in seiner Lieferkette zu verhindern. Im Rahmen seines Engagements für eine nachhaltige Palmöl-Lieferkette hat Unilever eine Partnerschaft mit Google Cloud und der niederländischen Softwarefirma Orbital Insight geschlossen. Durch den Einsatz von Satellitenbildern und Algorithmen zur maschinellen Bilderkennung können diese Unternehmen Veränderungen in den Waldgebieten überwachen und rasche Maßnahmen ergreifen, wenn illegale Entwaldung vermutet wird (Unilever 2020).[11]

In Bezug auf die soziale Dimension von ESG hat Unilever digitale Technologien genutzt, um die Sicherheit und Gesundheit seiner Mitarbeiter zu verbessern. Zum Beispiel hat Unilever eine mobile Anwendung eingeführt, die es den Mitarbeitern ermöglicht, Sicherheitsrisiken und Unfälle am Arbeitsplatz zu melden und zu verfolgen. Diese Daten werden dann analysiert, um Muster zu identifizieren und proaktive Maßnahmen zur Verbesserung der Sicherheit am Arbeitsplatz zu ergreifen (Unilever 2018).[12]

Auf der Ebene der Unternehmensführung hat Unilever die Blockchain-Technologie genutzt, um die Transparenz seiner Lieferketten zu erhöhen und Vertrauen bei den Verbrauchern aufzubauen. In Zusammenarbeit mit IBM hat Unilever eine Blockchain-basierte Plattform entwickelt, die es ermöglicht, die Herkunft und Qualität der Rohstoffe entlang der Lieferkette nachzuvollziehen (IBM 2018).[13]

Dieses Beispiel zeigt, wie Unternehmen Technologie und Innovation nutzen können, um ihre ESG-Ziele zu erreichen und gleichzeitig ihren Geschäftserfolg zu steigern. ◄

---

[11] Unilever (2020). „Unilever uses Google tech to combat deforestation". Verfügbar unter: https://www.unilever.com/news/news-and-features/Feature-article/2020/unilever-uses-google-tech-to-combat-deforestation.html.

[12] Unilever (2018). „Making our workplaces safer". Verfügbar unter: https://www.unilever.com/sustainable-living/improving-health-and-well-being/health-and-well-being-in-our-supply-chain/making-our-workplaces-safer/.

[13] IBM (2018). „Unilever, Walmart and Nestlé Team Up with IBM on Blockchain". Verfügbar unter: https://newsroom.ibm.com/2017-08-22-Unilever-Walmart-and-Nestle-Team-Up-with-IBM-on-Blockchain.

10.2 Technologie und ESG-Datenerfassung

Trotz des zunehmenden Wertes von ESG-Anlagen, gibt es noch Herausforderungen bei der Erfassung genauer ESG-Daten. Eine BlackRock-Umfrage zeigt, dass 53 % der Befragten die mangelnde Qualität oder Verfügbarkeit von ESG-Daten und Analysen als größtes Hindernis für nachhaltige Investitionen ansehen (Vernon 2021).[14]

Die Verbesserung der Datenerfassung durch Technologie bietet Unternehmen die Möglichkeit, ihre ESG-Leistung besser zu verfolgen und zu bewerten. Hier wird diskutiert, wie digitale Werkzeuge und Technologien zur effizienten und effektiven Datenerfassung und -analyse eingesetzt werden können.

In unserer sich ständig entwickelnden digitalen Welt spielt Technologie eine zunehmend wichtige Rolle bei der Unterstützung und Verbesserung der ESG-Praktiken. Ein kritischer Aspekt davon ist die Datenerfassung. Mit dem Aufkommen neuer Technologien ist es nun möglich, genaue und zeitnahe ESG-bezogene Daten zu erfassen, die für fundierte Geschäftsentscheidungen unerlässlich sind.

10.2.1 Digitale Tools und Technologien zur Verbesserung der ESG-Datenerfassung

Unternehmen setzen immer häufiger fortschrittliche Technologien ein, um umfangreiche und genaue Daten zu Umwelt-, Sozial- und Governance-Faktoren zu erfassen. Ein Beispiel ist die Nutzung von Satellitentechnologie zur Überwachung von Umweltbedingungen, wie es bereits von Unternehmen wie Unilever durchgeführt wird. Es ist auch die Rede von der Verwendung von Drohnen zur Überwachung von Industriestandorten auf Umweltverträglichkeit und Sicherheit.

Eine weitere wichtige Technologie ist die Blockchain. Sie bietet ein hohes Maß an Transparenz und Sicherheit und kann zur Rückverfolgung und Verifizierung von Produkten in der gesamten Lieferkette genutzt werden. Dies hilft Unternehmen, das Risiko von Betrug und Missmanagement zu reduzieren und gleichzeitig das Vertrauen der Stakeholder zu stärken (Mougayar 2016).[15]

Zudem werden künstliche Intelligenz (KI) und maschinelles Lernen zunehmend zur Datenerfassung und -analyse eingesetzt. Sie können große Mengen an ESG-bezogenen Daten analysieren und Muster erkennen, die für das menschliche Auge schwer zu er-

---

[14]Vernon, E. (2021). How can IoT help your business with ESG reporting and performance? Metrikus. Verfügbar unter: https://www.metrikus.io/blog/esg-iot-match-made-in-heaven.

[15]Mougayar, W. (2016). The Business Blockchain: Promise, Practice, and Application of the Next Internet Technology. Wiley.

kennen sind. So können sie beispielsweise dazu beitragen, Risiken frühzeitig zu erkennen und Gegenmaßnahmen zu ergreifen (Bughin et al. 2018).[16]

10.2.2 Anwendungsfälle für datengesteuerte Entscheidungsfindung in ESG

Ein kritischer Aspekt von ESG ist die Entscheidungsfindung auf der Grundlage von Daten. Zum Beispiel können Unternehmen ESG-Daten nutzen, um Risiken und Chancen in ihren Geschäftsmodellen zu identifizieren und entsprechend zu handeln. Ein Unternehmen könnte zum Beispiel Daten über seinen Wasserverbrauch analysieren und feststellen, dass es eine Möglichkeit gibt, den Verbrauch zu reduzieren und gleichzeitig Kosten zu sparen.

Ein weiterer Anwendungsfall ist die Nutzung von ESG-Daten zur Verbesserung der Stakeholder-Kommunikation. Unternehmen können ihre ESG-Performance transparent darstellen und so das Vertrauen von Kunden, Investoren und anderen Stakeholdern stärken. Dies ist insbesondere wichtig, da viele Stakeholder zunehmend Wert auf gute ESG-Praktiken legen (Eccles und Klimenko 2021).

Das Internet der Dinge (IoT) kann eine kostengünstige Lösung für die Erfassung von ESG-Daten sein. Das IoT besteht aus physischen „Dingen", wie Sensoren und Geräten, die über das Internet verbunden sind und Daten sammeln und austauschen. Durch den Einsatz von IoT kann die Sammlung und Berichterstattung von ESG-Metriken deutlich verbessert werden, da diese Technologie eine genauere und effizientere Datenerfassung ermöglicht (Vernon 2021).

Beispielsweise können IoT-Sensoren genaue Messungen von ESG-Metriken wie dem CO_2-Fußabdruck, der Energieeffizienz, der Wasserqualität und -nutzung, dem Abfallmanagement und der Innenluftqualität durchführen. Außerdem kann eine intelligente Gebäudeplattform wie Metrikus all diese Daten an einem einzigen Ort zusammenführen, sodass die Leistung genau verfolgt werden kann (Vernon 2021).

Darüber hinaus hat Data Science das Potenzial, die Genauigkeit und Vergleichbarkeit von ESG-Ratings zu verbessern. Unternehmen nutzen beispielsweise Technologien wie Natural Language Processing (NLP) und Machine Learning (ML), um große Mengen an Textdaten automatisch zu analysieren und relevante Informationen zu extrahieren. Dies ermöglicht eine effizientere Arbeitsweise und genauere Bewertungen der Nachhaltigkeitsleistung von Unternehmen (Biqkaj 2023).[17]

---

[16]Bughin, J., Hazan, E., Ramaswamy, S., Chui, M., Allas, T., Dahlström, P., Henke, N., & Trench, M. (2018). Notes from the AI frontier: Insights from hundreds of use cases. McKinsey Global Institute.

Eccles, R. G., & Klimenko, S. (2021). The investor revolution. Harvard Business Review, 98(3), 106–116.

[17]Biqkaj, V. (2023). Wie Data-Science-Methoden ESG-Ratings verbessern können. BankingHub. Verfügbar unter: https://bankinghub.de/innovation-digital/esg-ratings-data-science.

Unternehmen wie Arabesque AI nutzen beispielsweise NLP und Sentimentanalyse, um relevante Informationen aus unstrukturierten Daten zu filtern und sie in ESG-Ratings zu integrieren. Darüber hinaus können ESG-Ratingagenturen mithilfe von Machine Learning die Gewichtung der verschiedenen ESG-Kriterien automatisch anpassen, um sich ein detaillierteres Bild von einem Unternehmen zu verschaffen (Biqkaj 2023).

Zusammenfassend lässt sich sagen, dass IoT und Data-Science-Methoden vielversprechende Mittel zur Verbesserung der Qualität und Vergleichbarkeit von ESG-Ratings darstellen. Es ist jedoch wichtig, dass diese Methoden nicht isoliert betrachtet werden, sondern in Kombination mit anderen Bewertungsverfahren und menschlicher Expertise eingesetzt werden (Biqkaj 2023).

10.2.3 Die Rolle von Big Data und Analytics in ESG

Big Data und Analytics spielen eine entscheidende Rolle bei der ESG-Datenerfassung und -analyse. Durch die Analyse großer Mengen an ESG-bezogenen Daten können Unternehmen wichtige Erkenntnisse gewinnen, die ihnen helfen, ihre ESG-Praktiken zu verbessern.

Big Data kann beispielsweise dazu genutzt werden, die Auswirkungen eines Unternehmens auf die Umwelt zu messen und zu überwachen. Dies kann Unternehmen dabei helfen, umweltschädliche Praktiken zu identifizieren und Maßnahmen zu ihrer Reduzierung zu ergreifen.

Analytics kann auch dazu beitragen, soziale Risiken und Chancen zu identifizieren. Zum Beispiel kann ein Unternehmen Sozialdaten analysieren, um herauszufinden, wie es seine Mitarbeiter besser unterstützen kann.

Zusammengefasst lässt sich sagen, dass Technologie und Daten eine entscheidende Rolle bei der Verbesserung der ESG-Praktiken spielen. Durch die effektive Nutzung von Technologien zur Datenerfassung und -analyse können Unternehmen ihre ESG-Performance verbessern und gleichzeitig ihren Geschäftserfolg steigern.

Beispielfall: Die Rolle von Big Data und Analytics bei Siemens

Siemens

Die Rolle von Big Data und Analytics in der ESG-Strategie wird besonders deutlich am Beispiel von Siemens. Siemens ist ein globales Technologieunternehmen mit einem vielfältigen Portfolio, das Bereiche wie Energie, Industrie, Gesundheit und Infrastruktur abdeckt. Es ist bekannt für sein Engagement für nachhaltige Geschäftspraktiken und seine Bemühungen, durch Innovationen einen positiven Einfluss auf die Gesellschaft auszuüben (Siemens 2021a, b).

Im Rahmen ihrer ESG-Strategie hat Siemens stark in digitale Technologien und Datenanalyse investiert. Das Unternehmen erkennt, dass Daten ein Schlüsselelement für die Verbesserung der Nachhaltigkeitsleistung sind. Siemens nutzt Big Data und

Analytics, um umfangreiche Informationen zu sammeln und zu analysieren, einschließlich Daten zu Energieverbrauch, CO_2-Emissionen, Wasser- und Abfallmanagement sowie Mitarbeiterzufriedenheit und -sicherheit (Siemens 2021a, b).

Ein Beispiel für die Anwendung von Big Data und Analytics bei Siemens ist das Energiemanagement. Siemens hat intelligente Lösungen für das Energiemanagement entwickelt, die es dem Unternehmen ermöglichen, den Energieverbrauch und die CO_2-Emissionen in Echtzeit zu überwachen und zu steuern. Diese Systeme nutzen Big Data und maschinelles Lernen, um Muster und Trends im Energieverbrauch zu erkennen und vorherzusagen, was es Siemens ermöglicht, Energie effizienter zu nutzen und Emissionen zu reduzieren (Siemens 2021a, b).[18]

Darüber hinaus hat Siemens eine Plattform für digitale Services namens „MindSphere" eingeführt. Diese Cloud-basierte Plattform ermöglicht es Siemens und seinen Kunden, IoT (Internet of Things)-Daten aus einer Vielzahl von Quellen zu sammeln und zu analysieren. Mit diesen Daten können Benutzer leistungsfähige Dashboards und Berichte erstellen, die wertvolle Einblicke in verschiedene Aspekte der Nachhaltigkeitsleistung bieten, von der Energieeffizienz bis zur Arbeitssicherheit (Siemens 2021a, b).[19]

Dieses Beispiel zeigt, wie die Kombination von Big Data und Analytics dazu beitragen kann, die ESG-Leistung zu verbessern und eine nachhaltigere und verantwortungsbewusstere Geschäftspraxis zu fördern. ◄

Die weitreichenden Anwendungsmöglichkeiten von Big Data und Analytics in ESG Big Data und Analytics bieten ein enormes Potenzial zur Verbesserung der ESG-Performance. Sie ermöglichen eine präzise, zeitnahe und umfassende Erfassung und Analyse von ESG-bezogenen Daten, die zur fundierten Entscheidungsfindung und zur Förderung nachhaltiger Geschäftspraktiken benötigt werden.

In Bezug auf Umweltfragen kann Big Data dabei helfen, den Energieverbrauch, den Wasserverbrauch und die Abfallproduktion zu verfolgen, zu analysieren und zu optimieren. Mit Hilfe von Big Data können Unternehmen Muster und Trends erkennen, die zu ineffizientem Ressourcenverbrauch führen und geeignete Maßnahmen zur Verbesserung der Effizienz und zur Reduzierung von Umweltauswirkungen ergreifen. Darüber hinaus kann Big Data dabei helfen, die Auswirkungen von Geschäftsaktivitäten auf die biologische Vielfalt, Ökosysteme und natürliche Ressourcen besser zu verstehen und zu managen.

Auf der sozialen Ebene ermöglicht Big Data Unternehmen, detaillierte Informationen über die Arbeitsbedingungen, die Mitarbeiterzufriedenheit und die Vielfalt am Arbeitsplatz zu sammeln und zu analysieren. Dies kann dazu beitragen, Probleme wie Dis-

---

[18] Siemens (2021). MindSphere – Open IoT Operating System. [online] Siemens.com. Available at: https://new.siemens.com/global/en/products/services/mindsphere.html [Accessed 8 Jul. 2023].

[19] Siemens (2021). Sustainability at Siemens. [online] Siemens.com. Available at: https://new.siemens.com/global/en/company/sustainability.html [Accessed 8 Jul. 2023].

kriminierung, Ungleichheit und schlechte Arbeitsbedingungen zu erkennen und zu beheben. Zudem können mit Big Data auch Daten zu Menschenrechten und sozialen Auswirkungen entlang der Lieferkette erfasst und analysiert werden.

In Bezug auf Governance-Fragen kann Big Data dazu beitragen, die Unternehmensführung und das Risikomanagement zu verbessern. Durch die Analyse von Daten zu Themen wie Unternehmensstruktur, Geschäftspraktiken, Compliance und Korruption können Unternehmen Risiken erkennen, Kontrollmechanismen stärken und gute Governance fördern.

Darüber hinaus kann Big Data dazu beitragen, Transparenz und Rechenschaftspflicht in Bezug auf ESG-Leistung zu erhöhen. Mit Hilfe von Big Data können Unternehmen umfassende und genaue ESG-Berichte erstellen, die sowohl interne als auch externe Stakeholder über die ESG-Leistung und die Bemühungen zur Verbesserung der Nachhaltigkeit informieren.[20]

Schließlich bietet Big Data auch Möglichkeiten für Innovationen in ESG. Mit Hilfe von Big Data und fortschrittlicher Datenanalyse können Unternehmen innovative Lösungen und Strategien entwickeln, um die ESG-Herausforderungen zu bewältigen und eine nachhaltige Zukunft zu fördern.

10.3   Innovationen in der CO$_2$-Reduktion und Energieeffizienz

Die Rolle von technologischen Innovationen bei der Reduzierung von CO$_2$-Emissionen und der Steigerung der Energieeffizienz kann nicht überbetont werden. Fortschritte in der Technologie haben neue Wege für effizientere und umweltfreundlichere Methoden der Energieerzeugung und -nutzung ermöglicht. In diesem Abschnitt werden einige der revolutionären Innovationen in diesen Bereichen behandelt und praktische Anwendungsbeispiele hervorgehoben.

Beginnend mit erneuerbaren Energietechnologien, sind wir Zeuge der Entwicklung und Anwendung von fortschrittlichen Lösungen, die erheblich zur Reduzierung von CO$_2$-Emissionen beitragen. Zum Beispiel haben sich die Effizienz und Kosteneffektivität von Fotovoltaik-Solarzellen in den letzten Jahren dramatisch verbessert, was ihre Anwendung auf einer breiten Skala ermöglicht hat. Darüber hinaus haben Innovationen in der Windenergietechnologie, wie z. B. Offshore-Windparks und schwimmende Windturbinen, es ermöglicht, mehr Energie mit geringeren Umweltauswirkungen zu erzeugen. Diese Entwicklungen haben erheblich dazu beigetragen, den Anteil erneuerbarer Energien im globalen Energiemix zu erhöhen und somit die CO$_2$-Emissionen zu reduzieren.

Auf dem Gebiet der Energieeffizienz haben technologische Innovationen ebenso signifikante Verbesserungen ermöglicht. Zum Beispiel haben Entwicklungen in der LED-

---

[20] Sarni, W. and Koch, G. (2020). „Big Data and AI Will Redefine ESG – Here's Why". [online] Harvard Business Review. Available at: https://hbr.org/2020/08/big-data-and-ai-will-redefine-esg-heres-why [Accessed 8 Jul. 2023].

Beleuchtungstechnologie die Energieeffizienz von Beleuchtungssystemen dramatisch verbessert, was sowohl zu Energieeinsparungen als auch zu einer Reduzierung der CO_2-Emissionen führt. In der Gebäudetechnik haben Innovationen in der Wärmedämmung und der Klimatisierung zu erheblichen Energieeinsparungen geführt. Darüber hinaus haben digitale Technologien wie Smart-Grids und Smart-Metering-Systeme die Effizienz der Energieverteilung und -nutzung verbessert.

Schließlich spielen Innovationen eine entscheidende Rolle bei der Förderung einer kohlenstoffarmen Wirtschaft. Hier sind Technologien wie Kohlenstoffabscheidung und -speicherung (CCS) und Kohlenstoffnutzung und -speicherung (CCUS) von besonderer Bedeutung. Diese Technologien ermöglichen es, CO_2-Emissionen aus großen Emissionsquellen wie Kraftwerken abzuscheiden und entweder sicher zu speichern oder in nützliche Produkte umzuwandeln. Darüber hinaus tragen Innovationen in der Elektromobilität und der Wasserstofftechnologie dazu bei, die Abhängigkeit von fossilen Brennstoffen zu verringern und einen Übergang zu einer kohlenstoffarmen Wirtschaft zu fördern.

Trotz dieser Fortschritte stellen die hohen Kosten und technologischen Herausforderungen bei der Skalierung einiger dieser Innovationen weiterhin erhebliche Hindernisse dar. Daher ist es entscheidend, weiterhin in Forschung und Entwicklung zu investieren und politische Rahmenbedingungen zu schaffen, die die Verbreitung dieser Technologien fördern. Insgesamt bieten diese Innovationen jedoch erhebliche Möglichkeiten, die Herausforderungen des Klimawandels anzugehen und einen nachhaltigeren und kohlenstoffärmeren Weg in die Zukunft zu beschreiten.

10.3.1 Praktische Anwendungen erneuerbarer Energietechnologien zur CO_2-Reduzierung

Die Eindämmung der globalen CO_2-Emissionen ist eine zentrale Herausforderung in unserem Streben nach einer nachhaltigeren Welt. In diesem Zusammenhang bieten erneuerbare Energietechnologien eine wirksame und umsetzbare Lösung. Mit dem rasanten Fortschritt in den Bereichen Fotovoltaik, Windenergie, Wasserkraft, Geothermie und Bioenergie hat die Implementierung erneuerbarer Energien einen großen Sprung gemacht.

Fotovoltaik-Technologien: Die Solarbranche hat in den letzten Jahren bedeutende technologische Fortschritte gemacht. Die Effizienz von Solarzellen hat sich deutlich verbessert, während die Kosten für Solartechnik drastisch gesunken sind. Darüber hinaus hat die Entwicklung von Perowskit-Solarzellen, die einen höheren Wirkungsgrad und kostengünstigere Produktionsprozesse versprechen, das Potenzial der Solarenergie weiter erhöht. Diese Fortschritte haben die Anwendung von Fotovoltaik in einer Vielzahl von Umgebungen ermöglicht, von Dachinstallationen in Haushalten und Unternehmen bis hin zu Solarparks und sogar schwimmenden Solaranlagen.

Windenergie: Die Windenergie hat ebenfalls bedeutende Fortschritte gemacht, sowohl in Bezug auf Effizienz als auch auf Kosten. Die Entwicklung von leistungsfähigeren und effizienteren Windturbinen hat die Kapazität der Windenergieerzeugung erheblich erhöht. Insbesondere hat die Entwicklung und Verbesserung von Offshore-Windtechnologien die Möglichkeit zur Nutzung von Windressourcen auf See eröffnet, wo der Wind stärker und beständiger ist. Zusätzlich zur Verbesserung der Turbinentechnologie haben auch Innovationen im Design und in der Infrastruktur von Windparks, wie etwa schwimmende Windparks und verbesserte Netzanschlusstechnologien, zur Effizienzsteigerung und Kostensenkung der Windenergieproduktion beigetragen.

Darüber hinaus haben andere erneuerbare Energietechnologien, wie Wasserkraft, Geothermie und Bioenergie, ebenfalls wichtige Beiträge zur CO$_2$-Reduzierung geleistet. Fortschritte in der Wasserkrafttechnologie haben zu effizienteren und umweltfreundlicheren Wasserkraftwerken geführt, während Innovationen in der Geothermie die Nutzung von Erdwärme für Heiz- und Stromerzeugungszwecke erweitert haben. Schließlich haben Entwicklungen in der Bioenergietechnologie, wie die Erzeugung von Biogas aus Abfall und die Verbesserung der Biomassekonversionstechnologien, weitere Möglichkeiten zur CO$_2$-Reduzierung eröffnet.

Insgesamt haben diese praktischen Anwendungen erneuerbarer Energietechnologien erheblich zur Reduzierung der globalen CO$_2$-Emissionen beigetragen. Mit weiteren technologischen Fortschritten und einer unterstützenden politischen und wirtschaftlichen Landschaft können erneuerbare Energien in Zukunft eine noch größere Rolle bei der CO$_2$-Reduzierung spielen.

10.3.2 Fallstudien zur Implementierung von Energieeffizienztechnologien

Die Notwendigkeit zur Reduzierung von CO$_2$-Emissionen und die damit verbundenen potenziellen Kosteneinsparungen haben viele Unternehmen dazu veranlasst, innovative Technologien zur Verbesserung ihrer Energieeffizienz einzusetzen. In diesem Abschnitt werden wir den Fokus auf zwei führende Unternehmen legen, Google und Toyota, die hervorragende Ergebnisse in der Implementierung von Energieeffizienztechnologien erzielt haben.

Beginnen wir mit Google, einem Unternehmen, das für seine innovativen Technologien und sein Engagement für Nachhaltigkeit bekannt ist. Google hat den Einsatz von KI zur Steigerung der Energieeffizienz in seinen Datenzentren vorangetrieben. Datenzentren sind von Natur aus energieintensiv, und die Optimierung ihres Energieverbrauchs kann erhebliche Auswirkungen auf die CO$_2$-Bilanz eines Unternehmens haben.

In Zusammenarbeit mit DeepMind, einer Tochtergesellschaft von Google, die sich auf KI spezialisiert hat, entwickelte das Unternehmen ein System, das maschinelles Lernen verwendet, um den Energieverbrauch in Datenzentren zu optimieren. Dieses System analysiert eine Vielzahl von Faktoren wie Wetterdaten, Serverlasten und Kühlungsanforderungen und nimmt darauf basierend automatisch Anpassungen vor, um den Energieverbrauch zu minimieren. Die Ergebnisse waren beeindruckend: Google konnte den Energieverbrauch für die Kühlung um 40 % und die Gesamtenergieeffizienz um 15 % verbessern (Evans und Gao 2016).[21] Dies ist ein hervorragendes Beispiel dafür, wie innovative Technologien zur Verbesserung der Energieeffizienz und zur Verringerung der CO_2-Emissionen beitragen können.

Ein weiteres beeindruckendes Beispiel für die Implementierung von Energieeffizienztechnologien ist Toyota, ein weltweit führender Automobilhersteller. Toyota hat eine Reihe von Maßnahmen zur Energieeffizienz in seinen Produktionsstätten implementiert. Zu den innovativen Ansätzen des Unternehmens gehören die Nutzung von Wärmerückgewinnungstechnologien und die ständige Verbesserung der Effizienz von Produktionsmaschinen.

Die Wärmerückgewinnungstechnologien von Toyota nutzen die in den Herstellungsprozessen erzeugte Wärme, um Energie zu erzeugen oder andere Prozesse zu beheizen. Durch diese Praktiken konnte Toyota den Energieverbrauch und die CO_2-Emissionen erheblich reduzieren (Toyota 2020).[22] Darüber hinaus hat Toyota durch die ständige Verbesserung der Effizienz seiner Produktionsmaschinen zusätzliche Energie- und Kosteneinsparungen erzielt. Diese Fallstudie demonstriert, wie konsequente Energieeffizienzmaßnahmen zu signifikanten Verbesserungen führen können.

Zusammenfassend können diese beiden Fallstudien als Beispiele für erfolgreich umgesetzte Innovationen in der Energieeffizienz dienen. Sie demonstrieren das Potenzial von Technologie und Innovation zur Steigerung der Energieeffizienz und zur Reduzierung von CO_2-Emissionen.

10.3.3 Die Rolle von Innovationen bei der Förderung einer kohlenstoffarmen Wirtschaft

Innovationen sind entscheidend für die Transformation hin zu einer kohlenstoffarmen Wirtschaft. Technologische Durchbrüche und verbesserte Praktiken ermöglichen eine effizientere Nutzung von Ressourcen, eine Reduzierung von Emissionen und die Entwicklung von nachhaltigeren Geschäftsmodellen. Hier sind einige der wichtigsten Bereiche, in denen Innovationen zur Förderung einer kohlenstoffarmen Wirtschaft beitragen.

Elektrifizierung und erneuerbare Energien: Die Entwicklung von effizienteren und kostengünstigeren erneuerbaren Energiequellen sowie von Technologien zur Speicherung erneuerbarer Energien ist entscheidend für die Verringerung der Abhängigkeit von fossilen Brennstoffen. Elektrifizierung, insbesondere in den Bereichen Verkehr und Hei-

---

[21] Evans, R. und Gao, J. (2016) 'DeepMind AI Reduces Google Data Centre Cooling Bill by 40 %', DeepMind Blog, 20. Juli. Verfügbar unter: https://deepmind.com/blog/article/deepmind-ai-reduces-google-data-centre-cooling-bill-40 (Zugriff: 9. Juli 2023).

[22] Toyota (2020) 'Toyota Environmental Challenge 2050', Toyota Global Newsroom. Verfügbar unter: https://global.toyota/en/sustainability/esgchallenge2050 (Zugriff: 9. Juli 2023).

zung, kann ebenfalls einen wesentlichen Beitrag zur Dekarbonisierung leisten (Breyer et al. 2020).[23]

Energieeffizienz: Fortschritte in der Technologie und im Design können dazu beitragen, den Energieverbrauch in einer Vielzahl von Anwendungen zu reduzieren, von Gebäuden und Fahrzeugen bis hin zu industriellen Prozessen. Investitionen in Energieeffizienz sind oftmals die kosteneffizienteste Methode zur Reduzierung von Emissionen (McKinsey & Company 2020).[24]

Kreislaufwirtschaft: Innovationen in der Kreislaufwirtschaft, d. h. Geschäftsmodelle und Technologien, die Abfall minimieren und die Wiederverwendung und das Recycling von Materialien maximieren, können ebenfalls zur Reduzierung von Emissionen beitragen (Ellen MacArthur Foundation 2020).[25]

CO_2-Abscheidung und -Speicherung: Technologische Durchbrüche in der CO_2-Abscheidung und -Speicherung könnten dazu beitragen, Emissionen aus der Verbrennung fossiler Brennstoffe und aus industriellen Prozessen zu reduzieren. Obwohl diese Technologien noch immer Herausforderungen in Bezug auf Kosten und Skalierbarkeit aufweisen, könnten sie einen wichtigen Beitrag zur Erreichung von Klimazielen leisten (Leung et al. 2020).[26]

Es ist wichtig zu betonen, dass die Förderung von Innovationen eine koordinierte Anstrengung erfordert, einschließlich geeigneter politischer Rahmenbedingungen, ausreichender Finanzierung, öffentlich-privater Partnerschaften und einem umfassenden Ansatz, der nicht nur technologische, sondern auch soziale und verhaltensbezogene Aspekte berücksichtigt.

10.4   Blockchain und ESG

In jüngster Zeit wurde die Möglichkeit der Anwendung der Blockchain-Technologie in ESG-Prozessen eingehend diskutiert. Diese innovative Technologie, die ursprünglich für Kryptowährungen wie Bitcoin entwickelt wurde, hat das Potenzial, die Art und Weise zu revolutionieren, wie ESG-Daten gesammelt, verifiziert und geteilt werden. Ihre Eigenschaften – Transparenz, Unveränderlichkeit und Dezentralisierung – machen sie zu einem

---

[23] Breyer, C., et al. (2020) 'On the role of solar photovoltaics in global energy transition scenarios', Progress in Photovoltaics: Research and Applications, 28(8), pp. 727–745.

[24] McKinsey & Company (2020) 'The future of work after COVID-19'. Verfügbar unter: https://www.mckinsey.com/featured-insights/future-of-work/the-future-of-work-after-covid-19 (Zugriff: 9. Juli 2023).

[25] Ellen MacArthur Foundation (2020) 'Financing the circular economy'. Verfügbar unter: https://www.ellenmacarthurfoundation.org/assets/downloads/Financing-the-Circular-Economy.pdf (Zugriff: 9. Juli 2023).

[26] Leung, D.Y.C., et al. (2020) 'An overview of current status of carbon dioxide capture and storage technologies', Renewable and Sustainable Energy Reviews, 39, pp. 426–443.

vielversprechenden Werkzeug zur Verbesserung der Transparenz, Rückverfolgbarkeit und Glaubwürdigkeit von ESG-Daten und -Berichten.

Zunächst kann die Blockchain-Technologie dazu beitragen, die Transparenz in ESG-Prozessen zu erhöhen. Mit der Blockchain-Technologie werden Daten in einem öffentlichen Ledger gespeichert, das für alle Teilnehmer zugänglich ist. Dies kann dazu beitragen, die Transparenz in vielen Bereichen zu verbessern, z. B. indem nachvollziehbar gemacht wird, wie Unternehmen ihre CO_2-Emissionen berechnen oder wie sie ihre Lieferketten verwalten. Dies kann insbesondere für Investoren nützlich sein, die genaue und zuverlässige Informationen benötigen, um fundierte ESG-Entscheidungen treffen zu können.

Die Blockchain-Technologie kann auch dazu beitragen, die Rückverfolgbarkeit von ESG-Daten zu verbessern. Mit der Blockchain-Technologie können Daten in einer unveränderlichen und zeitgestempelten Weise gespeichert werden, was bedeutet, dass sie nicht nachträglich verändert oder manipuliert werden können. Dies kann dazu beitragen, die Rückverfolgbarkeit von ESG-Daten entlang der gesamten Wertschöpfungskette zu verbessern, von der Quelle der Rohstoffe bis hin zum Endverbraucher. Dies kann insbesondere für Unternehmen von Vorteil sein, die nachweisen müssen, dass sie ihre ESG-Ziele erfüllen und ihre ESG-Verpflichtungen einhalten.

Schließlich kann die Blockchain-Technologie dazu beitragen, die Glaubwürdigkeit von ESG-Berichten zu verbessern. Mit der Blockchain-Technologie können ESG-Daten auf eine sichere und unveränderliche Weise verifiziert werden, was bedeutet, dass sie nicht gefälscht oder manipuliert werden können. Dies kann dazu beitragen, das Vertrauen der Stakeholder in ESG-Berichte zu stärken und die Glaubwürdigkeit von Unternehmen zu erhöhen, die sich für nachhaltige Praktiken einsetzen.

Es ist jedoch wichtig zu betonen, dass die Blockchain-Technologie nicht ohne Herausforderungen ist. Zum Beispiel kann die Implementierung der Blockchain-Technologie komplex und kostspielig sein, und es können Fragen zu Datenschutz und Sicherheit aufkommen. Darüber hinaus kann der Energieverbrauch von Blockchain-Systemen, insbesondere von solchen, die auf Proof-of-Work-Mechanismen basieren, erheblich sein, was im Widerspruch zu den ESG-Zielen stehen kann. Trotz dieser Herausforderungen ist das Potenzial der Blockchain-Technologie zur Verbesserung von ESG-Prozessen jedoch enorm, und ihre Anwendung in diesem Bereich wird wahrscheinlich in den kommenden Jahren weiter erforscht und erweitert werden.

10.4.1 Anwendungsfälle für Blockchain in der ESG-Berichterstattung und -Transparenz

Die Blockchain-Technologie bietet durch ihre Eigenschaften der Dezentralisierung, Unveränderlichkeit und Transparenz großes Potenzial für die Verbesserung der ESG-Berichterstattung. Es werden einige konkrete Anwendungsfälle vorgestellt, wie die

Blockchain-Technologie zur Verbesserung der Transparenz und Glaubwürdigkeit von ESG-Daten und -Berichten beitragen kann.

Echtzeit-Verifizierung von ESG-Daten: Die Blockchain-Technologie könnte als eine Echtzeit-Datenverifizierungsplattform fungieren. ESG-Daten, die in der Blockchain gespeichert sind, können in Echtzeit und unveränderlich überprüft werden. Dies bedeutet, dass jegliche Manipulationen oder Betrugsversuche sofort erkannt werden können. Darüber hinaus könnte die Anwendung von Smart Contracts die Validierung von ESG-Daten automatisieren und somit die menschliche Fehlerquote reduzieren. Dies würde nicht nur die Genauigkeit und Zuverlässigkeit der Daten verbessern, sondern auch das Vertrauen in die ESG-Berichterstattung stärken (Mougayar 2016).[27]

Dezentrale Berichterstattung und Transparenz: Eine der wichtigsten Eigenschaften der Blockchain-Technologie ist ihre Dezentralisierung. Anstatt dass ESG-Daten von einem zentralen Akteur gespeichert und verwaltet werden, ermöglicht die Blockchain eine dezentrale Speicherung und Verwaltung. Dies bedeutet, dass alle Stakeholder, einschließlich Investoren, Mitarbeiter und Kunden, Zugang zu denselben unveränderlichen ESG-Daten haben. Dies könnte zu einer erhöhten Transparenz führen, da alle Stakeholder in Echtzeit auf die gleichen Daten zugreifen und diese überprüfen können. Darüber hinaus könnten Unternehmen durch die Verwendung der Blockchain-Technologie ihre ESG-Leistung transparenter machen und so das Vertrauen der Stakeholder stärken (Tapscott und Tapscott 2016).[28]

Verbesserung der Rückverfolgbarkeit in Lieferketten: Die Blockchain-Technologie könnte auch dazu beitragen, die Rückverfolgbarkeit in Lieferketten zu verbessern. Durch die Speicherung und Verifizierung von Transaktionsdaten in der Blockchain können Unternehmen die Herkunft und den Weg ihrer Produkte lückenlos nachvollziehen. Dies kann zu einer verbesserten Compliance mit ESG-Standards führen und gleichzeitig das Vertrauen der Verbraucher in die ESG-Praktiken des Unternehmens stärken.

Indem sie die Blockchain-Technologie nutzen, können Unternehmen die Qualität und Glaubwürdigkeit ihrer ESG-Berichterstattung verbessern, das Vertrauen ihrer Stakeholder stärken und ihre ESG-Leistung verbessern.

10.4.2 Die Nutzung von Blockchain zur Verbesserung der Rückverfolgbarkeit in der Lieferkette

Die Verbesserung der Rückverfolgbarkeit in Lieferketten durch die Anwendung von Blockchain-Technologie hat das Potenzial, einige der kritischsten Herausforderungen in Bezug auf ESG-Faktoren zu lösen. Mit Blockchain können Unternehmen den gesamten

---

[27] Mougayar, W. (2016) The Business Blockchain: Promise, Practice, and Application of the Next Internet Technology. Wiley.

[28] Tapscott, D. & Tapscott, A. (2016) Blockchain Revolution: How the Technology Behind Bitcoin Is Changing Money, Business, and the World. Portfolio.

Produktlebenszyklus von der Beschaffung über die Produktion bis hin zum Vertrieb lückenlos und transparent nachverfolgen.

Eine der Hauptstärken der Blockchain liegt in ihrer Unveränderlichkeit und Dezentralisierung. Sie bietet ein verlässliches, nicht manipulierbares Aufzeichnungssystem, das Manipulationen oder Fälschungen verhindert und sicherstellt, dass alle Transaktionen und Bewegungen in der Lieferkette dauerhaft und transparent dokumentiert sind (Kshetri 2018).[29] Dies ermöglicht es Unternehmen, ihre ESG-Verpflichtungen zu erfüllen und Stakeholdern, insbesondere Verbrauchern und Investoren, ein hohes Maß an Vertrauen zu vermitteln.

Zum Beispiel kann eine Firma, die Mineralien für ihre Produkte beschafft, die Blockchain-Technologie nutzen, um sicherzustellen, dass die Materialien nicht aus Konfliktregionen stammen oder unter Verletzung der Menschenrechte gewonnen wurden. Durch die Kombination von Blockchain mit anderen Technologien wie IoT (Internet der Dinge) können Unternehmen Echtzeitinformationen über den Zustand und die Herkunft ihrer Waren erhalten.

Darüber hinaus kann die Blockchain-Technologie in der Landwirtschaft eingesetzt werden, um die Nachverfolgung von Lebensmitteln vom Bauernhof bis zum Tisch zu gewährleisten. So könnten Verbraucher sicher sein, dass sie ethisch produzierte und umweltfreundliche Produkte kaufen.

Es ist wichtig zu beachten, dass die Implementierung von Blockchain in Lieferketten einige Herausforderungen mit sich bringt. Dazu gehören technische Fragen, Datenschutzbedenken und die Notwendigkeit einer breiten Akzeptanz unter allen Beteiligten in der Lieferkette. Trotz dieser Herausforderungen bietet die Blockchain-Technologie jedoch ein erhebliches Potenzial zur Verbesserung der ESG-Leistung von Unternehmen und zur Förderung einer nachhaltigeren und transparenteren Wirtschaft.

10.4.3 Beispiele für Blockchain-basierte ESG-Initiativen

Verschiedene Unternehmen und Initiativen nutzen bereits Blockchain zur Unterstützung ihrer ESG-Ziele.

Beispiel

De Beers und die Blockchain-Plattform Tracr

De Beers hat eine Blockchain-Plattform namens Tracr eingeführt, um die Herkunft und Authentizität von Diamanten zu verfolgen und damit das Vertrauen der Verbraucher zu stärken und den Handel mit Konfliktdiamanten zu bekämpfen (De Beers 2020).[30]

---

[29] Kshetri, N. (2018). '1 Blockchain's roles in meeting key supply chain management objectives'. International Journal of Information Management, 39, 80–89.

[30] De Beers Group. (2020). Building Forever: 2020 Impact Report. Retrieved from https://www.debeersgroup.com/buildingforever/reports/impact-report-2020.

De Beers, ein international führender Diamantenhändler, hat erkannt, dass Transparenz in ihrer Lieferkette ein wesentlicher Faktor für das Vertrauen ihrer Kunden und Stakeholder ist. Der illegale Handel mit Konfliktdiamanten, auch bekannt als „Blutdiamanten", stellt ein bedeutendes ethisches Problem dar, das sowohl die Reputation des Unternehmens als auch die Sicherheit und das Wohlergehen von Arbeitern in Diamantenabbaugebieten gefährdet.

Zur Bewältigung dieser Herausforderung hat De Beers die Blockchain-Plattform Tracr eingeführt (De Beers 2020). Diese Plattform dient dazu, die Herkunft und Authentizität von Diamanten zu verfolgen und damit das Vertrauen der Verbraucher zu stärken und den Handel mit Konfliktdiamanten zu bekämpfen.

Herausforderungen

Die Implementierung von Tracr war jedoch nicht ohne Herausforderungen. Zunächst musste De Beers sicherstellen, dass die Daten, die in die Blockchain eingegeben werden, korrekt und verlässlich sind. Da die Blockchain nur so gut ist wie die Daten, die sie enthält, ist es entscheidend, dass die Informationen über die Herkunft und den Weg eines Diamanten genau erfasst werden.

Außerdem musste das Unternehmen die Technologie sorgfältig testen und anpassen, um sicherzustellen, dass sie den Anforderungen des Unternehmens entspricht und gleichzeitig sicher und nutzerfreundlich ist.

Chancen

Trotz der Herausforderungen bietet Tracr dem Unternehmen zahlreiche Vorteile. Erstens hat es die Transparenz und Rückverfolgbarkeit in der Lieferkette von De Beers verbessert, was zu einem höheren Vertrauen der Verbraucher geführt hat. Zweitens hat es dem Unternehmen geholfen, seine Compliance mit internationalen Vorschriften und ESG-Standards zu demonstrieren.

Darüber hinaus könnte De Beers in Zukunft weitere Anwendungsfälle für die Plattform entwickeln. Zum Beispiel könnte das Unternehmen die Blockchain nutzen, um Daten über die sozialen und umweltbezogenen Auswirkungen seines Betriebs zu erfassen und zu teilen, was die ESG-Berichterstattung verbessern könnte.

Abschließend lässt sich sagen, dass die Blockchain-Technologie eine leistungsstarke Lösung für De Beers darstellt, um die Transparenz und Verantwortlichkeit in seiner Lieferkette zu verbessern. Trotz der anfänglichen Herausforderungen hat das Unternehmen das Potenzial der Technologie genutzt und damit ein starkes Zeichen für seine Verpflichtung zu ethischem Handel und ESG gesetzt.

Die Tracr-Plattform,[31] die von De Beers ins Leben gerufen wurde, nutzt die Blockchain-Technologie, um eine genaue und unveränderliche Aufzeichnung des Weges eines Diamanten von der Mine bis zum Endverbraucher zu schaffen. Das System verwendet dabei eine eindeutige Global Asset ID, die jedem Diamanten zugeordnet wird und die ihn auf seinem Weg durch die Lieferkette verfolgt.

---

[31] Tracr. (2020). About Tracr. Retrieved from https://www.tracr.com/about.

Die grundlegenden Schritte, wie Tracr funktioniert sind folgende:

1. **Diamantenzuordnung:** Jeder Diamant, der in eine De Beers-Mine eintritt, erhält eine einzigartige ID, die in die Blockchain eingetragen wird. Diese ID enthält Informationen wie Karat, Farbe und Reinheit des Diamanten.

   Datensammlung entlang der Lieferkette: Während der Diamant seinen Weg durch die Lieferkette nimmt – vom Schürfen über das Schleifen bis zum Verkauf – werden weitere Daten erfasst und in die Blockchain eingetragen. Diese Daten können Informationen über den Ort des Schürfens, die beteiligten Unternehmen, die Datumsstempel der Transaktionen und andere relevante Informationen enthalten.

   Verifikation und Transparenz: Da die Informationen in der Blockchain unveränderlich und transparent sind, kann jeder, der Zugang zu einem bestimmten Diamanten hat, die komplette Geschichte und Herkunft dieses Diamanten überprüfen. Dies kann dazu beitragen, das Vertrauen der Verbraucher zu stärken und die Compliance mit den ESG-Standards zu demonstrieren.

   Nachhaltigkeitsberichterstattung: Die Plattform könnte auch dazu verwendet werden, Daten für Nachhaltigkeitsberichte zu sammeln. Zum Beispiel könnte das Unternehmen Informationen über die Arbeitsbedingungen in den Minen, die Umweltauswirkungen des Schürfprozesses und andere ESG-bezogene Daten aufzeichnen.

   Die Wirksamkeit von Tracr bei der Genauigkeit und Vollständigkeit in die Blockchain hängt von den eingegebenen Daten ab. Daher hat De Beers strenge Verfahren implementiert, um die Qualität und Verlässlichkeit der Daten zu gewährleisten.

   Zusätzlich zu den oben genannten Funktionen arbeitet De Beers ständig daran, die Tracr-Plattform weiter zu verbessern und neue Funktionen hinzuzufügen, um den sich ändernden Anforderungen und Erwartungen seiner Stakeholder gerecht zu werden. ◄

Das Unternehmen Provenance nutzt Blockchain, um die Rückverfolgbarkeit von Lebensmitteln und anderen Waren zu gewährleisten und so eine transparente und ethische Lieferkette zu fördern (Provenance 2020).

Provenance

Provenance[32] ist eine Blockchain-basierte Plattform, die es Unternehmen ermöglicht, ihre Produkte und deren Zutaten oder Komponenten während ihrer gesamten Lieferkette zurückzuverfolgen und zu verifizieren. Sie bieten eine umfassende Transparenz, die es den Unternehmen ermöglicht, soziale und ökologische Praktiken nachzuweisen und den Verbrauchern ermöglicht, fundierte Kaufentscheidungen zu treffen.

---

[32] Provenance. (2020). How Provenance works. Retrieved from https://www.provenance.org/how-it-works.

Das Unternehmen hinter Provenance ist Pachama,[33] ein Technologieunternehmen, das Künstliche Intelligenz und Satellitenbilder verwendet, um den Zustand der Wälder auf der ganzen Welt zu überwachen. Durch die Zusammenarbeit mit Provenance kann Pachama den Unternehmen, die ihre Produkte auf der Provenance-Plattform auflisten, genaue und verlässliche Informationen über ihre Klimaauswirkungen zur Verfügung stellen.

Zum Beispiel arbeitet das Unternehmen mit der Firma Coop,[34] einem großen britischen Einzelhändler, zusammen. Coop verwendet die Provenance-Plattform, um die Herkunft ihrer eigenen Bio-Produkte nachzuverfolgen und zu verifizieren. Die Kunden können durch das Scannen eines QR-Codes auf dem Produkt oder über die Webseite von Coop detaillierte Informationen über die Herkunft des Produkts, die verwendeten Zutaten und die Umweltauswirkungen seiner Herstellung abrufen. ◄

Dieser Fall zeigt, wie die Blockchain-Technologie dazu beitragen kann, die Transparenz in den Lieferketten zu verbessern, die ESG-Leistung zu demonstrieren und das Vertrauen der Kunden zu stärken.

Die Integration von Blockchain in ESG-Initiativen befindet sich noch in einem frühen Stadium, aber das Potenzial der Technologie ist beträchtlich. Mit der zunehmenden Akzeptanz von Blockchain könnten weitere Innovationen und Anwendungen im ESG-Bereich folgen.

10.5 Künstliche Intelligenz (KI) und Automatisierung

Die Künstliche Intelligenz (KI) wird eine Schlüsselrolle in der Automatisierung bei der Verbesserung der ESG-Leistung von Unternehmen haben. Es wird speziell betrachtet, wie diese Technologien die Entscheidungsfindung, die Datenanalyse und die Berichterstattung unterstützen und verbessern können.

10.5.1 KI-Anwendungen zur Verbesserung der ESG-Entscheidungsfindung und -Analyse

Künstliche Intelligenz bietet durch ihre Fähigkeit, komplexe Muster in großen Datenmengen zu erkennen, erhebliche Chancen zur Verbesserung der Entscheidungsfindung und Datenanalyse im Zusammenhang mit ESG-Faktoren.

---

[33] Pachama. (2020). How we use technology to protect forests. Retrieved from https://www.pachama.com/technology.

[34] Coop. (2021). Coop and Provenance. Retrieved from https://www.coop.co.uk/our-suppliers/provenance.

Erstens kann KI dazu beitragen, die ESG-Entscheidungsfindung zu optimieren. Maschinelles Lernen (ML), ein Teilbereich der KI, kann genutzt werden, um aus einer Fülle von Daten nützliche Muster und Korrelationen zu erkennen. Beispielsweise können ML-Modelle Daten von verschiedenen Quellen wie Unternehmensberichten, sozialen Medien und Nachrichtenartikeln nutzen, um ein umfassendes Bild von den ESG-Leistungen eines Unternehmens zu erstellen (Vernon 2021). Dadurch können Entscheidungsträger besser informierte, datenbasierte Entscheidungen treffen.

Zweitens kann KI bei der Datenanalyse im Kontext von ESG eine entscheidende Rolle spielen. Mit fortschrittlichen Analysetools können Unternehmen ESG-bezogene Daten effizienter sammeln, analysieren und interpretieren. Durch die Automatisierung der Datenanalyse können Unternehmen tiefer gehende Einsichten gewinnen und auf diese Weise ihre ESG-Performance verbessern. Ein Beispiel ist der Einsatz von Data-Science-Methoden zur Verbesserung der ESG-Bewertungen, indem genaue, zeitnahe und kontextreiche Informationen über ESG-Praktiken bereitgestellt werden (Biqkaj 2023).

Schließlich kann KI auch bei der Berichterstattung über ESG-Performance unterstützen. Durch den Einsatz von Natural Language Processing (NLP), einer weiteren Unterdisziplin der KI, können Unternehmen die Erstellung und Analyse von ESG-Berichten automatisieren. NLP kann komplexe, unstrukturierte Daten, wie sie in Textdokumenten vorkommen, in strukturierte Informationen umwandeln, die dann für eine umfassende Analyse genutzt werden können. Auf diese Weise kann KI dazu beitragen, die Qualität, Genauigkeit und Konsistenz der ESG-Berichterstattung zu verbessern.

Die Rolle der künstlichen Intelligenz in der ESG-Entscheidungsfindung und -Analyse wird besonders deutlich, wenn man sich einige der führenden ESG-Analytics-Plattformen und Beratungsunternehmen ansieht.

Refinitiv ESG Scores ist eine solche Plattform. Sie verwendet KI-Technologien, um ein breites Spektrum an ESG-Daten zu sammeln und zu analysieren. Mit ihren Algorithmen kann Refinitiv ESG Scores über 400 Metriken auswerten, die von Unternehmen aus aller Welt bereitgestellt werden. Darüber hinaus kann die Plattform mithilfe von maschinellem Lernen und natürlicher Sprachverarbeitung auch unstrukturierte Daten aus Nachrichtenartikeln, sozialen Medien und anderen Online-Quellen analysieren. Diese umfassende Datenanalyse ermöglicht es Refinitiv, eine genaue und objektive Bewertung der ESG-Leistung eines Unternehmens zu erstellen, die für Anleger und andere Stakeholder von großem Wert ist.

Bloomberg's ESG Data Service ist eine weitere wichtige Plattform in diesem Bereich. Bloomberg nutzt die Macht der KI, um eine Vielzahl von ESG-Daten zu erfassen, darunter sowohl quantitative Daten wie CO_2-Emissionen und Wasserverbrauch als auch qualitative Daten wie Unternehmensrichtlinien und Praktiken. Mit seinen fortschrittlichen Datenanalysewerkzeugen kann Bloomberg's ESG Data Service diese Daten analysieren, um aussagekräftige Einsichten und Bewertungen zu liefern. Die Plattform unterstützt Unternehmen dabei, ihre ESG-Risiken besser zu verstehen und effektive Strategien zur Verbesserung ihrer ESG-Leistung zu entwickeln.

Abseits von den großen Datenplattformen gibt es auch spezialisierte Beratungsunternehmen, die KI in der ESG-Analyse einsetzen. Ein Beispiel ist Arabesque, ein globales Beratungsunternehmen, das sich auf nachhaltige Finanzen spezialisiert hat. Arabesque verwendet KI und maschinelles Lernen, um ESG-Daten zu analysieren und personalisierte Bewertungen und Beratungen für seine Kunden zu erstellen. Durch die Nutzung von KI kann Arabesque tiefgreifende Einblicke in die ESG-Leistung und -Risiken eines Unternehmens liefern, die über das hinausgehen, was mit traditionellen Analysemethoden möglich wäre.

Ein weiteres bemerkenswertes Unternehmen ist Datamaran, das KI-Algorithmen verwendet, um ESG-Risiken und Chancen zu identifizieren. Datamaran nutzt die Fähigkeiten der KI, um eine breite Palette von ESG-bezogenen Daten zu sammeln und zu analysieren, einschließlich regulatorischer Entwicklungen, Markttrends und öffentlicher Meinung. Durch diese Analyse kann Datamaran den Unternehmen helfen, sich auf potenzielle ESG-Risiken vorzubereiten und neue Geschäftsmöglichkeiten zu identifizieren.

Diese Beispiele verdeutlichen, wie KI-Technologien dazu beitragen können, die ESG-Entscheidungsfindung und -Analyse zu verbessern. Durch die Nutzung der Fähigkeiten der KI können Unternehmen genaue und aussagekräftige Einsichten in ihre ESG-Leistung gewinnen, was ihnen wiederum hilft, effektive Strategien zur Verbesserung ihrer ESG-Performance zu entwickeln.

10.5.2 Einsatz von Automatisierungstechnologien in ESG-Prozessen

Automatisierungstechnologien spielen eine immer wichtigere Rolle bei der Optimierung von ESG-Prozessen. Die Anwendungsbereiche variieren von der Datenerhebung und -analyse bis hin zur Erstellung von Berichten und zur Überwachung der Einhaltung von Vorschriften.

Die Datenerhebung ist ein kritischer Prozess im ESG-Management. Die Menge an relevanten Daten, die aus internen und externen Quellen gesammelt werden müssen, kann überwältigend sein. Automatisierungstechnologien können helfen, diesen Prozess effizienter und genauer zu gestalten. Sie ermöglichen es Unternehmen, Daten in Echtzeit zu sammeln, zu verarbeiten und zu analysieren. Die gewonnenen Erkenntnisse können dann genutzt werden, um informierte ESG-Entscheidungen zu treffen und um eine datenbasierte Strategie zur Verbesserung der ESG-Leistung zu entwickeln.

In Bezug auf die Datenanalyse können Automatisierungstechnologien dazu beitragen, komplexe Datenstrukturen zu navigieren und wertvolle Muster und Trends zu identifizieren. Zum Beispiel können sie dazu genutzt werden, komplexe Datensätze zu durchsuchen und Schlüsselinformationen zu extrahieren, die auf wichtige ESG-Risiken und -Chancen hinweisen.

Die Erstellung von ESG-Berichten ist ein weiterer Bereich, in dem Automatisierung von großem Nutzen sein kann. Durch die Automatisierung der Berichterstattung können Unternehmen die Effizienz steigern, menschliche Fehler minimieren und die Konsistenz der Berichte sicherstellen. Zudem ermöglicht die Automatisierung eine schnellere Reaktion auf regulatorische Änderungen und eine verbesserte Kommunikation mit Stakeholdern.

Ein weiterer wichtiger Aspekt ist die Überwachung der Einhaltung von ESG-Vorschriften. Automatisierungstechnologien können eingesetzt werden, um die Einhaltung von Vorschriften zu überwachen und mögliche Verstöße frühzeitig zu erkennen. Dadurch können Unternehmen rechtzeitig reagieren und mögliche finanzielle und reputationsbezogene Risiken minimieren.

Zusammenfassend lässt sich sagen, dass Automatisierungstechnologien einen wesentlichen Beitrag zur Optimierung von ESG-Prozessen leisten. Sie ermöglichen es Unternehmen, ihre ESG-Performance zu verbessern, Risiken zu managen und ihre Ziele im Bereich der Nachhaltigkeit effektiver zu erreichen. Dabei ist zu beachten, dass der erfolgreiche Einsatz von Automatisierungstechnologien eine sorgfältige Planung und Umsetzung erfordert. Es ist wichtig, die richtigen Technologien für die spezifischen Bedürfnisse und Herausforderungen des Unternehmens auszuwählen und diese effektiv in die bestehenden Prozesse zu integrieren.

10.5.3 Fallstudien zur KI-gesteuerten ESG-Performance

Es gibt mehrere bemerkenswerte Fallstudien, die den Einsatz von Künstlicher Intelligenz (KI) zur Verbesserung der ESG-Performance veranschaulichen. Zwei solche Beispiele werden im Folgenden näher erläutert.

Fallstudie 1: Eine Technologiefirma und die KI-gesteuerte Wasserwirtschaft

Die globale Technologiefirma, auf die wir uns hier beziehen, steht im Mittelpunkt einer erstaunlichen Fallstudie zur KI-gesteuerten Wasserwirtschaft. Das Unternehmen hat mit der Entwicklung eines intelligenten Wassermanagementsystems reagiert, das KI-Technologie und IoT-Sensoren nutzt, um den Wasserverbrauch zu optimieren.

Die Sensoren sind strategisch in der gesamten Infrastruktur des Unternehmens positioniert, einschließlich Wasserspeichern, Rohrleitungen, Kühlsystemen und Produktionsanlagen. Diese Sensoren erfassen in Echtzeit Daten zu verschiedenen Aspekten des Wasserverbrauchs, einschließlich des Volumens, des Drucks, der Temperatur und der Qualität des Wassers.

Die gesammelten Daten werden dann an eine zentrale Plattform gesendet, wo Künstliche Intelligenz zum Einsatz kommt. Das KI-System ist so programmiert, dass es komplexe Muster und Trends in den Daten erkennt. Durch die Verwendung von maschinellem Lernen – eine Unterdisziplin der KI – kann das System die Daten analysieren, Muster erkennen und präzise Vorhersagen über den zukünftigen Wasserverbrauch machen.

Neben den Prognosen bietet das System auch datenbasierte Empfehlungen zur Wasserwirtschaft. Zum Beispiel kann es vorschlagen, bestimmte Operationen zu bestimmten Zeiten durchzuführen, um Wasser zu sparen, oder es kann Alarme auslösen, wenn es Anomalien erkennt, die auf mögliche Lecks oder Verschwendung hinweisen.

Das Ergebnis ist ein stark optimiertes Wassermanagementsystem, das es dem Unternehmen ermöglicht hat, seinen Wasserverbrauch erheblich zu reduzieren. Diese Initiative hat nicht nur zu erheblichen Kosteneinsparungen geführt, sondern auch die ökologischen Auswirkungen des Unternehmens reduziert und seine Leistung in Bezug auf Umweltstandards (das „E" in ESG) verbessert.

Darüber hinaus hat das Unternehmen diese Lösung auch anderen Organisationen zur Verfügung gestellt, die daran interessiert sind, ihre Wasserverbrauchseffizienz zu verbessern und ihre eigene ESG-Leistung zu optimieren. Insgesamt zeigt diese Fallstudie, wie Technologieunternehmen KI einsetzen können, um nachhaltige Lösungen zu entwickeln, die einen echten Einfluss auf die ESG-Performance haben. ◄

Fallstudie 2: Finanzinstitut und KI-gesteuerte ESG-Rating-Optimierung

Unsere zweite Fallstudie konzentriert sich auf ein bedeutendes Finanzinstitut, das Künstliche Intelligenz nutzt, um ESG-Ratings zu optimieren. In der zunehmend globalisierten Finanzwelt besteht eine wachsende Notwendigkeit, dass Unternehmen ihr Engagement für Umwelt-, Sozial- und Governance-Praktiken (ESG) unter Beweis stellen. Die Leistung in diesen Bereichen wird oft durch ESG-Ratings gemessen, die ein bedeutender Faktor für Investoren sind.

Das Finanzinstitut hat eine KI-gesteuerte Plattform entwickelt, die den Prozess der Sammlung, Analyse und Berichterstattung von ESG-Daten automatisiert. Diese Plattform nutzt Datenwissenschaft und maschinelles Lernen, um aus einer Vielzahl von Quellen relevante Informationen zu sammeln, darunter Berichte von Unternehmen, soziale Medien, Nachrichtenartikel und staatliche Veröffentlichungen.

Durch den Einsatz von Algorithmen des maschinellen Lernens kann die Plattform aus diesen Daten wichtige Einblicke gewinnen und die ESG-Performance eines Unternehmens genau bewerten. Zudem kann sie Trends und Muster identifizieren, die auf potenzielle Risiken oder Möglichkeiten für Verbesserungen hinweisen.

Eine weitere bemerkenswerte Funktion der Plattform ist ihre Fähigkeit, zukünftige ESG-Risiken und Chancen vorherzusagen. Durch den Einsatz von Vorhersagemodellen kann die Plattform Prognosen erstellen, die den Unternehmen helfen, ihre ESG-Strategien entsprechend anzupassen.

Diese KI-gesteuerte Plattform hat es dem Finanzinstitut ermöglicht, seine ESG-Ratings zu optimieren und seine Attraktivität für Investoren zu erhöhen. Darüber hinaus hat das Institut die Plattform anderen Unternehmen zur Verfügung gestellt, was ihnen hilft, ihre eigenen ESG-Ratings zu verbessern. ◄

Diese Fallstudie zeigt deutlich, wie KI genutzt werden kann, um ESG-Verfahren zu verbessern, eine größere Transparenz zu schaffen und Unternehmen dabei zu unterstützen, ihre sozialen und ökologischen Auswirkungen besser zu managen.

10.6   Die Zukunft von Technologie und Innovation in ESG

Technologie und Innovation werden weiterhin eine entscheidende Rolle bei der Umsetzung von ESG- und Sustainable Finance-Maßnahmen spielen. Es zeichnen sich einige wichtige Trends und Vorhersagen ab:

1. **Weiterentwicklung der KI und Automatisierung:** KI und Automatisierung werden weiterhin maßgeblich zur Verbesserung der ESG-Entscheidungsfindung und -Analyse beitragen. Durch verbesserte Datenqualität und effizientere Analysen durch KI könnten ESG-Scores objektiver und repräsentativer werden. Dies würde dazu beitragen, das Problem der fehlenden Standardisierung in der ESG-Analyse zu mindern.
2. **Integration und Nutzung von Big Data:** Mit der Fähigkeit, große Mengen unstrukturierter Daten zu verarbeiten und zu analysieren, ermöglicht KI die Integration und Nutzung von Big Data in der ESG-Analyse. KI-Algorithmen können riesige Mengen von Daten in Bruchteilen der bisher benötigten Zeit analysieren, was zu effizienteren und umfassenderen ESG-Analysen führt.
3. **Erhöhte Transparenz durch KI:** Durch die Fähigkeit, sowohl interne Kommunikationen als auch externe Berichte und Meinungen über Unternehmen zu analysieren, kann KI dazu beitragen, die Transparenz in Bezug auf ESG-Leistung zu erhöhen. Dies könnte es Investoren ermöglichen, besser informierte Entscheidungen in Bezug auf Risikominimierung und Nachhaltigkeit zu treffen.
4. **Verbesserung der Datenqualität:** Eine der größten Herausforderungen im Umgang mit ESG-Kriterien ist die Datenqualität. Unternehmen müssen die Qualität ihrer Daten verbessern, um genaue und verlässliche ESG-Scores zu berechnen. KI kann dazu beitragen, die Qualität und Nutzbarkeit von Daten zu erhöhen, indem sie Daten aus verschiedenen Quellen integriert und analysiert.

Wir haben gesehen, wie Künstliche Intelligenz und andere fortschrittliche Technologien das Potenzial haben, die Art und Weise, wie ESG-Daten gesammelt, analysiert und genutzt werden, grundlegend zu verändern.

Der Einsatz von KI-Tools, wie der Textanalyse und dem Sammeln von Satelliten- und Sensordaten, hat die Fähigkeit, die Datenqualität zu verbessern und neue spannende Möglichkeiten für ESG-Investitionen zu erschließen. Der Einfluss dieser technologischen Innovationen ist so bedeutend, dass sie möglicherweise als disruptive Faktoren in der Finanzbranche angesehen werden können.

Blickt man in die Zukunft, so sind mehrere Szenarien denkbar. Eines davon könnte sein, dass Technologie und Innovation zu einer immer stärkeren Integration von ESG-Faktoren in den Investmentprozess führen. Das könnte dazu führen, dass nachhaltige Finanzierung zu einem grundlegenden Teil des gesamten Finanzsystems wird, anstatt als spezialisiertes Nischensegment betrachtet zu werden.

Ein weiteres Szenario könnte sein, dass Künstliche Intelligenz und andere Technologien nicht nur zur Verbesserung der ESG-Datenqualität beitragen, sondern auch dazu, die Offenlegung von ESG-Daten durch Unternehmen zu fördern. Das könnte dazu führen, dass Unternehmen stärker auf ihre ESG-Leistung hin überprüft werden, was wiederum das allgemeine Niveau der Nachhaltigkeit in der Wirtschaft erhöhen könnte.

Allerdings sind diese Zukunftsszenarien mit erheblichen Unsicherheiten und Herausforderungen verbunden. Zum Beispiel stellt die Analyse der riesigen Mengen an verfügbaren Daten weiterhin eine erhebliche Herausforderung dar. Ebenso müssen die Kosten für die Pflege alternativer Datensätze berücksichtigt werden, die nicht nur die Kosten für die Datenerfassung, sondern auch für die Speicherung und Integration dieser großen Datensätze umfassen.

Die Technologie, insbesondere KI und Big Data, wird weiterhin eine treibende Kraft für Veränderung und Innovation in ESG und Sustainable Finance sein. Unternehmen, die diese Technologien effektiv einsetzen, können ihre ESG-Leistung verbessern, nachhaltige Finanzstrategien entwickeln und die Erwartungen ihrer Stakeholder erfüllen.

Literatur

Biqkaj V (2023) Wie Data-Science-Methoden ESG-Ratings verbessern können. BankingHub. https://bankinghub.de/innovation-digital/esg-ratings-data-science. Zugegriffen am 19.07.2023

Boston Consulting Group (2021) How technology can drive the next wave of ESG investing. https://www.bcg.com/en-us/publications/2021/how-technology-can-drive-next-wave-esg-investing. Zugegriffen am 19.07.2023

Breyer C et al (2020) On the role of solar photovoltaics in global energy transition scenarios. Prog Photovolt: Res Appl 28(8):727–745. https://doi.org/10.1002/pip.2885. Wiley

Bughin J et al (2018) Notes from the AI frontier: insights from hundreds of use cases. McKinsey Global Institute. https://www.mckinsey.com/~/media/McKinsey/Featured%20Insights/Artificial%20Intelligence/Notes%20from%20the%20frontier%20Modeling%20the%20impact%20of%20AI%20on%20the%20world%20economy/MGI-Notes-from-the-AI-frontier-Modeling-the-impact-of-AI-on-the-world-economy-September-2018.ashx. Zugegriffen am 16.12.2023

Capgemini (2021) Sustainable IT: Nur sechs Prozent der Unternehmen haben eine nachhaltige IT. https://www.capgemini.com/de-de/news/pressemitteilung/studie-sustainable-it-nachhaltigkeit-2021/. Zugegriffen am 21.07.2023

Coop (2021) Coop and provenance. https://www.coop.co.uk/our-suppliers/provenance

De Beers Group (2020) Building forever: 2020 impact report. https://www.debeersgroup.com/~/media/Files/D/De-Beers-Group-V2/documents/reporting-section/our-material-topics-progress-2019-report.pdf. Zugegriffen am 19.07.2023

Deloitte (2020) Tech for good: smoothing disruption, improving well-being. https://www2.deloitte.com/us/en/insights/topics/technology-and-the-future-of-work/technology-impact-social-good.html. Zugegriffen am 19.07.2023

Eccles RG, Klimenko S (2021) The investor revolution. Harv Bus Rev 98(3):106–116

Ellen MacArthur Foundation (2020) Financing the circular economy. https://www.ellenmacarthurfoundation.org/assets/downloads/Financing-the-Circular-Economy.pdf. Zugegriffen am 09.07.2023

Evans R, Gao J (2016) DeepMind AI reduces Google data centre cooling bill by 40 %. DeepMind Blog. https://deepmind.com/blog/article/deepmind-ai-reduces-google-data-centre-cooling-bill-40. Zugegriffen am 09.07.2023

HSBC (2021) ESG reporting: the role of technology. https://www.hsbc.com/our-approach/esg/esg-articles/esg-reporting-the-role-of-technology. Zugegriffen am 19.07.2023

IBM (2018) Unilever, Walmart and Nestlé team up with IBM on blockchain. https://newsroom.ibm.com/2017-08-22-Unilever-Walmart-and-Nestle-Team-Up-with-IBM-on-Blockchain. Zugegriffen am 19.07.2023

IEA (2020) Smart grids and renewables. https://www.iea.org/reports/smart-grids-and-renewables. Zugegriffen im Juli 2023

Kshetri N (2018) 1 blockchain's roles in meeting key supply chain management objectives. Int J Inf Manage 39:80–89. https://doi.org/10.1016/j.ijinfomgt.2017.12.005

Leung DYC et al (2020) An overview of current status of carbon dioxide capture and storage technologies. Renew Sust Energ Rev 39:426–443. https://doi.org/10.1016/j.rser.2014.07.093

Liu Z, Kroeze C, Hoekstra A, Gerbens-Leenes P (2018) Past and future trends in grey water footprints of anthropogenic nitrogen and phosphorus inputs to major world rivers. Ecol Indic 94:156–165. https://doi.org/10.1016/j.ecolind.2011.10.005

McKinsey (2020) The future of work after COVID-19. https://www.mckinsey.com/featured-insights/future-of-work/the-future-of-work-after-covid-19. Zugegriffen am 09.07.2023

Microsoft (2021) Data protection and compliance. https://www.microsoft.com/en-us/microsoft-365/business/office-365-trust-center-compliance-overview?rtc=1. Zugegriffen am 19.07.2023

Mougayar W (2016) The business blockchain: promise, practice, and application of the next internet technology. Wiley, Hoboken

Pachama (2020) How we use technology to protect forests. https://www.pachama.com/technology

Provenance (2020) How provenance works. https://www.provenance.org/how-it-works

PWC (2019) How blockchain can build trust in the world of ESG. https://www.pwc.co.uk/issues/sustainability-climate-change/insights/blockchain-sustainability.html. Zugegriffen am 19.07.2023

Sarni W, Koch G (2020) Big data and AI will redefine ESG – here's why. Harvard Business Review. https://hbr.org/2020/08/big-data-and-ai-will-redefine-esg-heres-why. Zugegriffen am 08.07.2023

Siemens (2021a) MindSphere – open IoT operating system. https://new.siemens.com/global/en/products/services/mindsphere.html. Zugegriffen am 08.07.2023

Siemens (2021b) Sustainability at Siemens. https://new.siemens.com/global/en/company/sustainability.html. Zugegriffen am 08.07.2023

Tapscott D, Tapscott A (2016) Blockchain revolution: how the technology behind bitcoin is changing money, business, and the world. Penguin Publishing Group, London

Toyota (2020) Toyota environmental challenge 2050. Toyota Global Newsroom. https://global.toyota/en/sustainability/esgchallenge2050. Zugegriffen am 09.07.2023

Tracr (2020) About Tracr. https://www.tracr.com/about

Unilever (2018) Making our workplaces safer. https://www.unilever.com/sustainable-living/improving-health-and-well-being/health-and-well-being-in-our-supply-chain/making-our-workplaces-safer/. Zugegriffen am 19.07.2023

Unilever (2020) Unilever uses Google tech to combat deforestation. https://www.unilever.com/news/news-and-features/Feature-article/2020/unilever-uses-google-tech-to-combat-deforestation.html. Zugegriffen am 19.07.2023

Vernon E (2021) How can IoT help your business with ESG reporting and performance? Metrikus. https://www.metrikus.io/blog/esg-iot-match-made-in-heaven. Zugegriffen am 19.07.2023

World Economic Forum (2018) Harnessing artificial intelligence for the Earth. https://www.weforum.org/reports/harnessing-artificial-intelligence-for-the-earth. Zugegriffen am 19.07.2023

World Economic Forum (2020) The role of innovation in achieving a sustainable future. https://www.weforum.org/agenda/2020/09/innovation-technology-sustainable-future-sdgs/. Zugegriffen am 19.07.2023

Glossar

[§ 289 HGB] Ein Abschnitt des deutschen Handelsgesetzbuchs, der die Pflichten zur Erstellung des Lageberichts in den Jahresabschlüssen von Unternehmen regelt.

[§ 334 Abs. 3 HGB] Ein Abschnitt des deutschen Handelsgesetzbuchs, der die Haftung bei falschen Angaben in Abschlussprüfungsberichten regelt.

[AA (asset Age)] Ein Begriff aus der Finanzwelt, der das Alter eines Vermögenswerts oder einer Investition bezeichnet. Es kann verwendet werden, um die Abschreibung oder den Wertverlust im Laufe der Zeit zu berechnen.

[Activities negatively affecting biodiversity-sensitive areas] Aktivitäten, die sich negativ auf Gebiete mit hoher biologischer Vielfalt auswirken, beispielsweise durch Umweltverschmutzung, Habitatzerstörung oder übermäßige Ressourcennutzung.

[Adverse sustainability indicator] Ein Indikator, der negative Auswirkungen auf die Nachhaltigkeit eines Unternehmens oder einer Aktivität zeigt, beispielsweise hohe CO_2-Emissionen oder übermäßiger Wasserverbrauch.

[AeroAstro] Ein Begriff, der oft verwendet wird, um die Luft- und Raumfahrtindustrie zu bezeichnen.

[AG] Abkürzung für „Aktiengesellschaft", eine Form der Unternehmensorganisation in Deutschland und anderen Ländern, bei der das Unternehmen in Aktien aufgeteilt ist, die an der Börse gehandelt werden können.

[Aktienfonds] Ein Investmentfonds, der hauptsächlich in Aktien investiert. Ziel ist es in der Regel, durch Kapitalwachstum und Dividendenerträge eine Rendite für die Anleger zu erzielen.

[AI] Abkürzung für „Artificial Intelligence" (Künstliche Intelligenz), ein Bereich der Informatik, der sich mit der Schaffung von Systemen oder Maschinen befasst, die menschenähnliche Intelligenz zeigen.

[Alpha] In der Finanzwelt ist Alpha eine Maßzahl für die Performance eines Investments im Vergleich zu einem Marktindex oder einer anderen Benchmark. Ein positives

K. R. Kirchhoff et al., *ESG: Nachhaltigkeit als strategischer Erfolgsfaktor*, SDG – Forschung, Konzepte, Lösungsansätze zur Nachhaltigkeit, https://doi.org/10.1007/978-3-658-43344-4

Alpha deutet auf eine Überperformance hin, während ein negatives Alpha eine Unterperformance anzeigt.

[Artikel 6] Artikel 6-Fonds sind eine Kategorie von Finanzprodukten gemäß der Sustainable Finance Disclosure Regulation (SFDR). Diese Fonds erfüllen keine spezifischen Nachhaltigkeitskriterien und unterliegen weniger strengen Vorgaben als Artikel 8- und Artikel 9-Fonds.

[Artikel 8] Artikel 8-Fonds sind Finanzprodukte, die bestimmte ökologische oder soziale Merkmale bewerben, ohne eine wirkungsbezogene Nachhaltigkeitsstrategie zu verfolgen. Sie müssen die Übereinstimmung mit der EU-Taxonomie offenlegen und erfüllen weniger strenge Anforderungen als Artikel 9-Fonds.

[Artikel 9] Artikel 9-Fonds sind streng regulierte Finanzprodukte, die eine nachhaltige Anlagestrategie verfolgen und nur in nachhaltige Anlagen investieren dürfen. Sie müssen die Übereinstimmung mit der EU-Taxonomie offenlegen und erfüllen die höchsten Anforderungen gemäß der SFDR.

[Artikel 6, 8, und 9 Produkt] Artikel 6, 8 und 9 beziehen sich auf die Kategorisierung von Finanzprodukten gemäß der Sustainable Finance Disclosure Regulation (SFDR). Diese Regulation legt Standards und Kennzeichnungen für grüne Finanzprodukte fest und verpflichtet Fondsgesellschaften zur Offenlegung von Informationen über ihre Nachhaltigkeitsziele und -kriterien.

[Asset Manager] Ein Fachmann oder eine Firma, die im Auftrag von Kunden Investitionen verwaltet. Sie treffen Entscheidungen über den Kauf, Verkauf und die Überwachung von Anlagen, um die finanziellen Ziele der Kunden zu erreichen.

[Autokratie] Eine Regierungsform, in der eine einzelne Person (der Autokrat) uneingeschränkte politische Macht hat.

[Automatisierungstechnologien in ESG-Prozessen] Technologien, die dazu beitragen, Prozesse im Zusammenhang mit Umwelt-, Sozial- und Governance-Faktoren (ESG) zu automatisieren, um Effizienz zu steigern und menschliche Fehler zu reduzieren.

[Altman-Z-Score] Eine statistische Formel, die zur Vorhersage der Wahrscheinlichkeit eines Unternehmensbankrotts verwendet wird. Entwickelt vom Finanzwissenschaftler Edward I. Altman im Jahr 1968.

[BDO AG Wirtschaftsprüfungsgesellschaft] BDO ist eine internationale Netzwerkorganisation, die Wirtschaftsprüfungs-, Beratungs- und andere professionelle Dienstleistungen anbietet. Die BDO AG Wirtschaftsprüfungsgesellschaft ist die deutsche Mitgliedsfirma dieses Netzwerks.

[Berufliche Entwicklung und Wachstumschancen] Möglichkeiten für Mitarbeiter, ihre Fähigkeiten und Kenntnisse zu erweitern, um ihre Karriere voranzutreiben und/ oder ihre berufliche Leistung zu verbessern.

[Beta] In der Finanzwelt ist Beta ein Maß für das Risiko eines Investments im Vergleich zum Gesamtmarkt. Ein Beta von mehr als 1 bedeutet, dass das Investment volatiler ist als der Markt, während ein Beta von weniger als 1 eine geringere Volatilität anzeigt.

[Bewusstsein und Engagement der Investoren] Bezieht sich auf das Verständnis und die aktive Beteiligung von Investoren an den Investitionen, die sie tätigen, insbesondere in Bezug auf Themen wie Nachhaltigkeit und soziale Verantwortung.

[Big Data und Analytics in ESG] Bezieht sich auf die Verwendung großer Datenmengen und Analysetools, um Erkenntnisse und Entscheidungen im Zusammenhang mit Umwelt-, Sozial- und Governance-Faktoren (ESG) zu unterstützen.

[Blockchain in der ESG-Berichterstattung und -Transparenz] Bezieht sich auf die Verwendung von Blockchain-Technologie, um die Genauigkeit, Transparenz und Verifizierbarkeit von ESG-Berichten zu verbessern.

[Blockchain und ESG] Bezieht sich auf die Verwendung von Blockchain-Technologie in Bezug auf Umwelt-, Sozial- und Governance-Faktoren (ESG), z. B. zur Verbesserung der Transparenz oder zur Verfolgung von Nachhaltigkeitszielen.

[Blockchain-basierte ESG-Initiativen] Initiativen oder Projekte, die Blockchain-Technologie verwenden, um ESG-Ziele zu erreichen, z. B. durch Verbesserung der Transparenz oder Verfolgung von Nachhaltigkeitszielen.

[Branchenstandards und -richtlinien] Regeln und Normen, die innerhalb einer bestimmten Branche oder eines bestimmten Sektors allgemein akzeptiert und befolgt werden.

[CACF (Change in Cashflow)] Bezieht sich auf die Veränderung des Cashflows eines Unternehmens über einen bestimmten Zeitraum.

[Capex (Capital Expenditure)] Investitionsausgaben, d. h. Geld, das ein Unternehmen ausgibt, um langfristige Vermögenswerte zu kaufen oder zu verbessern, wie z. B. Gebäude, Ausrüstung oder Technologie.

[CATR (Current Assets/Total Assets)] Ein Finanzkennzahl, die den Anteil der kurzfristigen Vermögenswerte (Umlaufvermögen) am Gesamtvermögen eines Unternehmens darstellt.

[CDP (Carbon Disclosure Project)] Eine internationale Non-Profit-Organisation, die Unternehmen und Städte dazu auffordert, ihre Umweltauswirkungen offenzulegen, insbesondere in Bezug auf den Klimawandel.

[CDSB (Climate Disclosure Standards Board)] Eine internationale Konsortium von Wirtschafts- und Umweltorganisationen, das Rahmenbedingungen für die Berichterstattung über Klimawandel und Umweltinformationen entwickelt.

[CEO (Chief Executive Officer)] Der höchste leitende Angestellte eines Unternehmens, der für die strategische Ausrichtung und das tägliche Management des Unternehmens verantwortlich ist.

[CEP (Corporate Environmental Performance)] Ein Maß für die Umweltleistung eines Unternehmens, einschließlich seiner Auswirkungen auf die Umwelt und seine Bemühungen zur Reduzierung von Umweltschäden.

[CFA Institute] Eine globale Organisation, die Finanzanalysten zertifiziert und professionelle Standards in der Investmentbranche setzt.

[CFCs (Chlorofluorocarbons)] Chemische Verbindungen, die in der Vergangenheit häufig in Kühlsystemen und Aerosolen verwendet wurden und die zur Zerstörung der Ozonschicht beitragen.

[CFO (Cash from Operations)] Ein Maß für den Geldfluss, den ein Unternehmen aus seinem normalen Geschäftsbetrieb generiert.

[CFOCL (Cash from Operations to Current Liabilities)] Ein Finanzkennzahl, der den Geldfluss aus dem Betrieb im Verhältnis zu den kurzfristigen Verbindlichkeiten eines Unternehmens darstellt.

[CIE (Cashflow per Interest-Expense)] Ein Finanzkennzahl, der den Cashflow eines Unternehmens im Verhältnis zu seinen Zinsaufwendungen darstellt.

[CO_2 (Kohlendioxid)] Ein Treibhausgas, das durch menschliche Aktivitäten wie Verbrennung fossiler Brennstoffe und Entwaldung freigesetzt wird und zur globalen Erwärmung beiträgt.

[CO_2-Preise] Ein Mechanismus zur Internalisierung der externen Kosten von CO_2-Emissionen, oft durch ein System von Emissionshandel oder eine Kohlenstoffsteuer.

[Corona-Pandemie] Eine globale Gesundheitskrise, die durch das neuartige Coronavirus (SARS-CoV-2) ausgelöst wurde und erstmals Ende 2019 in China auftrat.

[Corporate Financial Performance (CFP)] Ein Maß für die finanzielle Leistung eines Unternehmens, einschließlich Rentabilität, Umsatz und Shareholder Value.

[Corporate Social Performance (CSP)] Ein Maß für das Engagement und die Verantwortung eines Unternehmens in Bezug auf soziale und ökologische Fragen.

[CR (Current Ratio)] Eine Finanzkennzahl, die die Fähigkeit eines Unternehmens misst, seine kurzfristigen Verbindlichkeiten mit seinen kurzfristigen Vermögenswerten zu decken.

[CSR (Corporate Social Responsibility)] Ein Geschäftsmodell, das Unternehmen dazu verpflichtet, einen positiven sozialen Einfluss zu haben und verantwortungsvoll gegenüber ihren Stakeholdern und der Umwelt zu handeln.

[CSRD (Corporate Sustainability Reporting Directive)] Eine EU-Richtlinie, die Unternehmen dazu verpflichtet, über ihre Nachhaltigkeitsleistung zu berichten.

[CSRD-Berichterstattung] Der Prozess der Erstellung und Veröffentlichung von Berichten (Nachhaltigkeitserklärungen)über die Nachhaltigkeitsleistung eines Unternehmens gemäß den Anforderungen der CSRD.

[CSR-RUG (CSR-Richtlinie-Umsetzungsgesetz)] Ein deutsches Gesetz, das die Umsetzung der EU-Richtlinie über die Offenlegung nicht finanzieller und die Diversitätsinformationen von Unternehmen regelt.

[D/E (Debt-to-Equity Ratio)] Eine Finanzkennzahl, die das Verhältnis von Fremd- zu Eigenkapital in einem Unternehmen misst.

[D/S (Dividend/Share)] Eine Finanzkennzahl, die die Dividende pro Aktie darstellt, ein Maß für die Rendite, die Aktionäre für jede gehaltene Aktie erhalten.

[DAX (Deutscher Aktienindex)] Der wichtigste Aktienindex in Deutschland, der die 30 größten und liquidesten Unternehmen, die an der Frankfurter Wertpapierbörse gelistet sind, repräsentiert.

[Digitale Tools und Technologien] Software, Plattformen oder Geräte, die digitale oder computergestützte Funktionen nutzen, um Aufgaben zu erleichtern oder zu verbessern.

[Digitalisierung und Big Data] Der Prozess der Umwandlung von Informationen in ein digitales (computergestütztes) Format und die Verwendung großer Datenmengen zur Informationsgewinnung und Entscheidungsfindung.

[DNSH (Do No Significant Harm)] Ein Prinzip, das besagt, dass Aktivitäten, die als nachhaltig eingestuft werden, keinen signifikanten Schaden in anderen Nachhaltigkeitsbereichen verursachen dürfen.

[E/IE (EBITDA/Interest-Expense)] Eine Finanzkennzahl, die das Verhältnis von EBITDA (Gewinn vor Zinsen, Steuern und Abschreibungen) zu Zinsaufwendungen darstellt.

[EBIT (Earnings Before Interest and Taxes)] Eine Maßzahl für den operativen Gewinn eines Unternehmens vor Abzug von Zinsen und Steuern.

[EBITDA (Earnings Before Interest, Taxes, Depreciation, and Amortization)] Eine Maßzahl für den operativen Gewinn eines Unternehmens vor Abzug von Zinsen, Steuern, Abschreibungen und Amortisationen.

[Eccles, Ioannou & Serafeim] Autoren einer wissenschaftlichen Studie (2014), die ESG-Faktoren und Unternehmensleistung untersucht hat.

[EFRAG (European Financial Reporting Advisory Group)] Eine beratende Gruppe, die Empfehlungen zur Rechnungslegung in Europa abgibt, die Entwicklung von IFRS-Standards unterstützt und die europäischen Berichtsstandards im Nachhaltigkeitsbereich entwickelt.

[Emissions to water] Bezieht sich auf Schadstoffe, die in Gewässer eingeleitet werden, oft als Folge von industriellen Prozessen.

[EMR (Excess-Market/Abnormal Returns)] Eine Maßzahl für die Rendite einer Anlage über das hinaus, was aufgrund des allgemeinen Markttrends erwartet wurde.

[Energieeffizienztechnologien] Technologien, die dazu beitragen, den Energieverbrauch zu reduzieren oder die Effizienz der Energieverwendung zu verbessern.

[Energy consumption intensity per high impact climate sector] Ein Maß für den Energieverbrauch pro Einheit der Produktion in Sektoren, die einen hohen Einfluss auf das Klima haben.

[EPS (Earnings per Share)] Eine Maßzahl für den Gewinn eines Unternehmens, der auf jede ausstehende Aktie entfällt.

[Erneuerbare Energietechnologien] Technologien, die Energie aus erneuerbaren Quellen wie Sonne, Wind und Wasser erzeugen.

[ESAP (European Single Access Point)] Ein vorgeschlagener zentraler Zugangspunkt für die Offenlegung von Unternehmensinformationen in der Europäischen Union.

[ESEF (European Single Electronic Format)] Ein einheitliches elektronisches Format, das von der Europäischen Wertpapier- und Marktaufsichtsbehörde für die Einreichung von Jahresfinanzberichten eingeführt wurde und künftig auch für die CSRD-Berichterstattung angewendet werden soll.

[ESG (Environmental, Social, Governance)] Ein Satz von Standards für die Geschäftspraktiken eines Unternehmens, die Umwelt-, Sozial- und Governance-Faktoren berücksichtigen.

[ESG als Geschäftspraktik] Die Integration von Umwelt-, Sozial- und Governance-Kriterien in die Geschäftsstrategien und -praktiken eines Unternehmens.

[ESG-Berichterstattung und Risikomanagement] Der Prozess der Identifizierung, Bewertung und Berichterstattung über ESG-bezogene Risiken und Chancen in einem Unternehmen.

[ESG-Boom] Ein Anstieg des Interesses und der Investitionen in Unternehmen, die starke ESG-Praktiken aufweisen.

[ESG-Faktoren] Aspekte der Geschäftspraktiken eines Unternehmens, die sich auf die Umwelt, die Gesellschaft und die Unternehmensführung beziehen.

[ESG-Kategorien] Die verschiedenen Bereiche, in denen Unternehmen ihre ESG-Leistung bewerten und berichten, wie z. B. Klimawandel, Menschenrechte, Mitarbeiterbeziehungen und Unternehmensethik.

[ESG-Kennzahlen] Quantitative Maßnahmen, die verwendet werden, um die ESG-Leistung eines Unternehmens zu bewerten.

[ESG-Leistungen] Die Leistung eines Unternehmens in Bezug auf ESG-Faktoren, oft gemessen durch ESG-Bewertungen oder -Berichte.

[ESG-Praktiken] Die spezifischen Maßnahmen und Strategien, die ein Unternehmen implementiert, um seine ESG-Ziele zu erreichen.

[ESG-Profil] Eine Zusammenfassung der ESG-Leistung eines Unternehmens, oft einschließlich Informationen über seine ESG-Strategien, Praktiken und Leistungen.

[ESG-Reporting] Der Prozess, durch den ein Unternehmen seine ESG-Leistung und -Praktiken an Stakeholder kommuniziert, oft durch einen ESG-Bericht oder eine Nachhaltigkeitsberichterstattung.

[ESG-Standards] Ein Satz von Richtlinien und Kriterien, die Unternehmen bei der Bewertung und Berichterstattung über ihre ESG-Leistung verwenden.

[ESG-Strategien (Umwelt, Soziales und Unternehmensführung)] Die spezifischen Pläne und Maßnahmen, die ein Unternehmen implementiert, um seine ESG-Ziele zu erreichen.

[ESG-Verantwortliche] Die Person oder das Team in einem Unternehmen, das für die Überwachung und Steuerung der ESG-Praktiken und -Leistungen des Unternehmens verantwortlich ist.

[ESRS (European Sustainability Reporting Standards)] Ein Satz von Standards, die von der Europäischen Union entwickelt wurden, um die Nachhaltigkeitsberichterstattung von Unternehmen zu leiten.

[EU (Europäische Union)] Eine politische und wirtschaftliche Union von 27 europäischen Ländern.

[EU-Klassifizierungssystem] Ein System, das von der EU entwickelt wurde, um zu bestimmen, welche wirtschaftlichen Aktivitäten als nachhaltig eingestuft werden können.

[EUR (Euro)] Die offizielle Währung der Eurozone, die von 19 der 27 EU-Mitgliedstaaten verwendet wird.

[Exposure to companies active in the fossil fuel sector] Ein Maß für das Ausmaß, in dem ein Investor oder Unternehmen finanziell mit Unternehmen verbunden ist, die in der fossilen Brennstoffindustrie tätig sind.

[Fachkräftemangel] Eine Situation, in der es nicht genügend qualifizierte Personen gibt, um die verfügbaren Arbeitsplätze in einem bestimmten Bereich oder einer bestimmten Branche zu besetzen.

[FCKW (Fluorchlorkohlenwasserstoffe)] Eine Klasse von Chemikalien, die in der Vergangenheit häufig in Kühlsystemen und Aerosolen verwendet wurden und die zur Zerstörung der Ozonschicht beitragen.

[Finanzielle Performance] Ein Maß für die finanzielle Gesundheit und Rentabilität eines Unternehmens, oft gemessen anhand von Kennzahlen wie Umsatz, Gewinn und Rendite auf Investitionen.

[Finanzielle Wesentlichkeit (Financial Materiality)] Ein Konzept, das sich auf die Auswirkungen von Informationen auf die finanzielle Gesundheit und Leistung eines Unternehmens bezieht.

[Flexible Arbeitszeiten] Ein Arbeitszeitmodell, das den Mitarbeitern erlaubt, ihre Arbeitszeiten innerhalb bestimmter Grenzen selbst zu bestimmen.

[FNG (Forum Nachhaltige Geldanlagen)] Ein Fachverband in Deutschland, Österreich, Liechtenstein und der Schweiz, der sich für nachhaltige Geldanlagen einsetzt.

[FSB (Financial Stability Board)] Ein internationales Gremium, das die globale Finanzstabilität überwacht und Empfehlungen zur Verbesserung des Finanzsystems abgibt.

[G7 (Group of Seven)] Eine Gruppe von sieben großen Industrienationen: Kanada, Frankreich, Deutschland, Italien, Japan, Großbritannien und die USA.

[Geopolitik] Die Studie, wie geografische Faktoren die internationale Politik und die Beziehungen zwischen Staaten beeinflussen.

[Gesellschaftlicher Wandel] Große und nachhaltige Veränderungen in der Struktur und Funktion einer Gesellschaft, oft über einen längeren Zeitraum.

[GHG (Greenhouse Gas)] Ein Gas, das Wärme in der Atmosphäre einfängt und zum Treibhauseffekt beiträgt, einschließlich Kohlendioxid, Methan und Stickoxide.

[GmbH (Gesellschaft mit beschränkter Haftung)] Eine Form der Unternehmensorganisation in Deutschland und anderen Ländern, bei der die Haftung der Eigentümer auf ihre Anteile am Unternehmen beschränkt ist.

[Governance] Bezieht sich auf die Art und Weise, wie ein Unternehmen geführt und kontrolliert wird, einschließlich seiner Führungsstruktur, seiner internen Regeln und Verfahren und seiner Beziehungen zu seinen Stakeholdern.

[Green Deal der Europäischen Union] Ein Maßnahmenpaket der EU zur Förderung der Nachhaltigkeit und des Klimaschutzes, mit dem Ziel, bis 2050 klimaneutral zu werden.

[Greenflation] Ein Begriff, der die erhöhten Kosten beschreibt, die mit der Umstellung auf umweltfreundliche Praktiken verbunden sind.

[GRI (Global Reporting Initiative)] Eine internationale Organisation, die freiwillige Standards für die Nachhaltigkeitsberichterstattung entwickelt.

[GRI-Standards] Ein Satz von Standards, die von der Global Reporting Initiative entwickelt wurden, um Unternehmen bei der Berichterstattung über ihre Nachhaltigkeitsleistung zu unterstützen.

[GWh (Gigawattstunde)] Eine Einheit zur Messung von Energie, die dem Verbrauch von einer Milliarde Wattstunden entspricht.

[Hazardous waste and radioactive waste ratio] Ein Maß für das Verhältnis von gefährlichen und radioaktiven Abfällen, das oft zur Beurteilung der Umweltauswirkungen von Unternehmen verwendet wird.

[HGB (Handelsgesetzbuch)] Das deutsche Handelsgesetzbuch, das die Regeln für kaufmännische Geschäfte und Handelsgesellschaften festlegt.

[HLEG (High-Level Group on Sustainable Finance)] Eine Expertengruppe, die von der Europäischen Kommission eingesetzt wurde, um Empfehlungen für eine nachhaltige Finanzstrategie der EU zu erarbeiten.

[HR (Human Resources)] Die Abteilung in einem Unternehmen, die für Personalangelegenheiten zuständig ist, einschließlich Einstellung, Schulung, Vergütung und Mitarbeiterbeziehungen.

[HTML (Hyper Text Markup Language)] Die Standard-Markup-Sprache für die Erstellung von Webseiten und Webanwendungen.

[IASB (International Accounting Standards Board)] Die internationale Organisation, die die International Financial Reporting Standards (IFRS) entwickelt und veröffentlicht.

[IFRS (International Financial Reporting Standards)] Ein Satz internationaler Rechnungslegungsstandards, die ein einheitliches und transparentes System der Finanzberichterstattung für Unternehmen weltweit fördern. Zuletzt wurden die Rechnungslegungsstandards um Nachhaltigkeitsstandards ergänzt.

[IIRC (International Integrated Reporting Council)] Eine globale Koalition von Regulierungsbehörden, Investoren, Unternehmen, Standardsetzern, der Berufsstand und NGOs, die sich für integrierte Berichterstattung einsetzen.

[Impact-Wesentlichkeit (Impact Materiality)] Ein Konzept, das sich auf die Identifizierung und Priorisierung von Themen konzentriert, die die größten Auswirkungen auf die Nachhaltigkeitsleistung eines Unternehmens haben.

[Implementation] Bezieht sich auf den Prozess der Umsetzung von Plänen oder Strategien in die Praxis.

[Innovationen in der CO_2-Reduktion und Energieeffizienz] Bezieht sich auf neue Technologien oder Praktiken, die dazu beitragen, die CO_2-Emissionen zu reduzieren und die Energieeffizienz zu verbessern.

[Inside-Out] Ein Ansatz, bei dem Unternehmen ihre internen Prozesse und Praktiken als Ausgangspunkt für Verbesserungen und Innovationen nehmen.

[Integration von ESG-Kriterien in Finanzentscheidungen] Der Prozess der Einbeziehung von Umwelt-, Sozial- und Governance-Kriterien in die Finanzentscheidungsfindung, um langfristige Risiken zu managen und nachhaltige Renditen zu erzielen.

[IR (Integrated Reporting)] Ein Ansatz für die Unternehmensberichterstattung, der finanzielle und nicht finanzielle Informationen integriert, um ein umfassendes Bild der Leistung eines Unternehmens zu vermitteln.

[ISSB (International Sustainability Standards Board)] Ein vorgeschlagener internationaler Standardsetzer für Nachhaltigkeitsberichterstattung.

[Kapitalkosten] Die Kosten, die ein Unternehmen für die Beschaffung von Kapital durch Eigen- oder Fremdkapital hat.

[KFW (Kreditanstalt für Wiederaufbau)] Eine deutsche staatliche Entwicklungsbank, die Projekte in Deutschland und weltweit finanziert.

[KI (Künstliche Intelligenz)] Ein Bereich der Informatik, der sich mit der Schaffung von Computersystemen befasst, die Aufgaben ausführen können, die normalerweise menschliche Intelligenz erfordern, wie z. B. das Verstehen von natürlicher Sprache, das Erkennen von Mustern und das Lernen aus Erfahrungen.

[KI-Anwendungen zur Verbesserung der ESG-Entscheidungsfindung und -Analyse] Der Einsatz von Künstlicher Intelligenz (KI) zur Unterstützung der Entscheidungsfindung und Analyse in Bezug auf Umwelt-, Sozial- und Governance-Kriterien.

[KI-gesteuerte ESG-Performance] Der Einsatz von Künstlicher Intelligenz (KI) zur Verbesserung der Leistung eines Unternehmens in Bezug auf Umwelt-, Sozial- und Governance-Kriterien.

[Kirchhoff Consult AG] Ein Dienstleistungsunternehmen für Finanzkommunikation und Nachhaltigkeitsberatung.

[Klimawandel] Eine langfristige Veränderung der durchschnittlichen Wetterbedingungen auf der Erde, die hauptsächlich durch menschliche Aktivitäten wie die Verbrennung fossiler Brennstoffe verursacht wird.

[KMU (Kleine und mittelständische Unternehmen)] Unternehmen, die eine bestimmte Größe in Bezug auf Beschäftigung und Umsatz nicht überschreiten. Die genauen Kriterien können je nach Land variieren.

[Kommunikation der ESG-Leistung] Der Prozess der Kommunikation der Leistung eines Unternehmens in Bezug auf Umwelt-, Sozial- und Governance-Kriterien an seine Stakeholder.

[Konsumverhalten] Bezieht sich auf die Kaufgewohnheiten und -muster der Verbraucher.

[KPI (Key Performance Indicator)] Eine Art Leistungsmessung, die verwendet wird, um den Erfolg eines Unternehmens, einer Abteilung oder eines einzelnen Mitarbeiters in Bezug auf das Erreichen von Schlüsselzielen zu bewerten.

[Krieg in der Ukraine] Bezieht sich auf den anhaltenden bewaffneten Konflikt zwischen der Ukraine und separatistischen Gruppen, die von Russland unterstützt werden, der 2014 begann und 2022 eine weitere Eskalationsstufe erreichte.

[Künstliche Intelligenz (KI)] Ein Bereich der Informatik, der sich mit der Schaffung von Computersystemen befasst, die Aufgaben ausführen können, die normalerweise menschliche Intelligenz erfordern, wie z. B. das Verstehen von natürlicher Sprache, das Erkennen von Mustern und das Lernen aus Erfahrungen.

[Kurs-Gewinn-Verhältnis] Eine Finanzkennzahl, die das Verhältnis zwischen dem aktuellen Aktienkurs eines Unternehmens und seinem Gewinn pro Aktie darstellt.

[Lack of processes] Ein Zustand, in dem ein Unternehmen nicht über ausreichende oder effektive Prozesse verfügt, um seine Ziele zu erreichen oder seine Aufgaben effizient zu erfüllen.

[Lieferketten] Die Netzwerke von Unternehmen, die an den verschiedenen Stufen der Produktion, Verteilung und Lieferung eines Produkts oder einer Dienstleistung beteiligt sind.

[LSME (Listed Small and Medium Sized Enterprises)] Kleine und mittlere Unternehmen, die an einer Börse gelistet sind.

[Metrics & Targets] Messgrößen und Ziele, die verwendet werden, um die Leistung eines Unternehmens in bestimmten Bereichen zu bewerten und zu steuern.

[MIFIDII (Markets in Financial Instruments Directive II)] Eine EU-Richtlinie, die die Regeln für Finanzmärkte in der Europäischen Union regelt und den Anlegerschutz stärkt.

[MIT (Massachusetts Institute of Technology)] Eine private Forschungsuniversität in Cambridge, Massachusetts, bekannt für ihre Programme in Bereichen wie Technologie, Ingenieurwesen und Physik.

[Mitarbeiterengagement] Das Ausmaß, in dem Mitarbeiter in ihrer Arbeit emotional involviert und verpflichtet sind.

[Montreal-Protokoll] Ein internationales Abkommen zur Reduzierung der Produktion und des Verbrauchs von Substanzen, die die Ozonschicht schädigen.

[MSCI (Morgan Stanley Capital International)] Ein Anbieter von Aktienindizes und Portfolioanalysetools. Im Bereich Nachhaltigkeit bekannt für ihre ESG-Ratings.

[Nachhaltige Finanzen] Ein Bereich der Finanzwirtschaft, der sich auf Investitionen und Finanzierungen konzentriert, die positive Auswirkungen auf die Umwelt und die Gesellschaft haben.

[Nachhaltigkeitsberichte] Berichte, in denen Unternehmen Informationen über ihre Leistung in Bezug auf Umwelt-, Sozial- und Governance-Kriterien offenlegen.

[Nachhaltigkeitskriterien-Messung] Der Prozess der Quantifizierung der Leistung eines Unternehmens in Bezug auf Umwelt-, Sozial- und Governance-Kriterien.

[Nachhaltigkeitsperformance] Ein Maß für die Leistung eines Unternehmens in Bezug auf Umwelt-, Sozial- und Governance-Kriterien.

[Nachhaltigkeitsthemen] Themen, die sich auf die langfristige Fähigkeit eines Unternehmens auswirken, auf nachhaltige Weise zu operieren und Wert zu schaffen, einschließlich Umwelt-, Sozial- und Governance-Themen.

[NFRD (Non-Financial Reporting Directive)] Eine EU-Richtlinie, die bestimmte große Unternehmen dazu verpflichtet, Informationen über ihre Leistung in Bezug auf

Umwelt-, Sozial- und Arbeitnehmerangelegenheiten, Menschenrechte und Korruptionsbekämpfung zu veröffentlichen. Die Richtlinie soll durch die CSRD ersetzt werden.

[NGO (Nichtregierungsorganisation)] Eine Organisation, die unabhängig von Regierungen arbeitet und sich in der Regel auf Bereiche wie humanitäre Hilfe, Entwicklungshilfe, Menschenrechte oder Umweltschutz konzentriert.

[NI (Net Income)] Der Gewinn eines Unternehmens nach Abzug aller Ausgaben, einschließlich Steuern und Zinsen. Es wird auch als Nettogewinn oder Reingewinn bezeichnet.

[OECD (Organisation for Economic Co-operation and Development)] Eine internationale Organisation, die Politikberatung und Forschung zu wirtschaftlichen, sozialen und Umweltthemen bietet.

[Opex (Operating Expenditure)] Die laufenden Kosten für den Betrieb eines Unternehmens, wie z. B. Gehälter, Mieten und Versorgungsleistungen.

[Opportunitäten] Chancen oder günstige Umstände, die ein Unternehmen nutzen kann, um seine Ziele zu erreichen.

[Outside-In] Ein Ansatz, bei dem Unternehmen externe Perspektiven und Einflüsse als Ausgangspunkt für Verbesserungen und Innovationen nehmen.

[P/E (Price/Earnings Ratio)] Eine Finanzkennzahl, die das Verhältnis zwischen dem aktuellen Aktienkurs eines Unternehmens und seinem Gewinn pro Aktie darstellt.

[PAIs (Principle Adverse Impact Indicators)] Indikatoren, die verwendet werden, um die negativen Auswirkungen der Geschäftstätigkeit eines Unternehmens auf Umwelt- oder Sozialfaktoren zu messen.

[POR (Pay-out-Ratio)] Das Verhältnis der Dividenden eines Unternehmens zu seinem Gewinn. Es zeigt, welcher Anteil des Gewinns an die Aktionäre ausgeschüttet wird.

[PR (Public Relations)] Die Praxis der Verwaltung der Kommunikation zwischen einem Unternehmen und seinen öffentlichen Stakeholdern, einschließlich Kunden, Investoren, Mitarbeiter und der breiten Öffentlichkeit.

[PRI (Principles of Responsible Investment)] Ein von den Vereinten Nationen unterstütztes internationales Netzwerk von Investoren, das sich zum Ziel gesetzt hat, verantwortungsvolle Investitionen zu fördern.

[PWC (PricewaterhouseCoopers)] Eine der weltweit größten Wirtschaftsprüfungsgesellschaften, die Dienstleistungen in den Bereichen Wirtschaftsprüfung, Steuerberatung und Unternehmensberatung anbietet.

[QR (Quick Ratio)] Eine Finanzkennzahl, die die Fähigkeit eines Unternehmens misst, seine kurzfristigen Verbindlichkeiten mit seinen am schnellsten liquidierbaren Vermögenswerten zu decken.

[Rahmenwerkumfang] Bezieht sich auf den Umfang oder die Reichweite eines Rahmenwerks oder Plans, wie z. B. die Anzahl der abgedeckten Themen oder die Tiefe der Abdeckung.

[Regulatorische Anforderungen] Die gesetzlichen und regulatorischen Anforderungen, denen ein Unternehmen unterliegt.

[Regulatorische Hürden] Hindernisse oder Schwierigkeiten, die durch regulatorische Anforderungen oder Vorschriften verursacht werden.

[Renewed Sustainable Finance Strategy] Die erneuerte Strategie für nachhaltige Finanzierung der EU, die darauf abzielt, die Finanzierung von nachhaltigen Projekten und Aktivitäten zu fördern.

[RFPs (Request for Proposal)] Ein Dokument, das von einem Unternehmen ausgegeben wird, um Vorschläge für ein bestimmtes Projekt oder eine bestimmte Dienstleistung anzufordern.

[RI (Responsible Investing)] Ein Anlageansatz, der die Berücksichtigung von Umwelt-, Sozial- und Governance-Kriterien in die Anlageentscheidungen einbezieht.

[Risiko und Zugang zu Kapital] Bezieht sich auf die Risiken, die mit dem Zugang zu Kapital verbunden sind, einschließlich der Risiken, die mit der Aufnahme von Schulden oder der Beschaffung von Eigenkapital verbunden sind.

[ROA (Return on Assets)] Eine Finanzkennzahl, die misst, wie effizient ein Unternehmen seine Vermögenswerte nutzt, um Gewinn zu erzielen.

[ROC (Return on Capital)] Eine Finanzkennzahl, die misst, wie effizient ein Unternehmen sein Kapital nutzt, um Gewinn zu erzielen.

[ROE (Return on Equity)] Eine Finanzkennzahl, die misst, wie effizient ein Unternehmen sein Eigenkapital nutzt, um Gewinn zu erzielen.

[ROI (Return on Investment)] Eine Finanzkennzahl, die misst, wie effizient ein Unternehmen seine Investitionen nutzt, um Gewinn zu erzielen.

[ROS (Return on Sales)] Eine Finanzkennzahl, die misst, wie effizient ein Unternehmen seine Umsätze nutzt, um Gewinn zu erzielen.

[S&P (Standard & Poor's)] Ein amerikanisches Finanzdienstleistungsunternehmen, das als Kreditratingagentur, Indexanbieter und Datenquelle für die Finanzmärkte bekannt ist.

[Sanktionen] Strafmaßnahmen, die von einer Regierung oder einem internationalen Gremium gegen ein Land, eine Organisation oder eine Einzelperson verhängt werden, in der Regel wegen Verstößen gegen internationale Gesetze oder Normen.

[SASB (Sustainability Accounting Standards Board)] Eine Non-Profit-Organisation, die Standards für die Berichterstattung über Nachhaltigkeitsinformationen entwickelt.

[SBTi (Science Based Targets Initiative)] Eine Initiative, die Unternehmen dabei unterstützt, wissenschaftlich fundierte Ziele zur Reduzierung ihrer Treibhausgasemissionen zu setzen.

[SDAX (Small Cap DAX)] Ein Aktienindex, der die Aktien von 50 kleinen und mittleren Unternehmen in Deutschland umfasst, die nicht im DAX oder MDAX gelistet sind.

[SDGs (Sustainable Development Goals)] Ein Satz von 17 globalen Zielen, die von den Vereinten Nationen festgelegt wurden, um nachhaltige Entwicklung zu fördern, einschließlich Zielen zur Beendigung der Armut, zum Schutz des Planeten und zur Sicherstellung des Wohlstands für alle.

[SEC (Securities and Exchange Commission)] Die US-amerikanische Börsenaufsichtsbehörde, die für die Überwachung und Regulierung der Wertpapiermärkte und der in diesen Märkten tätigen Unternehmen zuständig ist.

[SFDR (Sustainable Finance Disclosure Regulation)] Eine EU-Verordnung, die Finanzmarktteilnehmer dazu verpflichtet, Informationen über ihre Nachhaltigkeitsrisiken und ihre Auswirkungen auf die Nachhaltigkeit offenzulegen. Auch Offenlegungsverordnung genannt.

[Share of non-renewable energy consumption and production] Ein Maß für den Anteil des Energieverbrauchs und der Energieproduktion eines Unternehmens, der aus nicht erneuerbaren Quellen stammt.

[Shareholder Value] Der Wert, den ein Unternehmen für seine Aktionäre schafft, oft gemessen an Kriterien wie Gewinn, Dividenden und Aktienkurs.

[SI (Sustainable Investing)] Ein Anlageansatz, der die Berücksichtigung von Umwelt-, Sozial- und Governance-Kriterien in die Anlageentscheidungen einbezieht.

[SRI (Social Responsible Investment)] Ein Anlageansatz, der die Berücksichtigung von Umwelt-, Sozial- und Governance-Kriterien in die Anlageentscheidungen einbezieht, mit einem besonderen Schwerpunkt auf sozialen Fragen.

[Stakeholder] Eine Person oder Gruppe mit einem Interesse an der Leistung oder den Ergebnissen eines Unternehmens. Stakeholder können Aktionäre, Mitarbeiter, Kunden, Lieferanten, die lokale Gemeinschaft und andere beteiligte Gruppen umfassen.

[Stakeholder-Engagement] Der Prozess der Interaktion mit und Einbeziehung von Stakeholdern in die Entscheidungsfindung und Aktivitäten eines Unternehmens.

[Standardisierte und verlässliche Daten] Daten, die auf konsistente Weise gesammelt und aufbereitet wurden und auf denen man sich für Entscheidungen verlassen kann.

[Stern Report] Ein Bericht, der die wirtschaftlichen Auswirkungen des Klimawandels untersucht und argumentiert, dass die Kosten der Bekämpfung des Klimawandels deutlich geringer sind als die potenziellen Schäden, die durch den Klimawandel verursacht werden könnten.

[Sustainability Purpose] Der Zweck oder das Ziel eines Unternehmens in Bezug auf seine Bemühungen um Nachhaltigkeit.

[Sustainable Finance] Nachhaltige Finanzierung, ein Ansatz, der die Berücksichtigung von Umwelt-, Sozial- und Unternehmensführungskriterien in Investitionsentscheidungen betont.

[Sustainable Finance Initiative] Initiative zur Förderung nachhaltiger Finanzierungspraktiken.

[TA (Total Assets)] Die Gesamtsumme aller Vermögenswerte, die ein Unternehmen besitzt.

[Taxonomie-Verordnung] EU-Verordnung 2020/852, die Kriterien für die Bestimmung festlegt, ob eine wirtschaftliche Aktivität als umweltverträglich gilt.

[TCFD (Task Force on Climate-related Financial Disclosures)] Eine von der Financial Stability Board eingesetzte Task Force, die Empfehlungen für klimabezogene Finanzinformationen entwickelt hat.

[TCFD-Rahmenwerk (Task Force on Climate-Related Disclosures)] Ein Rahmenwerk für die Berichterstattung über klimabezogene Finanzinformationen, das von der Task Force on Climate-related Financial Disclosures entwickelt wurde.

[TEG (Technische Expertengruppe)]   Eine Gruppe von Experten, die technische Beratung zu spezifischen Themen oder Fragen bietet.

[Themenstandards]   Standards oder Richtlinien, die sich auf spezifische Nachhaltigkeitsthemen oder -bereiche beziehen.

[TR (Total Revenue)]   Die Gesamtsumme der Einnahmen, die ein Unternehmen aus seinen Geschäftsaktivitäten erzielt.

[Überwachung und Berichterstattung]   Der Prozess der Überwachung der Leistung und Aktivitäten eines Unternehmens und der Berichterstattung über diese an interne und externe Stakeholder.

[UFCF (Unlevered Free Cashflow)]   Der Cashflow, den ein Unternehmen generiert, bevor es Zinsen auf seine Schulden zahlt.

[UFCFM (Unlevered Free-Cashflow-Margin)]   Eine Kennzahl, die den unlevered Free Cashflow eines Unternehmens im Verhältnis zu seinem Umsatz misst.

[UK (United Kingdom)]   Das Vereinigte Königreich Großbritannien und Nordirland, ein Land in Europa.

[Umsetzungsplan]   Ein detaillierter Plan, der beschreibt, wie eine Strategie oder ein Projekt umgesetzt werden soll.

[Umweltziele der Taxonomie]   Die Ziele in Bezug auf Umweltverbesserungen, die in der EU-Taxonomie-Verordnung festgelegt sind.

[UN (United Nations)]   Die Vereinten Nationen, eine internationale Organisation, die sich für den Frieden, die Sicherheit, die Menschenrechte und die soziale Entwicklung einsetzt.

[UN GC (United Nations Global Compact)]   Eine Initiative der Vereinten Nationen, die Unternehmen dazu ermutigt, sich zu zehn Prinzipien in den Bereichen Menschenrechte, Arbeitsnormen, Umwelt und Korruptionsbekämpfung zu verpflichten.

[Unepfi (United Nations Environment Programme Finance Initiative)]   Eine Partnerschaft zwischen dem Umweltprogramm der Vereinten Nationen und dem globalen Finanzsektor, die sich zum Ziel gesetzt hat, nachhaltige Finanzpraktiken zu fördern.

[Unternehmenswerte und -kultur]   Die Grundüberzeugungen und Prinzipien, die das Verhalten und die Entscheidungen in einem Unternehmen leiten, sowie die gemeinsamen Normen und Praktiken, die das Arbeitsumfeld prägen.

[Violations of UN Global Compact principles and Organisation for Economic Cooperation and Development (OECD) Guidelines for Multinational Enterprises]   Verstöße gegen die Prinzipien des Global Compact der Vereinten Nationen und die Leitlinien der Organisation für wirtschaftliche Zusammenarbeit und Entwicklung (OECD) für multinationale Unternehmen.

[VRF (Value Reporting Foundation)]   Eine Organisation, die sich für die Verbesserung der globalen Unternehmensberichterstattung einsetzt, indem sie integrierte Denk- und Berichterstattungsstandards fördert.

[VSME ESRS (Voluntary European Sustainability Reporting Standards for Small and Medium-sized Enterprises)]   Freiwillige europäische Nachhaltigkeitsberichtsstandards für kleine und mittlere börsennotierte Unternehmen.

[Wesentlichkeitsanalyse] Eine Analyse, die dazu dient, die wichtigsten oder bedeutendsten Themen oder Bereiche zu identifizieren.

[‚Woke' Unternehmen] Ein Begriff, der oft verwendet wird, um Unternehmen zu beschreiben, die sich bewusst für soziale Gerechtigkeit und Gleichberechtigung einsetzen.

[Work-Life-Balance und Wohlbefinden] Das Gleichgewicht zwischen den Anforderungen der Arbeit und den persönlichen Bedürfnissen und Interessen, sowie das allgemeine Wohlbefinden der Mitarbeiter.

GPSR Compliance

The European Union's (EU) General Product Safety Regulation (GPSR) is a set of rules that requires consumer products to be safe and our obligations to ensure this.

If you have any concerns about our products, you can contact us on ProductSafety@springernature.com

In case Publisher is established outside the EU, the EU authorized representative is:

Springer Nature Customer Service Center GmbH
Europaplatz 3
69115 Heidelberg, Germany

The manufacturer's authorised representative in the EU is Springer
Nature Customer Service Centre GmbH, Europaplatz 3, 69115 Heidelberg,
Germany. If you have any concerns regarding our products, please
contact ProductSafety@springernature.com

Printed and bound by CPI Group (UK) Ltd, Croydon, CR0 4YY

24/04/2026

02096352-0006